增长陷阱

欧美经济衰落和创新的假象

［瑞典］弗雷德里克·埃里克森
比约恩·韦格尔　　　　　著

张旭　罗晓晴　龚雪娟　　译

中国友谊出版公司

图书在版编目（CIP）数据

增长陷阱：欧美经济衰落和创新的假象／（瑞典）
弗雷德里克·埃里克森，（瑞典）比约恩·韦格尔著；张
旭，罗晓晴，龚雪娟译 . —北京：中国友谊出版公司，
2021.1
书名原文：THE INNOVATION ILLUSION: HOW SO
LITTLE IS CREATED BY SO MANY WORKING SO HARD
ISBN 978-7-5057-5064-7

Ⅰ . ①增… Ⅱ . ①弗… ②比… ③张… ④罗… ⑤龚
… Ⅲ . ①世界经济－经济增长－研究 Ⅳ . ① F113.4

中国版本图书馆 CIP 数据核字（2020）第 231864 号

著作权合同登记号 图字：01-2020-7112

书名	增长陷阱：欧美经济衰落和创新的假象
作者	[瑞典]弗雷德里克·埃里克森　比约恩·韦格尔
译者	张旭　罗晓晴　龚雪娟
出版	中国友谊出版公司
发行	中国友谊出版公司
经销	新华书店
印刷	三河市冀华印务有限公司
规格	700×980毫米　16开
	18.75印张　248千字
版次	2021年1月第1版
印次	2021年1月第1次印刷
书号	ISBN 978-7-5057-5064-7
定价	65.00元
地址	北京市朝阳区西坝河南里17号楼
邮编	100028
电话	（010）64678009

如发现图书质量问题，可联系调换。质量投诉电话：010-82069336

序

　　有意思的是，直到开始写序时，我们才意识到这本书刚好写出了我们所处的这个时代的经济史。"创新的假象"始于 20 世纪 70 年代初，我们恰好是在那个年代出生的。这不是说我们对创新和经济学很懂，而是说在我们的青少年时代，大家都对未来充满希望。即便我们住在瑞典北部，那里一度被人们看作瑞典境内永不见光的地方。那个年代有其特有的经济问题，但是那里的人依然把"未来"看作一位朋友，并期待着年轻一代能过上更加富裕的生活。

　　为何不呢？一切都看似一帆风顺。与现在不同的是，我们当年就读的学校，即使位于偏远的农村，教学质量也相当好。图书馆随处可见，无论你喜欢什么运动，公共泳池、体育中心等总能满足你的全部或大部分需求。尽管宏观经济问题日益增多，经济列车依然轰鸣前行，生产力增速仍然符合期望，实际工资水平仍在上涨。至少在初期，失业率仍然保持低位。年轻人如果想从家里搬出来住，基本上都能找到工作，能够买一套公寓，有的甚至能买下一幢小别墅。与全球的其他国家相比，那时的瑞典依然被看作"乌托邦"。谁不想在瑞典生活呢？

其实，很多瑞典人并不喜欢在瑞典生活。"二战"的几年后，欧洲国家开始了一轮长期的经济增长周期。20 世纪 70 年代的瑞典和其他国家一样，也迈入了增长周期的尾声。但是，瑞典很幸运，中间立场使国家免受战争蹂躏，而且在战后的几十年里，当欧洲其他国家、地区还在重建家园，不断花重金购置资本、机械和基础设施产品时，经验丰富和经过创新发展的瑞典企业却得以享受出口的高增长。但 20 世纪 70 年代，瑞典已经开始走下坡路，它的经济体系不再培养人才，而是开始消耗人才。战后"婴儿潮"出生的一代人，比如我们的父母，他们所经历的经济时期是一个人人渴望发展的时期。而到了我们这一代，经济则开始压缩每个个体的空间，一点点地熄灭大家对改善生活的渴望。

一个政党连续执政 32 年，在傲慢的权力驱使下，逐渐侵蚀人们对于自由的意识。他们限制言论自由，不允许人们持有异议，那些想要让自己的生活更加多彩的人都受到了处罚。税收几乎变成了压迫。著名导演英格玛·伯格曼（Ingmar Bergman）为了逃税移居西德；著名作家阿斯特里德·林德格伦（Astrid Lindgren）因为抱怨自己的边际税率高达 102%（意味着她每获得一笔收入，要缴的税比收入还高），而惹怒了高高在上的政客。当时的瑞典离引进加强版的南斯拉夫式工人基金不远了，工人基金一旦成立，上市企业的所有权就会逐步转移到由工人联盟控制的基金手中。

我们没有发现这个趋势，但那时的瑞典确实是个计划机器。混合经济体制就像瑞典冷热菜兼备的自助餐一样，糅合了资本主义与社会主义的理念。当时的说法是，瑞典式计划经济为民众、企业和政府都创造了奇迹。经济繁荣需要经济计划，以及大量经理人。但政府的这只手用力过猛，逐渐阻碍了实验、创新和经济创造力。人们总以为瑞典与其他国家不一样，全国上下也坚信自己的国家与众不同，但这种想法与信心都被证明是大错特错的。瑞典人既不比别人聪明，也不比别人优秀。"二战"后的长期经济繁荣周期一结束，"经济"这块蛋糕就不再发酵膨胀。瑞典保持竞争力的唯一办法，就是不断让货币贬值，让国民更穷。

随着我们长大，步入青少年，自我孤立的、保姆式的经理人制度变得像皮疹一样越来越"痒"。但随后全球化降临，我们的国家、我们自己都因此解脱。我们终于度过了冰河世纪，迎来了一个春暖花开、万物复苏的新世界。之后，冷战突然结束，瑞典一些僵化的行业和陈腐的垄断企业又恢复了生机。

政治变了，经济变了，更重要的是人变了。大家对未来的希望重新迸发，我们发现可以跨越瑞典国界，享受新的全球化浪潮带来的自由果实，新技术接踵而至，一次次预示着未来的进步。互联网加快了一切发展的速度，尤其是企业的智慧。企业突然希望改变经营模式，抛弃数十年来习以为常的裙带美国企业固定投资贡献的 GDP 和官僚主义制度。

20 年过去了，在金融危机爆发和经济大萧条到来后，我们不仅变老了，还开始疑惑，曾经有多少对经济的憧憬在路途中渐渐杳无音信。至少从目前来看，全球化正受到威胁。管理主义经济制度像是放了个假，只不过时间不长。它回归了，还焕然一新——但它依然是一个过于官僚主义的社会和经济组织，完全不在乎是否拥有一个创新、有活力的经济应该具备的特征，比如异想天开、开拓创新和锐意进取等。这就是我们这本书的主题。传统观点认为西方国家正迎来一场崭新的创新革命，但这种预测与实际的经济状况并不相符。西方的经济状况不容乐观，许多决定创新的因素在过去几十年不断削弱。我们的社会并不接受太多的变化，似乎需要一场社会骚乱才能打破当前的经济文化枷锁，才能推动真正意义上的创新变革。

瑞典不是特例，而是西方世界的一个缩影，是企业界和政界共同作用的结果。官僚主义四处膨胀，随之而来的还有自我保护，以及好逸恶劳的恶习。如今的西方世界，忧心当下，惧怕未来，怀念过去。左、右翼的民粹主义政党几乎在每一个西方国家都能发展壮大。希腊和西班牙等国的左翼民粹主义政党主要利用年轻人和失业者的挫败感扩张势力；在其他国家，则是右翼民粹主义政党占主流，他们的支持者大多是老人。比如英国的"脱欧"行动也同样赢得了中老年人的强烈支持。

无论煽动民众情绪的是哪个政党，西方政坛已经从利益瓜分发展成了责任追究，支持这套系统的人通常会责怪外国人、跨国公司、政客，或者直接怪罪"现行体制"，是上面这些人或体制把社会弄得不成样子。对经济的低预期让大家更加怀疑"精英阶层"的富裕是以工人阶级的利益为代价建立起来的。很不幸，这种观点确实言中了部分事实。在经济增长乏力的时期，收入不平等会加剧，过去几十年的历史印证了这一点。自那时起，经济为人们带来的经济机遇和生活机遇越来越少，西方政坛现在所发生的事件就是人们的政治反应。

在这个变化背后，还隐藏着一出更大的戏。西方的经济原则不再是资本主义了，至少不是我们以前以为的那种资本主义了。如今的资本主义无力推进人类发展，也无法推动经济进步，似乎到了穷途末路的地步，如果你还记得电影《福禄双霸天》（The Blues Brothers）里的噩梦场景，那么你就知道资本主义现在就像是在一间空调房里弹奏着爵士乐。它再也不像以前那样，对未来充满乐观，满怀着勇敢闯天下的激情。现在的经济体制失去了经济实验的环境，失去了让企业家颠覆市场的氛围。在这样的经济下，若是期待"速度与激情"式高速创新，好听点讲，这是幻想；往坏了讲，也许会引起政治反应，为动态经济的发展加上诸多屏障。

未来的创新和资本主义不会走向毁灭，但也不会像以前那样推动人类和经济的发展。本书的初衷不是讲述一长串经济学的恐怖故事，但确实传达了一个令人不安的信息——如今经济的萎靡不振在很久以前就开始酝酿，在我们出生的时候就开始滋长。要想跨入一个创新高速发展的新时代，就要更加关注社会、经济的发展。总而言之，本书写的是我们所处的经济时代，如果我们足够幸运，那这个时代还远没有结束。

弗雷德里克·埃里克森

比约恩·韦格尔

目　录

第一章
资本主义面对的挑战

敢于异想天开之人甚少，是当今最大的危机。

——约翰·密尔，《论自由》

资本主义真的与我们想象中的一样吗？

现代资本主义就像一幅穹顶壁画，在一座与世隔绝的教堂里，描绘着碧蓝苍穹的假象。西方的企业家和政治领袖都将资本主义描绘成一个无边无际的空间，在这个空间中，经济不断变化，并且急于创新。然而实际情况是，老旧迂腐、墨守成规、官僚主义的企业已经将资本主义压得不堪重负，颤抖不已，企业进行颠覆式创新的本能已所剩无几。约翰·密尔曾发表关于追求自由和个人主义的看法，在此也同样适用。借用他的原话来说，我们的经济里异想天开的人甚少，拒绝"屈服于习惯"的人更少。[1]

---

[1] 约翰·密尔，《论自由》，第三章。

虽然很多人都夸耀自己在创新上的才能，但从投资者、经理人和立法者的行为来看，资本主义已经变得乏味守旧。企业为了追求效益，不断把产品和服务一点点地做得更好、更便宜，可是企业那种希望通过创新拉动自身发展的雄心，很多不过是以"你有我也有"的方式为产品升级，它们的关注点也在很大程度上从前沿创新转移到了持续增长上。目前，世界大部分地区的经济都蒸蒸日上，这意味着有更多人想出新奇绝妙的点子，也会有比以往更多的资金投入到科研中。然而对创新来说，更重要的是产出，不是投入——不是构想，而是结果。由此，我们便可总结出当今西方世界中一个主要的经济问题：颠覆性创新不是太多，而是太少，曾经追求异想天开、鼓励推陈出新的资本主义体系如今更多是平庸无奇的产出。[1]

矛盾的地方在于，大家并没发现这一点。许多人被新技术迷惑，感觉自己像是坐上了一辆永不靠站的列车，只会加速，不会减速。但新技术带来的并不是无限光明的未来，也并非只为我们带来积极的期待，预示未来的生活一定更好。我们也担心无法满足新科技的要求。许多人觉得每天应对 7 小时在线的要求太累人了，不但要及时收发电子邮件、紧跟社交媒体上的动态消息，工作效率还需要不断提高。

西方人对工作的满意度越来越低。经济咨询机构"世界大型企业联合会"表示，过去数十年来，在美国工作的人，对工作的不满意度逐年递增，现在已经是大部分劳动人口对自己的工作不满意了。[2]学术研究也证实，自 20 世纪 70 年代以来，美国人的工作满意度一直在下降。[3]原来普遍认为影响工作

---

[1] 本书讲的是西方资本主义。虽然我们所谈到的问题在其他国家同样存在，但目的并非分析它们。有几章内容也会涉及除西方世界以外的其他经济体的发展，但仅限于与西方资本主义相关联的情况下。在这本书中，后续会提及西方世界、西方经济体、北美、西欧和中欧。

[2] 程等，《工作满意度》。

[3] 布兰奇弗劳、奥斯瓦尔德，《幸福感、不安全感和美国人工作满意度的下降》。

满意度的要素包括工资水平或工作稳定程度等，如今的趋势质疑了该观点的准确性。工资水平和工作稳定程度固然重要，但有研究表明，至少在美国，工作满意度还与经济活力和机遇有关。尽管与20世纪60年代相比，现在的劳动者获得的物质回报更高，工作环境也更安全，但很多人面临的经济机遇却少了，雄心壮志也丢掉了。

民意调查公司盖洛普的一项调查证实了这一点。在北美和西欧，超过半数的员工对工作"不投入"，五分之一的人"消极怠工"。他们不仅没有产出，甚至成为工作场所里的"负能量"之源。更令人惊讶的是，在欧洲，每七位员工里只有一位是"发自内心地投身于工作"，所以其他六位不太可能"为所在机构做出积极贡献"。[1] 投入程度降低有多方面原因，但其中之一，是一方面社会对工作效率的要求越来越高；另一方面，提高效率后获得的回报却越来越少，生活也没有得到多大改善。许多西方人认为他们工作的时间更长了，强度更大了，速度也更快了，但如此奋斗而来的生活依然如旧。如果当今经济的发展速度已经失去控制，那么，人们可能会问，它会在哪里停下脚步？

这种感受可以被理解。一切似乎都在加速，新科技对我们的生活方式产生了巨大影响。很多能实现数字化的事物都实现了数字化，商品和服务逐渐成为互联网经济的一部分，数量之多令人震惊。不到10年前，手机的功能与亚历山大·格拉汉姆·贝尔在1876年发明的第一台电话的功能几乎一样。当时的市场上也是有智能手机的，比如公务繁忙的企业家就会给黑莓手机套上带腰夹的手机壳，然后别在皮带上。但是80%的时间里，手机也只是用来打电话、接电话，或者收发短信。[2]

今天，智能手机已经成为现代社会的社交秘书，把我们与APP经济连接

---

[1] 克拉布特里，《全球范围内，只有13%的员工在工作上全情投入》。

[2] 德雷尔、欣德利，《信息科技产品的交易》。

在一起，获取新闻资讯、查询账单、预约汽车、订外卖、订火车票、报名体育课程、和亲友联系等。全球各地的人都用智能手机和平板电脑来提高工作效率，安排、打理自己的生活。智能设备正在改变一些市场的运营方式，尤其是媒体和游戏市场。据估计，到 2020 年，80% 的成年人口，共 40 亿人将拥有和使用智能手机。用《经济学人》杂志的话来说，这个世界将变成一个"手机星球"。[1]

科技进步并不局限于手机行业，从科学实验室里传出来的研究发现和创新成就也令人瞠目结舌。1964 年，艾萨克·阿西莫夫预测了一个机器人的世界，汽车将会配备"机器人大脑"，如今这已不是一种预测。[2] 无人驾驶汽车已经在美国的街道上出现，飞行汽车的诞生应该也不会遥远了。商用、平价的太空旅行也许在下一个 10 年就能实现。我们这一批"70 后"也许能在有生之年目睹人类登上火星。

医疗设备也在经历着变革。现在先进的手术可以由机器人完成，医生只需远程操作和监控。医护人员还可以通过手机监控病人的情况。此外，还有多得足以塞满自家仓库的自助健康科技设备：如果你想跟踪自己的身体健康状况，可以买一个手环；如果你患有类风湿性动脉炎，可以佩戴一个神经刺激仪，再下载配套的应用软件进行管理和操作；如果你担心自己患上结肠癌，你再也不用排队等待与癌症专家的预约，只需使用消化道传感器就可以自行检查。

很快，无须我们的指令，甚至在不知不觉的情况下，电子设备之间就能互连，完成每天的任务。数据就如金钱，源源不断。借用技术未来主义者的话来说，当数据如米粒般放满了棋盘的一半格子，开始放"棋盘剩下

---

①《经济学人》之《手机星球》。
② 伯格斯特，《机器人汽车秘史》。

的一半"①时，呈指数增长的电脑容量可能会以前所未有的速度扰乱我们的生活、科技和市场。专家对其具体发生的时间还存在争议，但他们一致认为，在接下来的几十年内，我们将迎来技术奇点。到那时，人工智能将超越人类智能，机器人不仅会在围棋上打败人类，还将挣脱人类控制，不断发展自身技能。即使是世界上最聪明的人脑，也将无法理解人工智能。尼采曾说"人类可以被战胜②"，现在看来，这句话比以往任何时候都更接近现实。

因此，如果你相信技术反乌托邦，那么技术奇点到来之日，便是人类万劫不复之时。届时，人工智能将远超人类的想象，机器人将把我们比得一无是处。机器人将拥有最高级的认知能力，不仅能完成设计好的、有规律的任务，还能胜任复杂的任务。或许未来的扫地机器人不仅能将地板的灰尘吸干净，还能填满填字游戏里你不会的空格，甚至还能辅导小孩完成功课。然而，比人类更会答题只是它们的优势之一，人类需面对的更大挑战，是机器人可能比人类更具备创新能力，甚至可能会比人类更有爱。③争论此话是否正确毫无意义，因为抵抗是徒劳的。发明家克里夫·辛克莱曾说："一旦开始制造一种能够挑战，甚至超越人类智能的机器，我们人类将变得难以生存。"他认为，人工智能统治世界"将不可避免"。身为苹果公司创始人之一的斯蒂夫·沃兹尼亚克的看法也同样悲观，他认为在新机器时代，人类"将变成家

---

① "棋盘的一半"是雷·库兹韦尔用来解释指数呈爆炸性增长的一种表达。传说，国际象棋的发明者将这个游戏献给印度国王后，得到了一个奖励，他要求在第一个方格里放一粒米，在第二个方格里放两粒米，在第三个方格里放四粒米，以此类推，每一小格都比前一小格加一倍。国王觉得这个奖励未免也太少了，但还是答应了。可是还没等装完棋盘的一半，国王便意识到了最后会是什么局面：在第六十四格里，米粒堆的数量会相当于一座珠穆朗玛峰。
② 尼采，《查拉图斯特拉如是说》。
③ 莱维，《和机器人的爱与性》。

庭宠物"，或者只是"被踩在脚下的蚂蚁"。① 如今，美国人对机器人的恐惧已经超越了对死亡的恐惧。②

人类这种既欣喜若狂又胆战心惊的心理状态其实十分正常。毕竟对于我们大部分人来说，以上描绘的未来不仅诡异、科幻，还与托马斯·霍布斯所描述的自然状态里的生活十分类似，人人都过着"孤独、贫困、卑污、残忍而短寿"的生活。有些杰出人士认为，人工智能比核战争和生物恐怖主义的威胁大得多。一位美国技术思想家指出，人类已经迈入了一个新世界，在这个世界里，技术进步带来的反应与《哈利·波特》里纯血统至上组织"食死徒"的首领伏地魔所引起的反应一样——"是一种让人胆怯的力量，连名字都不能提"。③ 机器人与机器智能除了替代高级技工外，还会强烈动摇人类对教育的看法，即无论技术发展是快是慢，教育总能赋予人类竞争力和获得工作的能力。我们所熟知的工作将变成过去式，新世界对人类劳动力的需求将跌至历史最低。

有人预测未来世界的人无论在物质上，还是在心理上，都将变得极度不平等。在如今这个新兴的技术封建社会里，所有的利益都将流向位于金字塔顶端的人，或者机器人拥有者。人类只能生存在一个悲惨的经济世界里，过着贫困的生活，除了空闲时间一无所有。有些技术哲学家认为，未来人类面临的最大挑战就是如何避免久坐不动的生活。当机器把所有人变成了一群无用、孤独、麻木的附庸品后，人类怎样才能受到刺激、挑战甚至挑衅？很多人将终日沉浸在空洞的肥皂剧里，或被社交媒体迷惑了双眼，也许希望有一款软件能将人类重新编码成为机器人。

---

① 华立，《苹果人工智能的联合创始人》。
② 罗姆，《比起死亡，美国人更害怕机器人》。
③ 史密斯、安德森，《人工智能、机器人和未来的工作》。

计划机器

但这些对未来的预测真的可信吗？我们不以为然。与从前一样，创新仍然会让社会更美好、更繁荣。我们现在对创新持悲观态度，原因是担心经济活力下降，而非担心技术本身。技术的反乌托邦思想，以及关于技术对社会的影响的讨论，与技术发展本身一样历史悠久。现代史中也有众多思想家对未来技术发展做出了明显错误的判断。许多技术未来主义者，无论悲观乐观，都误解了技术和创新，因为他们对于经济运行方式的理解就是机械和错误的。他们以计划经济的方式去理解技术和经济，以为经济复兴的因素只有一个，即出现了更好的技术。但实际情况是，仅仅经济投入的一个方面发生了变化，经济行为不一定会改善。

以斯塔福德·比尔为例。比尔是一位全球管理顾问，是控制论天才，还是协同控制的创造者。[1] 从某种意义上来说，比尔的工作和其他商业顾问并无两样，他们都借助强大的计算机、高级的代数运算和大数据改善经济组织的运营。控制论是控制和交流两个学科交叉的领域，同其他的控制论专家一样，比尔的经济管理理论也基于心理学和大脑运行原理。他认为，一个组织的运转方式与生物的生存方式类似，为了避免达尔文所说的种群灭绝，它必须适应"所处的经济、商业、社会和政治环境并且从经验中学习"，从而掌握一种"在瞬息万变的环境中生存的技巧"。[2]

基于对人类行为和组织行为的假设，比尔创造了一个复杂的智能系统。他的组织传播学说的核心是计算机技术，计算机可以帮助人类建立一套信息网络系统。比尔的这套社会技术系统叫作"自由机器"，颇有乔治·奥威尔的

---

[1] 这部分是关于斯塔福德·比尔、梅迪纳在《控制论革命者》中构建的控制论项目。
[2] 梅迪纳，《控制论革命者》，第25页。

风格。自由机器让生产组织能够灵活地将信息捆绑到一起，再委派管理层向工人发布决策。与连接组织各部分的"活性系统模型"一起，自由机器构成了协同控制的一部分。协同控制旨在满足两方面的需求，一方面是控制权归中央，另一方面是决策权下放给员工。

协同控制的英文是 cybersyn，由控制论 cybernetics 和协同 synergy 两个单词组合而成，它是一个借助技术和数据描绘并管理组织行为和人类行为的系统。这个网络空间的中心是一间操作室，室内配备了用来监控生产的显示屏，应用了实现生产力自动化的技术。比尔希望创建一些能对各种各样的经济信号做出灵敏反应的组织。尽管协同控制和那间操作室总使人将比尔与军事化管理组织联系起来，但比尔坚持认为协同控制是建立分权组织的一种方式，在这样的组织里，掌握数据流的不是管理层而是员工，久而久之，员工就能掌控自己的工作。

比尔并非特例，计算机技术和软件已经重塑了众多商业领域的生产。连接生产各个独立环节的网络信息流，是常规标准的商业信息技术服务中的基本元素。大部分大规模现代企业都在其生产和物流中实现了自动化的信息流，即便无人做出操作指令，这些信息流也能自行推动进程。

但是，比尔的协同控制理论并非来自硅谷，或者麻省理工学院的媒体实验室，也不是来自其他创建大数据商业模型、发展人工智能的地方。比尔本人也并非受雇于美国太空探索技术公司的创始人埃隆·马斯克，也没有在美国航空航天局或牛津大学的人类未来研究所任职。他从未有过脸书账号，也从来没有在推特上发表过自己的控制论学说。人们之所以为满脸大胡子、开着劳斯莱斯的比尔着迷，是因为他是历史的产物。2002 年他与世长辞，而在40 年之前，他就创建了伟大的控制论模型。

协同控制不是用来改善企业运营或改善资本主义制度的工程，而且实际上，还与之恰恰相反。

作为费边社成员里德高望重的人物，比尔以为自己找到了解决方案。从他的操作室里，政府管理者能获得实时更新的信息，直接对影响生产的事件做出反应，比如解决由于协调失误造成的资源缺乏等。协同控制并不能完全替代市场，但是安装了先进软件的强大计算机系统确实能比市场更高效地将信息联结成网络，因此它也成了一个更高级的经济协调者。与技术未来主义者类似，协同控制背后的乌托邦主义者更感兴趣的是技术本身，至于技术如何与个人和社会互动，他们去理解的兴趣反倒没那么大。

这种思维如今依然存在。现在很多技术未来主义者，特别是相信"新机器时代"理论的人，对于技术和经济的构想，仍然与计划机器背后的经济思想十分相似。尽管他们并不会像比尔幻想的那么极端，但他们对于技术如何改变经济和社会的想法却同样机械。当代学者和思想家们在思考技术的未来时，常常会被这样的思维模式绊倒：他们认为更智能的机器取代异常的、无规律的人类行为只是时间问题，技术进步是必然的。他们还常把创新和技术看作各自独立的力量，不仅方向各异，目的也不尽相同。

一些技术悲观主义者也有着类似的想法，比如物理学家乔纳森·希伯纳就在一篇备受争议的论文中提到，创新的巅峰时刻是 1873 年。他在文中写道，"我们目前大约达到了技术经济极限的 85%，预计将在 2018 年达到 90%，2038 年达到 95%"。[1] 在他看来，创新在现在和未来带来的收益都将受到物理和经济两方面的限制。他不是唯一有这种想法的人。西方国家经济低迷，不少观察家开始责怪西方社会缺乏发明创造的才能，对新的知识和创新也逐渐失去了兴趣。在他们的眼里，倒下的不是经济，而是技术。

计划机器的构想与以笛卡尔和弗朗西斯·培根的科学文明为起源的古老思想相关，构想者认为从科学到创新，或者从技术到经济的过程是一条毫无

---

① 乔纳森·希伯纳，《全球性创新可能呈下降趋势》，第 985 页。

荆棘的道路。人们对技术发展的推崇，其实是乐于见到技术的变革性，或者说技术永不让步的力量。在其深入社会的过程中，技术能摧毁一切现存的社会与经济秩序。这种思想认为在技术变迁与经济变迁之间存在一条最短路径。因此他们认为，是技术决定了经济与社会的形态和发展方向。

技术思想家凯文·凯利曾预测，由于开源技术和社区的力量，未来将出现一种新形式的社会主义。[1] 见解独到的经济记者保罗·马森曾表示，虽然资本主义的适应性极强，但仍无法顺利度过当今的信息技术革命。[2] 他认为，信息将破坏价格机制，新形式的协同生产模式将彻底终结市场资本主义。

在意识形态围栏的另一边也存在同样热衷技术决定论的支持者。保守党偶像罗纳德·里根曾说："极权主义巨人'歌利亚'最终将被微芯片'大卫'打倒。"[3] 里根的思想在很大程度上来自经济学家兼技术狂乔治·吉尔德，吉尔德后来认定含有 10 亿晶体管的芯片是根除一切经济罪恶的良药。[4] 英国的一位自由党政客预言新数字化时代将是政治终结的时刻。[5] 同样地，新保守主义者也很快接受了技术变革论。弗朗西斯·福山的著作《历史之终结与最后一人》发人深思，却又常常被人误解，书中描绘了现代消费文化中的技术与资本主义之间渐进的关系。他写到，是"录像机的最终胜利"使世界都单一地奉行了自由主义经济原则。[6]25 年后，Twitter（推特）在新技术的革命性观点上取得了意识形态的压倒性胜利，有人甚至提议把推特列入诺贝尔和平奖候选者名单。保守派的米歇尔·马尔金认为，微博客能够通过"一次一条推

---

① 凯文·凯利，《新社会主义》。
② 保罗·马森，《后资本主义》。
③《经济学人》之《落"网"》。
④ 乔治·吉尔德，《微观世界》。
⑤ 卡斯维尔，《政治的没落及自主民主的开始》。
⑥ 弗朗西斯·福山，《历史之终结与最后一人》，第 98—108 页。

文"的方式粉碎伊朗的神权政治。①

尽管技术乐观主义值得赞赏，但是，是时候与现代的技术决定论者分道扬镳了，也不要与他们一起期望技术会带来颠覆性变革了。他们所勾勒的关于人类和经济的景象是自己希望看到的，而非现实。他们对于技术变迁的看法是有误导的，忽略了其发展特性，以及在推动经济发展上缓慢的速度。更重要的是，技术变迁并不一定会引发创新，因为技术与创新是两回事。无疑，让人着迷，甚至惊艳的技术进步依然会出现，未来新技术也将继续带给我们惊喜，但是对颠覆性创新的期待必然导致失望，而颠覆性创新所引起的恐惧也毫无依据。对于颠覆性创新，无论是支持和期待，还是反对和恐惧，都是自我想象罢了。

无论是对当今创新的形势过分乐观，还是过分担心创新未来将会让我们失业，都忽略了现代经济中那些让人沮丧的现实。现在的市场上，什么产品和服务都不缺，创新在很多领域也遵循着伍迪·艾伦的性高潮原则：即使最差的也依然很好。过去10年里所发生的创新支撑了个人自由，给予了人们更多选择，也让我们的生活变得更加美好。但是，在重组市场结构、改善生产行为的创新上，西方国家却放慢了步伐。所以，担忧的核心不应在于创新是否不够或太多，因为这些都是虚幻的预测。我们真正应该关注的，是如今的资本主义和各种规定是怎么把金钱从重要或颠覆性创新上，转移到对经济和发展都无太大意义的项目上的。

实际上，创新是否发展取决于经济和资本主义制度是否有能力推动技术适应与经济复兴。创新蓬勃发展的前提，是它是否有机会为个体带去自由、尊严和福祉。当创新与经济制度衔接时，就能产生这样的机会。如果新技术不能嵌入市场和工业结构中，或者不能适应经济运行，那么新技术将很难成

---

① 卡明斯基，《伊朗的推特革命》。

功发挥作用。

这就是为什么我们对于创新能力下降的担忧主要与资本主义有关。就如18 世纪末至 19 世纪初，西方经济腾飞时一样，当时经济的高速发展是技术进步与根本的经济社会变革共同作用的结果，现在对创新的追求也是法律、实践和市场秩序等几个经济发展的决定因素共同作用的结果。也就是说，要想理解创新未来的发展，首先需要弄懂当代资本主义制度及近几十年来西方经济体的发展历程。而这个历程，对我们来说可不是什么令人开心的事。问题不是资本主义把社会逼得太紧而进行的"速度与激情"似的高速技术变迁，而是资本主义在推动创新变化上放慢了步伐。西方经济体在创新上表现得如此平庸，主要问题不在于技术实验室，而在于过去几十年来资本主义的发展历程。我们认为，如今资本主义面临的挑战，是商界和政界要改掉不愿创新的坏习惯，要乐于推动创新、鼓励创新、适应创新。

问题也不在于我们的知识水平有限或者人类的原创性不足。我们的发明创造能力就算不比前人强，也至少和前人在同一水平。创新的假象出现的原因，是资本主义一直在变：私企随法规调整经历了诸多变化，人口、全球化、法律法规等因素使经济产生了巨大的改变。在经济方面，创新总是发生在科学实验室之外，而非实验室内。创新的经济力量也和发明没什么关系，而在于其可竞争性和适应性：想想员工、投资者、企业和政府是怎么被逼着改善自身表现的，我们就能明白这个道理。过去的 30 年里，资本主义创新引擎并没有承受太多压力。要想了解其中的原因，让我们先看看西方资本主义制度的健康状况。

被束缚的资本主义

西方资本主义制度并不健康。从西方国家已经饱和的企业部门就能做个初步诊断：西方企业资金充裕，但明显不知该如何利用剩余资本发展企业、创新市场。从欧洲企业复兴的步伐中也能略见一斑。在德国 DAX30 指数所包含的企业里，只有 2 家成立于 1970 年后；而在法国 CAC40 指数里，只有 1 家。[1] 在瑞典的前 50 家大企业中，30 家于 1914 年"一战"爆发前成立，剩下的 20 家也全部成立于 1970 年以前。[2] 如果把全欧最有价值的前 100 家企业罗列出来，就会发现所有企业都成立于 40 年之前。[3] 美国的情况和欧洲不一样，但差距也在缩小。各项指标都表明，西方经济体的资本主义复兴沉闷乏味，已经基本失去了对增长和活力的追求。尽管前些年，西方经济的被动性还能归咎于政府和央行没能成功刺激需求，但这个原因现已不再适用，如今的不景气是因为企业和政府削弱了自己重振经济的能力。西方经济的主要问题不是需求侧不足，而是供给侧疲软。[4]

无论组成主要股票指数的企业拥有多么好的商业决策能力，西方的资本主义已经都演变成了一个终身会员制的俱乐部，无人退出。就像所有高级俱乐部一样，没有企业退出，就没有新企业进来。或者说，没有破坏，就没有新生。如果你记得电影《富贵逼人来》中彼得·塞勒斯扮演的畅斯先生的经济园艺课，你就会知道，要想新事物成长起来，"首先，必须有旧事物的衰落"。作为中年人，对于萧条和衰落，我们难以苟同，但这却是资本主义生态的中心环节。

因此，经济发展史实际上是许多企业的衰败史。从某种角度来说，现代资本主义的独特之处，就在于即便成功的概率不大，依然能鼓励人们不断进行经济尝试。以创业公司为例。哈佛商学院的什卡·高希教授表示，超过 95% 的创业投资都无法获得预期回报；高达 30%～40% 的创业企业会烧光所有投

---

[1] 尼克森，《缺乏创新使欧盟落后》。
[2] 经济合作与发展组织，《2006 年地域审查：斯德哥尔摩，瑞典》。
[3] 勒格林，《欧洲春天》，第 367 页。
[4] 戈登，《长期性经济停滞》。

资，最后彻底失败。① 更令人震惊的是，许多创业企业失败的原因一模一样。因此有人开始怀疑，资本主义就是爱因斯坦口中的疯狂——他曾说，疯狂就是不断重复做同样的事情，却期待能有不同的结果。例如，根据《创业企业基因报告》的数据，3/4的互联网创业企业的失败，都是因为"过早扩张"。②这就是我们的问题，越来越多的风险投资资金流入互联网创业企业，许多企业都急着赶在别人之前扩张自己。

出生于奥地利的经济学家约瑟夫·熊彼特也认为创新与破坏共生。他受到德国学者维尔纳·桑巴特的启发，将资本主义的创新过程描述为"一场创造性破坏的持久风暴"。在熊彼特眼里，创新与破坏都是经济复兴里同一个过程的一部分。实际上，在对资本主义的见解中，他提到新技术和新企业的出现与旧技术和旧企业的退出，都是前进的中心力量。③ 这个思想学派并没有继承马克思对资本积累的态度。资本主义者不一定富裕，资本主义也不一定就是一个自由竞争、由市场决定价格的市场型社会。资本主义是企业的私人所有。然而，企业家的特质都一样重要，在资本主义里，企业家的特质是活力四射的创业家精神、快速的适应能力和勇敢尝试的文化。也就是说，资本主义者的本质特性就是热衷于推动经济的复兴和蓬勃发展，支撑着技术、资本和工作岗位的新生与消亡。

所以，对于熊彼特来说，创新和资本主义都是同一个经济法则里的要素，几乎可看作对同一现象的不同表述。一方面，资本主义是一个不断创新的制度；另一方面，要实现创新就必须有一个经济制度去推动企业不断竞争和做出改变。然而，现在对创新的众多定义却不是这样解释的。经济学家常常认

① 盖奇，《风险投资的秘密》。
② 马默等，《创业企业基因报告》，第10页。
③ 熊彼特对资本主义的看法在他本人的《经济发展理论》中有所阐述，在《资本主义、社会主义与民主》里也有不同方式的表达。

为创新就是有新的发明或新的技术。政界也经常提到要建立"技术孵化器"，或者建立"三螺旋"模型，通过高等院校、企业和政府三方的合作，拉动创新发展。还有些人则十分羡慕硅谷的发展，希望能复制一个硅谷。尽管上述要素都非常重要，但熊彼特的思想核心，是除非新技术、产品与技术的结合、生产过程，或者商业模式能够通过扩散、适应和模仿推动市场做出调整，否则创新的概念都是无用的。新发明是一项投入，但创新关乎产出。

资本主义和创新都是同一时代精神的一部分。尽管现在西方经济总说创新正在高速发展，但这种高速发展是一种假象，因为我们的经济中有太多组成部分不具备资本主义真正的特质。熊彼特关于资本主义的见解强调了资本主义活力，这种活力是市场型社会的一部分，但不是所有市场经济都具备这种活力。资本主义基于各种制度体系和个人主义，也因此会出现在一种宣扬持续创新的更加广阔的政治经济文化中。

熊彼特是探索创新以及那些能够促进或抑制创新的经济制度的第一人，但不是最后一人。他的创新观点和资本主义的观点曾受到批判，有时批判的意见是中肯的。在其学术生涯晚期，熊彼特提出了另一套理论，这套理论有关资本主义的未来，带有相当浓烈的反乌托邦色彩。熊彼特认为，社会不能忍受资本主义所带来的不平等，也不能满足资本主义对变化的持续需求。[1] 他说，资本主义种下了自我毁灭的种子，会"被自己的成就杀害"。[2] 最后，资本主义将一边创新，一边走向死亡。

熊彼特对于资本主义未来的预测是错误的，但他以及其他古典政治经济学家所描述的资本主义和创新的本质，却是我们对资本主义的定义。实际上，这个定义是整本书的核心，它奠定了我们将要展开的陈述和论证，也帮我们

---

① 要对马克思和熊彼特之间的相似之处进行深刻的分析，请参阅艾略特的《马克思和熊彼特论资本主义的创造性破坏》。

② 熊彼特，《资本主义、社会主义与民主》1992 年版，第 61 页。

确定了在讨论当今西方国家的创新时，哪些是重要的，哪些是次要的。本书旨在抛开个别的创新案例或逸事，从经济全局的高度思考创新的水平。我们希望了解，现在的创新能掀起多大的市场变革，又能迫使企业、员工和政府做出多大的努力去适应新变化。[1]创新的很多方面，本书都没有提及，原因很简单，它们与本书的核心"资本主义与创新的密切关系"相距太远。

本书遵循熊彼特的创新四阶段理论，即发明、创新、扩散、模仿，但着重探索在后三个阶段中，资本主义会不会发生适应行为。新技术的发明有利于改善经济体的表现，对促进经济繁荣起到了关键的作用。但是，新发明的技术特性并不是决定它们能否产生经济收益或能否取得商业成功的因素。以经济思维来看，关于新技术最有趣的一点，是看它会促使投资者、企业、员工和市场发生改变，还是会被投资者、企业、员工、市场和生产组织拒之门外。

在此，我们想回顾一个历史要点，可以帮助读者更好地理解本书的创新概念。我们与古人的区别，不是发明了多少新技术，也不是想象新发明的能力高低，而是更深层次的区别。想想潮汐磨坊、沙漏、鼓风炉、检疫隔离、眼镜和印刷机，这些都是欧洲中世纪使用的科技；再想想同期传入欧洲的发明：纸、航海工具、纺车、风能和阿拉伯数字。[2]——这些新发明带来了多少经济产出呢？

如果以人均经济增速为衡量标准，答案是"没多少"。比如英格兰，1270—1700 年的年均经济增速仅为 0.19%。[3]格里高利·克拉克觉得这个数据过于乐观，更让人信服的数据，是 1200 年的实际工资水平还高于 1800 年或

---

① 为了避免在本书中重复，我们将使用"可竞争性创新""巨大创新""突破性创新"或者"颠覆性创新"等短语来描述同样的现象：用于争夺市场的创新。
② 莫基尔，《长期经济发展与技术史》，第 4 页。
③ 布罗德贝里等，《英国经济增长史》。

19世纪晚些时候。因为当时的社会陷入了"马尔萨斯陷阱"①之中，人口增加，收入停滞。克拉克说："1800年的人均生活水平甚至比不上公元前10万年的水平。"②

无论是不是"马尔萨斯陷阱"在作祟，成百上千年以来，似乎总有一股看不见的力量阻碍着人类实现繁荣。人们发明技术、引进技术，但这些技术却没有掀起经济发展的浪潮，也没有提升社会福利。诺贝尔奖得主埃德蒙·菲尔普斯在他最新的著作《大繁荣》中捕捉到了这个矛盾，列举了一个与中世纪经济停滞有关的例子，发人深思。1300年，英格兰某地区生产了58蒲式耳③的谷物。数百年以后，1770年，同样的工作时间生产出79蒲式耳谷物。这说明，470年里，生产能力只增加了21蒲式耳，也就是说每22年，生产能力才增加1蒲式耳。④

如果用一个词概括现代化之前和之后的区别，这个词就是资本主义。大概250年前，在西方世界进行深刻的社会结构变革之时，资本主义破土而出。启蒙运动和同时期的新思想、新制度孕育了资本主义。

发展于18世纪晚期的新形式的创业家精神比以往更敢于尝试和竞争。企业家们现在明白了要根据人们的需求进行生产和销售，但这并不是这个时代独有的特点，而是在古时就有的经济习惯。创业家精神的不同也不是因为这种精神能筹集资金帮助新企业的发展。商人、探险家、航海家已经以这种方式筹集了数百年的资金了，但是他们通过贸易获得的财富从未引起整个经济

---

① 人口增长是按照几何级数增长的，而生存资料仅仅是按照算术级数增长的，多增加的人口总是要以某种方式被消灭掉，人口不能超出相应的农业发展水平，这个理论就被人称为"马尔萨斯陷阱"。

② 格里高利·克拉克，《应该读点经济史》，第1页。

③ 蒲式耳，英文BUSHEL，缩写为BU，是一个计量单位。它是一种定量容器，好像我国旧时的斗、升等计量容器。1蒲式耳在英国等于8加仑，相当于36.268公升。

④ 埃德蒙·菲尔普斯，《大繁荣》。

体的繁荣。现代化之前的经济体系充斥着各种各样的投机资本和资产泡沫，比如 17 世纪荷兰的郁金香热，或 18 世纪法国密西西比公司的金融泡沫。过去的每个时期都有像伯尼·麦道夫一样的金融骗子。根据经济学家亚历山大·格申克龙的观点，现代资本主义的创业家精神在历史长河中独一无二：在颠覆性创新上的投资需要更长的时间才能产生预期的经济收益。现代创业家精神诞生前和诞生后的企业家的不同点在于，后者明白不确定性是获得个人和社会利益的必要元素。[1]

资本主义末日"四骑士"

然而，现在看来，资本主义似乎已经丢掉了最初的创业家精神。自 20 世纪 70 年代开始，引领经济发展的四股力量导致了资本主义尝试和创新的缩减。这四股力量不是《圣经》里的"末日四骑士"，虽然并非完全讨喜，但却改变了西方资本主义。随着这四股力量日益壮大，西方经济对变化越来越抗拒。如今，这四股力量逼迫企业树立极端的自我防御意识。长达 40 年的供给侧繁荣的时代结束，世界经济要适应新情况，自然会产生各种各样的变化，而这四股力量却阻止企业适应这些变化。

令现在的西方资本主义变得如此沉闷乏味、因循守旧的四股力量是：灰色资本、公司管理主义、全球化和复杂的规章制度。这四股力量也是本书的中心主题，正是它们让经济发展与创新渐行渐远。过去 40 年，企业可用的资本和资金陡然上升。投资资本的快速增长，无疑推动了实体经济的金融化进程，也促使资金结构从资产转变为负债。高杠杆金融着实让人担忧，但更严重的是，新形式的股权资本对资本主义和企业行为会产生什么样的影响。股

---

① 格申克龙，《现代化创业》。

票市场原来是企业的融资渠道，新形式的所有权资本却把它变成了储蓄者和资金经理获得现金流的场所。以前，企业会留存很大一部分的收益以进行再投资，但从 20 世纪 60 年代开始，留存收益大幅下降。从前，企业管理层掌握投资决定权；现在，大部分由金融市场掌握。西方企业的确拥有大量的现金和其他流动资产，但其中相当大的一部分来自负债，而非自己的利润收入。如果企业继续如此，新的创新项目就难以获得多少资金。

在 20 世纪 60 年代初的经典企业社会学著作《企业行为》中，威尔伯特·莫尔强调了留存收益对企业的重要性。当企业资本的控制权流入金融市场时，债权人会干预企业战略的制定和管理，但他们并不具备这样做的资质。相反，将大部分收益保留在自己手中的企业依然手握实权，因为资本"完全由管理层处置，不受制于任何承诺或担保"。[1] 说起从那个时期到现在的经济发展，还有很多可以讨论的，但有一点很明确：美国企业没有采纳莫尔的建议。据估计，美国企业的留存收益占净收入的比例从 20 世纪 60 年代的 50% ~ 60% 降到了 21 世纪伊始的 10% 以下。[2]

新的企业融资一度带来非常积极的效果，资本效率上升，出现了新的资金来源，企业的融资渠道得以拓宽。尽管很多人批评金融资本主义，抨击实体经济已经"过度金融化"，但他们中的大部分人都错了。真正削弱资本主义所有制的是被我们称为"灰色资本"的入侵，"灰色资本"把核心的资本所有者排挤出去，形成"灰色所有制"，也可以说成是没有资本家的资本主义。许多欧美领头企业的核心人物或企业控股人是匿名的，比如一家投资机构，而这家机构根本没有能力履行企业所有者相应的职责。很明显，他们进行投资决策的大前提是，企业应该顺着市场的大流前进，而不是逆流而上。他们希

---

[1] 莫尔，《企业行为》，第 227 页。
[2] 米切尔，《金融主义》。

望企业管理层按照既定的航线平稳前进，而不是总思考着什么经济复兴。

在这种土壤下，管理主义生根发芽，西方资本主义成了《穿灰色法兰绒西装的男人》的故事发生地，斯隆·威尔逊在这本书里讲述的主题就是组织的乏味无聊。[①] 尽管企业经理和灰色所有者在描述自己的企业时会说到敏捷适配、技术颠覆和突破性创新，但他们依然一步步退化成了"组织人"。威尔逊笔下的"灰色法兰绒西装"是 20 世纪 50 年代的现象，在那个时代，从"二战"归来的军人对组织更加青睐。曾经奉行"粗犷个人主义"的美国，马上转变为新形式的官僚主义和等级制度的土地。"组织人"由此诞生。在经典的商业社会学小册子《组织人》中，作者威廉·怀特对"组织"这种新的经济结构是这样评论的："组织"更倾向于规避风险，但能更好地在专业岗位上整合不同的人才。[②]

管理主义在企业界越来越盛行。美国战后自由主义的代表约翰·肯尼斯·加尔布雷思在《新工业国》一书中写道："市场的真正敌人不是意识形态，而是工程师。"[③] 这样想的不止他一个。20 世纪 60 年代中期，大约与加尔布雷思同一时间，英国管理主义学教授罗宾·马里斯也表达了类似的观点，他认为企业管理"目的在于降低不确定性，或降低不确定性所带来的结果，或同时降低二者"。[④] 同是左派人士的加尔布雷思和马里斯，和当时的许多人一样，赞扬制订经济计划的做法，并且相信这样的企业结构在管控不确定性的同时，能够为创新和投资留够空间。他们支持经理人资本主义的一个核心就是把官僚主义作为创新的前提。技术越复杂，就越需要官僚主义去支持。

过去数十年间，企业管理学的管理主义已经失去了很多支持者。但在企

---

① 斯隆·威尔逊，《穿灰色法兰绒西装的男人》。
② 威廉·怀特，《组织人》。
③ 约翰·肯尼斯·加尔布雷思，《新工业国》，第 40 页。
④ 罗宾·马里斯，《管理资本主义的经济理论》，第 232 页。

业界，管理主义还未消失，甚至根越扎越深。企业托管文化在企业界里蔓延，这对资本主义文化和创新文化来说是个噩耗。企业经理避开不确定因素，将企业变成一个完全不具备创业家精神的官僚机构。他们试图把资本主义变得可以预测。

全球化进一步恶化了管理主义。全球化浪潮分为两拨。第一拨是横向的，推动企业横向扩张，在海内外销售的已有产品支撑着企业逐渐扩大的规模。全球化确实带来了激烈的竞争，外企的进入势必会在原本由本土企业占领的市场掀起竞争。这拨全球化浪潮也需要进行开拓创新，但主要由企业和负责国际市场扩张的管理层决定。

第二拨浪潮是纵向的。在这拨浪潮中，企业重新界定企业的边界，在供应链和价值链高度碎片化的基础上建立全球生产网络。全球各地的企业都关注着如何进行市场定位，怎么影响，甚至是控制终端消费者市场。它们死死守护着各自的优势，害怕出现任何颠覆性创新，打破市场的现状。随着市场集中度提高，企业加快专业化进程，市场准入的门槛也逐渐提高，通过创新淘汰目前市场参与者的难度也越来越大。竞争的表现和节奏都发生了改变。

管理主义文化将企业管理者和立法者联系到了一起。像管理者一样，立法者为了应对日益复杂的世界，制定了更加复杂的法律法规。因此，现在的法律法规在界定企业和创新者什么能做、什么不能做上存在诸多不明确的地方。尽管自由主义经济已经发展了20年，但这种现象还是没有改变。随着市场开放，经济法规的限制减少了，其他法规却开始干预创新。自1970年以来，许多非经济法规都追求稳定性和确定性。过去15年来，许多经济法规又开始设置诸多限制。这二者一起创造出了一种法规环境，即创新和经济复兴是需要得到允许才能进行的。

以上四股力量强化了西方社会中的官僚主义作风。如今的企业，面对变化会本能地采取自我防御。受投资商和政府规定影响，企业变得越来越顺从。

曾经的创业家精神已逝，用颠覆性创新掀起市场巨变的欲望不在。热衷确定性和自我保护的管理主义控制了企业界，资本主义渐渐忘记了初心。现在资本主义面临的挑战，不是来自外在的竞争，而是来自那四股力量，它们就像那四位末日骑士，带领资本主义走向衰落。21世纪资本主义面对的挑战，是它进行颠覆性创新、推动企业家竞争的能力越来越弱。逆转资本主义的衰败是遏制西方世界日益猖獗的民粹主义暴动的关键，其重要性再怎么强调也不过分。但资本主义已经不是大多数人心目中的资本主义了。

第二章
当资本主义步入中年

中年人那冗长、乏味又单调的富足岁月……正是魔鬼下手的绝佳时机。

——C.S. 路易斯,《地狱来鸿》

有时,大家对未来非常乐观,认为在一阵创新和投资新浪潮的引领下,西方经济马上就会转向。这种乐观态度可以被理解。知名的未来主义者和记者都预测,即便大家还没做好准备,欧美也将会迎来一轮飞速的技术变革:企业界到处都是过剩的现金,随时可以用来传播新点子,助力经济增长。

然而很遗憾,现实是悲观的。没有充分的证据显示,企业会仅仅因为手里有钱就进行投资。资金充裕的企业也不一定比资金紧张的企业投资得多。[①]尽管大型跨国企业手里握着绝大部分的闲置现金,但它们的投资也不比其他

①卡普兰、津加莱斯的《投资现金流的敏感性》概述了这一争论。

企业多。[1] 尽管资本成本几乎为零，企业也几乎不会占用任何市场流动性，但剩余流动性已经挪作他用，不再转化为运营资本。如今导致西方经济不景气的原因，不只是对未来需求走低的预测，还是西方资本主义已经步入中年，继续变老的症状也日益显现。假如有一个资本主义教堂，那么穹顶上描绘的很可能是一位头发灰白的中年人，他深谙世故、精明能干，心满意足，却又对自己的财富有所焦虑。曾经的雄心已去，年少的壮志渐远，资本主义正如克莱夫·斯台普斯·刘易斯笔下所写的一样，谋划着该如何度过冗长、乏味又单调的中年岁月。

本章将讨论的主题是从 20 世纪 70 年代初至今的西方经济发展，我们将借助反映经济增长、生产力、投资，以及反映防御型企业战略的主要数据，证明资本主义正在走下坡路。尽管经济的繁荣和萧条具有周期性，不同国家的情况也千差万别，但我们得出的总体结论是，资本主义基本的经济发展能力在过去 40 年逐渐衰退。

20 世纪 70 年代，经济和创新前沿国家的 GDP 增速开始放缓。1950—1973 年，西欧和美国人均实际 GDP 的年平均增速分别为 4.8% 和 3.9%。1973—2007 年，所有"西方"经济体的平均 GDP 增速为 1.98%。（参考图 2.1）[2] 西欧在 20 世纪 50 年代到 60 年代的增速归功于"二战"后经济复兴，但经济复兴期一结束，增速随即减缓，繁荣的景象也无以延续。更令人惊讶的是，人均 GDP 增速竟一路下滑，直到 21 世纪金融危机前的繁荣期才停止。尽管从 1970 年至今，人均 GDP 曾出现几次短暂的增长高峰，但都不足以逆转整体趋势。

---

① 奥兹巴斯、沙夫斯坦，《内部资本市场阴暗面的证据》。
② 根据安格斯·麦迪逊于 2010 年更新的文件中关于实际世界人均 GDP 的数据进行计算，网址为 http://www.ggdc.net/MADDISON/oriindex.htm。

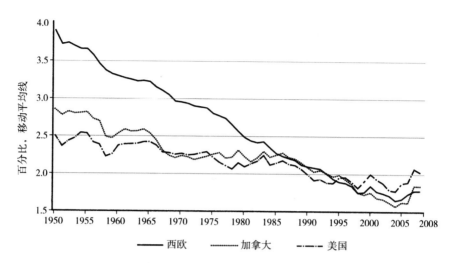

备注：未标注 2008 年后的数据，因为金融危机和疲软的经济复兴，曲线更加陡峭
来源：安格斯·麦迪逊，"世界人口、GDP 和人均 GDP 统计数据，1–2008"，更新至 2010 年，
http://www.ggdc.net/MADDISON/oriindex.htm

图 2.1　1950—2007 年人均实际 GDP 增速

　　并没有经济预测表明增长停滞的现象将会改变。相反，有预测指出今后的增长趋势会有轻微的调整。根据世界大型企业联合会估计，2000—2020 年，人均实际 GDP 的增速甚至会大幅跌破之前几十年的水平。[1] 即便做这种预测是吃力不讨好的事，但总部位于巴黎的经济合作与发展组织还是给出了一组数据，他们预计 2014—2060 年，欧元区的潜在人均实际 GDP 将比过去 10 年的水平稍高，美国的则会稍低。[2] 水滴石穿，时间久了，即便是微小的变化也会带来巨大的差距。爱因斯坦曾说复利是人类最伟大的发明之一，那么复合增长或许也一样。从长远来看，不同的年均增速导致的效果截然不同。如果经济每年增长 1%，则需要 70 年才能使 GDP 翻

① 范阿克，《当今时代有多独特？》，第 15 页。
② 经济合作与发展组织，《经济合作与发展组织经济展望》（2014 年），第 224 页。

一番；如果每年增长 3%，只需 23 年，即一代人的时间，就可以实现 GDP 翻倍。

麦迪逊数据

为了更好地了解西方经济衰退的本质原因，我们访问了"数据爱好者俱乐部"。这个名字听起来像是由一帮有着特殊爱好的人组成的俱乐部，从某种意义上来说也确实如此，但它既不是法国贵族式的俱乐部，也不是为富裕精英阶层而设的私人俱乐部。豪宅林立的香榭丽舍大街上当然也没有它的会所。实际上，这个俱乐部根本就没有会所地址，也不登记成员名单。"数据爱好者俱乐部"的创始人是经济学家安格斯·麦迪逊，他的唯一目的是鼓励人们通过经济繁荣的数据或量化的估计，更深入地探究世界经济的发展历史。

如他所述，这个俱乐部是为"像我一样热爱数字的经济学家和经济史学家"[1]设立的。他为所有希望了解为什么有的国家经济增长，有的国家却不增长的人提供了思路。他激发了大家的兴趣，让大家想去探索到底是什么力量支撑着经济真正的长期繁荣增长，以及经济增长的历史数据背后又隐藏着什么秘密。与所有数据爱好者的观点一致，麦迪逊认为，一个经济体生产力的增长是拉动经济走向繁荣的主力马车，经济生产力用来衡量经济体的投入创造了多少产出。

保罗·克鲁格曼曾说："生产力不是一切，但长期来说，它几乎就是一切。"[2]经济学界普遍认为，生产力增长的差异是贫富差距的成因。[3]它所影响的不仅是一个国家的经济，还有国家的创新能力，以及国家给予创新和

---

① 麦迪逊，《一个数据分析者的自白》，第 27 页。
② 保罗·克鲁格曼，《期望值降低的时代》。
③ 例如霍尔和琼斯联合发表的《为什么有的国家生产力这么发达》。

实验的空间。这些潜在的影响不会出现在经济数据表格上，但作为驱动发展的因素，它们最终会体现在经济体的创新能力和对新技术的适应能力上。[1]

要说西方国家的人均 GDP 增速为什么会持续下降，首先考虑的因素就是生产力增长水平的下降，同时，这也是西方国家经济增速比以往放缓的主要原因。欧美国家似乎已经没有更高效的方法来利用和整合劳动力与资本，它们通过创新改善劳动力和资本效益的能力也受到了削弱。

经济学界有计算经济体内的生产力增长水平的方法，叫"全要素生产力"。通过衡量所有生产要素或资源投入，便可以得出生产力增长的情况。当你需要衡量创新对经济改善做出了多大贡献时，全要素生产力是首选指标。但是，经济学家们还留有一手，如果你不喜欢这种计算方法，还有别的选择。第二种计算经济体生产力水平的方法叫作劳动生产力，如果你需要了解工资水平、就业情况和经济的健康水平之间的关系，劳动生产力显然是个更好的选择。然而在我们的讨论中，实在没有必要浪费时间去比较不同的生产力计算方法，我们也不需要知道每种方法有什么不足，更不需要做两手准备。因为生产力的走势已经很明显了。

生产力增速每况愈下，持续了几十年。如果只考虑企业部门的情况，企业生产力增长水平在 20 世纪 80 至 90 年代保持了较长时间的上涨，但在最近几十年开始下滑，21 世纪以来尤为严重。[2]

图 2.2 展现的是西方部分经济体的全要素生产力走势，我们采用移动平均线以更好地描绘变化情况。观测到的实际生产力增速与图中的趋势几乎吻合，稍有上下浮动。另外，如果采用的是基本增速，每年的差距会更大。[3] 但

---

① 例如科明、霍布金和罗维托联合发表的《你需要知道的五个事实》。
② 在第八章中，我们将讨论生产力和其他经济指标的误测问题。
③ 对美国而言，复苏后全要素生产率的井喷式增长是由于在 2009 年的大幅增长，这使得未来几年的增长趋势有所上升。2010—2013 年，全要素生产率的实际增长率要小一些。

无论如何，从图中的曲线也可以清楚看出，西方经济体的全要素生产力增速正在逐渐放缓，通过创新拉动经济增长的能力正在下降。西方经济的单位投入产出在减少。

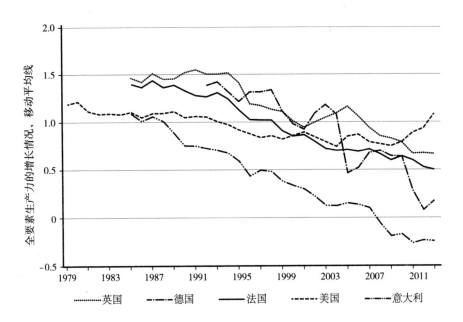

来源：经济合作与发展组织数据库；作者的计算

图 2.2　欧盟部分国家和美国的全要素生产力增速的变化情况

　　劳动生产力的趋势更加有趣。发达国家劳动生产力的波动情况比全要素生产力的增速更加剧烈。以美国为例，20 世纪 90 年代后期，由于通信技术蓬勃发展，劳动生产力呈井喷式上升，尽管当时通信技术行业保证会为美国经济带来持久的繁荣，但后来的事实证明，井喷就是井喷，转瞬即逝。

　　有人觉得美国一直以来的劳动生产力增速相当可观。对此，经济学家罗伯特·戈登看得一清二楚。他最近向支持"新机器时代"的人放了一句狠话，他本人也因此名声大噪——他说创新对拉动美国经济增长的作用十分微弱，未来也不会有太大改善。在一份精彩的关于美国生活水平的研究报告中，戈登计算出了不同时期的劳动生产力。尽管 1996—2004 年，美国的劳动生产力急速上升，但 1972—1996 年和从 2004 年至今的数据都明显低于"二战"后的水平，甚至低于工业革命后的水平。[①] 至于欧洲，随着"二战"后追赶美国的脚步停止，欧洲的生产力增速一直在美国之下。

从图 2.3 可见，过去数十年，发达国家的劳动生产力增速曲线一直保持下行。图中反映的是"七国集团"在过去几十年的劳动生产力变化情况。这 7 个国家都位于科技发展的最前沿，但根据数据显示，1995—2012 年的平均劳动生产力增速比 1970—1980 年的还低 1.2%。1995—2009 年，欧洲的年均劳动生产力增速只有 1%。[②]

与美国一样，"七国集团"的其他六国似乎也耗尽了生产力增长的动力，这些力量曾经推动了第一次和第二次工业革命期间生产力的增长。这种现象与经济学家泰勒·科文的观点完全吻合，他曾用非常形象生动的话语概括了美国的经济衰退，他说美国经济"吃光了现代史这棵大树上触手可及的果子，结果却吃坏了肚子"[③]。翻译成经济语言就是，新兴技术没有为经济增长做出多少贡献，至少没以前多。其他许多研究也证实了这一点，由此引出一个结论：最近软件等领域的创新成果对经济的贡献还比不上内燃机、电力、现代家用电器等出现以前的科技成就对经济的贡献。

---

① 罗伯特·戈登，《美国经济增长结束了吗？》，这是戈登对于生产力分析的简略版。对美国生活水平的全面分析参阅戈登的著作《美国发展的起落》。
② 吉尔、雷泽，《黄金增长期》，第 12 页，图 5。
③ 考恩，《大停滞》。

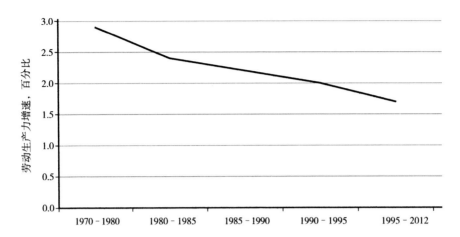

"七国集团"：加拿大、法国、德国、意大利、日本、英国、美国

来源：OECD 结构分析数据库，参见 http：//stats.oecd.org/Index.aspx？ DatasetCode=LEVEL

图 2.3 "七国集团"劳动生产力增速

然而，低生产力增速的原因不仅仅在于创新和新技术对经济的贡献不足。要想让技术拉动经济增长，必须使用扩散技术，可即便是技术扩散都面临着诸多障碍，就更别指望能快速扩散了。经济合作与发展组织也提出，发达国家的首要任务是尽快修复"技术扩散机器"，让各国、各行业、各投资者和员工能更方便地使用新的技术创新成果。[1] 然而有趣的是，尽管过去数十年间，城市化、全球化等在"经济组织"里掀起了广泛的变革，也加速了创新成果的扩散速度，但是创新成果在每个经济体内的自由流动还是遭到了重重阻碍。经济合作与发展组织指出，在 21 世纪的第一个 10 年中，科技前沿企业每年的生产力增速为 3.5%；相比较，那些非前沿企业的生产力增速为负值。

阻止前沿企业及非前沿企业进行技术发展的障碍有很多，各自的来源

① 经济合作与发展组织，《生产力的未来》。

不同，每个国家的情况也不一样。有些障碍在变小，但有一些却在变大。举个例子，意大利很难适应新的技术创新的原因在于，小型家族企业占所有企业的比重太高。有两位经济学家将此类问题称作"意大利病"[1]，特指一种不完善的组织结构，它宣扬"关系"文化，阻碍了企业生产力和经济增长。与其他欧洲国家一样，意大利的大企业比小企业的生产力更高。[2]如果意大利的企业规模分布情况和德国一样，那么它的出口额会增加25%。[3]当意大利的企业经理被问到哪些是促成企业成功的主要因素时，他们的回答不是刻苦工作、教育或者创新，"认识有影响力的人"才是他们心中通向成功的必胜之路。[4]因此，小企业常常不选择扩大规模，以免踏进"拉关系"的文化圈。此外，很多法规也仅适用于一定规模的企业。这样的环境会让经济付出巨额的代价。小企业只是缺乏必需的资源才无法扩大生产，无法将从别人那里引进的创新成果转化和应用到产品和生产过程上去。意大利本就没有多少企业奋战在科技的最前线，现在更严峻的问题是，它扩散技术的"机器"坏了，这样意大利人就无法适应技术上和组织结构上的新变化了。

你可能会说，意大利的情况是个例，这种说法没错，但具有误导性。更靠近科技前沿的西方国家也面临各种各样的问题，有些还和意大利的问题很相似。比如加拿大，它的企业规模分布也有问题，数量过多的中小企业减缓了整个经济吸收创新成果的速度。[5]再比如美国，它的全要素生产力增速在20世纪90年代加快，但后来再次减慢。大家常把这归咎于通信行业的衰退，认

---

① 佩莱格里诺、津加莱斯，《意大利疾病的诊断》。
② 阿尔托蒙特等，《竞争力评估》。
③ 纳瓦雷蒂等，《欧洲公司的全球性运营》。
④ 津加莱斯，《为人民的资本主义》，第5页。
⑤ 梁、里斯波利，《国内生产总值的分配》。

为通信行业已无法继续推动生产力按照以往的速度增长。但同样糟心的是，各行业扩散新技术的能力逐渐减弱，导致技术效率下降。所以，真正的罪魁祸首应该是人们越来越差的适应能力和不再增长的研发经费。[①] 企业和行业需要获得必要的研发经费才能去适应和模仿其他企业或行业的技术进步。如果资金被剥夺，那么技术从经济中的一个组织溢出到另一个组织的速度就会减缓。

德国和法国的生产力增速逐渐下降则主要是因为过于严苛的劳动力市场规定。这个问题在欧洲由来已久，但过去数十年日益严峻，因为过严的劳动力市场规定阻碍了数字化技术在本国经济里的传播。一方面是过于严苛的劳动力市场规定，另一方面是欧洲产品市场的法规参差不齐，二者一起构成了数字化技术无法在欧洲引发生产力增长的原因。[②] 至于西班牙，阻碍技术扩散的因素又不一样，自20世纪90年代至21世纪初，资金大量流入，西班牙经济的生产力增长中心便从企业部门转移到了房地产等行业。[③]

经济合作与发展组织还指出，西方世界普遍存在的障碍是研发支出不足、有技术的劳动力供应不足、技术劳动力供需不平衡等。不断有报告表明，企业无法找到所需的劳动力，许多发达国家面临着技术人员不足的困扰。[④] 普华永道曾对西方企业的管理层做过调查，结果显示70%的管理层认为公司缺乏"促进企业发展的必需人才"。[⑤] 还有人认为技术扩散的一个特殊问题是知识、技术和人员从活力较弱的企业转移到活力四射的企业。[⑥] 因此，阻挡劳动力重新分配的力量最终会妨碍生产力的增长。

---

① 卡达雷利、卢西尼安，《美国全要素生产率增速放缓》。
② 范·德马瑞尔，《配套政策的重要性》。
③ 凯特、费尔纳德、莫琼，《全球金融危机前夕的减速》。
④ 经济合作与发展组织，《2013年技能展望》。
⑤ 贝斯、斯维斯卡，《生产力增长》。
⑥ 麦高文、安德鲁斯，《劳动力市场失配和劳动生产率》。

商业投资比重不断下滑

西方的生产力下降不是偶然，也不是一时失误，而是多重因素共同作用的结果。话虽如此，企业可不是完全无辜的旁观者，毕竟生产力增速下降与影响增长的企业决策还是有关联的。也就是说，生产力增速下降实际上反映了实体企业部门的行为，尤其是企业高层和董事会做出的与资产负债表有关的决策。其中两项关系最大：一是企业投资，二是研发支出。二者对创新和技术适应都至关重要。

现在许多大企业的资产负债表看起来一点也不像资本主义的产物。企业很少，甚至可能从未像现在这样拥有如此充足的资金。据估计，标准普尔500指数覆盖的企业总共闲置的短期现金余额接近1.5万亿美元。[1] 有传闻称，2015年第一季度，苹果公司的现金投资和金融投资的总额达到1940亿美元。[2] 欧洲企业也积攒着大量现金，一份研究报告甚至戏称它们坐拥"秘密的现金宝库"，很多人因此期待资本开支出现加速期，好拉一把欧洲缓慢的经济增长。[3] 根据标准普尔的计算机统计金融数据库（Compustat）显示，2011年，所有企业加起来的现金持有量在5万亿元左右，而且从1995年开始，年均增速都在10%左右。[4]

这种现象其实早就出现了。1979—2011年，美国企业的现金占总资产的比例从9.4%上涨到21%。[5] 尽管每个企业的情况不同，但从总体来看，显然流动资产的大幅上升与运营成本或运营资本毫无关系。在很长一段时间里，美国非金融企

---

① 布朗，《标准普尔500指数的公司在资本支出下降时囤积现金》。
② 克让兹，《1940亿美元！苹果的现金储备量创下新纪录》。
③ 威廉姆斯，《现金、谨慎和资本支出》。
④ 桑切斯、尤尔达古尔，《为什么那些公司持有大量现金？》。
⑤ 陈、张，《公司现金持有的同群效应》。

业的流动资产与短期负债的平均比例稳定在 30% 左右。[①] 现在，这个数字上升到接近 50%，这也就意味着企业的流动性过剩。从它们管理流动资产的方式来看，企业似乎不需要把大量的流动资产转换成固定资产来谋求更多的利润。

因此，流动性过剩并不像有些人说的那样是因为大萧条，或者当企业无法确定经济是否能健康运行时就不愿花钱。缓慢的经济复苏确实加强了企业自我保护的心态，但是即便流动性已经很高了，它还是继续上升，这种态势已经持续了很长时间。经济合作与发展组织在金融危机爆发前，做了一项为期几年的观察，结果显示企业储蓄金额已经多年保持高位。[②]20 世纪 70—80 年代，美国企业还普遍借入相当于 15% ~ 20% 的生产性资产的资金，而在金融危机发生的前几年，企业开始借出相当于 5% 的生产性资产的资金。[③] 很明显，如今典型的跨国企业更像是储蓄的贡献者而不是使用者，这影响了企业提高生产力的能力，不仅如此，还影响了就业和工资水平。由于企业储蓄上升，劳动力对 GDP 总值的贡献必然下降。这个联系非常重要：当企业资本闲置时，劳动力通常会受到打击。

单这一点就足以让我们敲响警钟了。大概 30 年前，企业借款是很容易理解的，因为当时通胀水平下降，资本成本发生了变化。但现在，企业储存现金早已不再是简单的出于自我保护的考虑了，它们还希望保护自己的企业，保护现有的技术创新免受竞争的干扰和破坏。从目前来看，这种情况还没有停止或逆转的趋势。恰恰相反，企业依然十分坚定地持有大量流动性资产，不愿投资。

要想在经济中加快创新的步伐，就必须加大商业投资。要想让创新成果在经济内快速扩散，企业部门就必须投资。政府和家庭也一样，必须增加资

---

① 霍德里克，《美国公司的现金持有真的过量了吗？》。
② 经济合作与发展组织，《企业储蓄与投资》。
③ 阿门特，《企业储蓄的兴起》。

本支出，才能加快创新成果扩散的速度。

以通信行业为例。通信业在过去 30 年间迅速扩张，但实现扩张的前提是企业和政府需要在网络基础设施和其他固定资本上投资——企业和政府也确实这么做了。同理，要使用这些网络，企业和各家各户要花钱购买手机、宽带路由器等通信设备——他们也确实这么做了。

然而通信行业并不能代表整个西方经济。西方国家的商业投资增速正逐渐下降，也没有按照我们对那些希望实现快速创新和全要素生产力高速增长的经济体所期待的模式发展。长期以来的投资状况意味着西方经济很可能会因为商业投资行为停滞不前，而不是加速增长。如果创新真的出现加速，企业就会投入更多资本到经济里，商业投资占利润或产出或 GDP 的比重就会上升。[1] 但如图 2.4 和图 2.5 所示，商业投资根本没有上升。除了 20 世纪 90 年代中期上升了以外，商业投资从 20 世纪 70 年代起就一直下降。商业投资的走向与西方经济体总投资的走向一样，保持下行。

再以美国为例。与其他西方国家相比，美国经济的增长模式较少依赖某个大的贸易行业，反而更依赖熊彼特所说的创新和创造性破坏。图 2.4 展示了 1975—2014 年美国经济的企业投资变化曲线。从 20 世纪 70 年代后期开始，美国的商业投资占 GDP 的比例就不断下滑。[2] 私人投资占资本存量的比重也表现出同样的趋势。[3] 与西方国家整体的走势一样，投资在 20 世纪 90 年代快

---

① 在本章中，我们会提供几个数字来显示企业在投资和股本上的支出。为了跟踪一段时间内的发展，一个领域的支出金额要对得上企业的总支出。为了简便起见，使数字更易于理解和比较，我们以 GDP 作为分母。像其他展示一样，它并没有显示所有的细微差别。商业投资还反映了投资品的价格随着时间的推移而下降时，产出可以保持不变。然而，随着投入资本的折旧率的提高，净利润仍会显示企业投资份额的下降。

② 参考上一条注释，关于评估企业投资的不同方法，美国统计局提供了有关企业投资净额的数据。相关数据可从圣路易斯联邦储备银行发布的《国内净投资：国内私人业务》一文中检索。

③ 使用了美国经济分析局的数据，《固定资产账户表》中的表 4.1 和表 4.4。

速上升，因为美国企业部门希望吸收新技术成果，加大了投资力度，结果导致生产力也加速增长。另一个商业投资增长的时期刚好发生在金融危机爆发之前。但遗憾的是，这两股增长都无法达到 20 世纪 80 年代的高峰水平。尽管在以上两段增长期内，商业投资占 GDP 的比重达到了自 20 世纪 60 年代以来的平均水平，但从未达到曾经的峰值。[1]

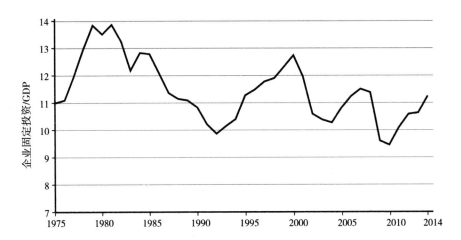

来源：美国联邦储蓄局数据发布，Z.1，表 F.103.

图 2.4　美国企业固定投资占 GDP 的比重

　　商业投资比重下滑不是美国特有的现象，其他发达国家也一样。过去 25 年间，英国的企业投资曲线基本上只朝着下降这一个方向前进（参考图 2.5）。德国的商业投资占 GDP 的比重也大幅下滑，尽管欧洲大陆上其他国家的下滑

---

[1] 虽然可能存在一些评估问题，从而导致对近期商业投资有所低估，但长期趋势仍然令人失望。参阅伯恩和平托的文章《高科技设备价格近期有所下降》。

程度没有这么大，但趋势都大致相同。[1]

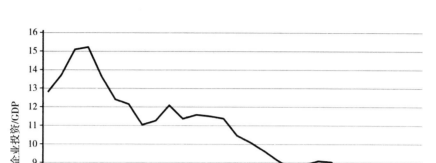

来源：国家统计局，企业投资时间序列分析数据库

图 2.5 英国企业投资占 GDP 的比重

尽管统计机构做了不少改善的尝试，但用来衡量经济内商业投资的传统方法早已不够完善，面临被淘汰的风险。许多评论也表示传统的方法太过时了，在一个知识经济时代，最重要的投资不是有形的，而是无形的。技能、资质、研发水平、知识产权、品牌等决定现代经济成功的重要投资类型在国家投资统计报告中的分量微乎其微。因此，如果所有无形投资都能纳入统计数据中，那么商业投资占 GDP 比重的下降趋势就可能逆转，甚至极有可能呈

---

① 另一种看待这一问题的方法就是考虑经济中资本支出的水平，以及企业在实物资本上的支出额。对美国来说，数据显示了与商业投资类似的趋势。从 20 世纪 70 年代末或 80 年代初开始，资本支出作为整体经济的一部分以及企业债务的一部分一直在下降。数据显示，20 世纪 90 年代的情况有所好转；这 10 年的后半段，企业迅速增加了资产存量，主要是由于 ICT 革命推动公司增加了固定资产存量。不同于美国，欧洲国家的公共数据来源没有那么丰富的历史数据作为支撑。然而，从 20 世纪 90 年代中期开始的数据显示，与美国类似的情况也在发生，即资本支出/GDP 正在缓慢下降。

现上升势态。

但是，我们应对这种企业投资数据保持警惕。人力资本的确是经济表现里的重要一环，但它主要的投资来源不是企业，人力资本更像是个人与政府投资的结果。而且，重要的品牌、研发和知识产权投资已经计入了国家投资报告当中，只不过是以间接的方式表现罢了。此外，我们也很难计算出其他形式的无形资产投资的具体数额，因为很难将关于无形资产的投资和支出区分开来。企业的投资报告通常没那么可信，因为它们区分二者的方式与区分有形资产的投资和支出的方式稍有不同，受到会计和税收规则的影响较大。再加上许多无形资产的折旧率未知，就更难在总体数据中区分净值和总值了。更重要的是，有一些形式的支出据说增长迅速，需要计算在内，比如在通信软件上的投资支出，但实际上它的增长幅度并没有那么大。[1] 更关键的一点（我们将在第四章提到），相当一部分的无形资产支出被用来代替创新支出。

有几个原因大概可以解释西方经济里商业投资的比重为什么越来越低。其一，人口等宏观因素，人口年龄结构变化有可能拉低商业投资。其二，从制造业到服务业的经济结构变化也有可能是影响因素，但没有证据表明经济已经从资本密集型行业转移到了其他行业。[2] 投资品价格下降可能解释了投资下降的原因，但是投资品贬值的速度越来越快，可以抵消掉价格下降的绝大部分。我们在本书将深入探究的原因，是企业资本主义里的宏观变化已经把西方国家的投资都消耗殆尽了。西方企业之所以降低西方经济体的投资比重，是因为它们已经不期待西方国家有显著的经济增长。大部分新投资都瞄准新兴市场，希望从全球化进程中分一杯羹。此外，所有权结构的变化也导致企

---

[1] 参阅第八章"资本主义和机器人"，对 ICT 软件上的支出有更详细的讨论。
[2] 布伊特、拉巴里、塞德尔，《发达经济体投资的长期下滑》。

业不愿投资，而更愿意留存收益、增加负债。

企业增加研发支出的速度也没有经济增长的速度快。很多企业对此反驳，认为它们花在创新或研发上的资金比以往任何时候都多。主要的统计数据也支持了它们的观点：许多大企业的研发支出稳定上升。整个企业部门的情况也一样，研发支出保持着非常稳定的增长趋势。

过去几十年来，发达国家包括政府在内，在研发项目上的总支出的确在缓慢上升，但幅度不大。经济合作与发展组织成员国的平均研发总支出基本保持不变。日本、韩国和中国等国的企业研发支出显著上升，然而西方国家并没有追随它们的步伐。从 20 世纪 80 年代到 2008 年，美国研究支出占 GDP 的比重的确有所上升，但英国、法国等几乎没有变化。

然而这些数据具有一定的欺骗性。有些真相隐藏在了背后，比如企业支出的增速一般高于 GDP 的增速，发达国家的研发支出日益集中在其中几个行业。与此同时，尽管研发支出有所上升，但企业的总收入也稳步增长，所以西方国家研发支出占总收入的比重，多年来停滞不前。

此外，"研究"的概念在企业界发生了变化。尽管美国电话电报公司的贝尔实验室和施乐的帕克研究中心依然保持着传统意义上的企业研究的概念，但实际真正花在研究上的研发经费却越来越少。因此，大部分企业今天所说的"研究"概念已经与以往不同。以前的研究指的是颠覆性创新，旨在引入新产品，重塑市场格局；如今的研发支出大多用于产品适应、设计和改善，比如从另一个产品上照搬一些特性或零部件，或者根据本地市场需求调整一下产品存量等。可以说，企业的支出更多花费在了"发展"而非"研究"上。

产品的适应、模仿和改善都是很好的发展举措，资本主义的一个主题就是企业不断地相互学习借鉴。在此方面的支出也推动了"技术扩散机器"的运转，使创新成果得以从一个行业传播到另一个行业。也许企业采取了更有效的方式使用研发资金，研发效率得以提高。总而言之，创新关乎产出而非投入，研发投入越多，不代表转换成创新的成果越多。经济学家路易吉·津加莱斯曾开玩笑说："如果创新只是丢点钱进去，那么希腊就会是全世界最创新的国家。"[1]

但是，资金投入从"研究"转移到"发展"并不意味着现代经济就越来越依靠创新了，也不代表企业部门应该增加在颠覆性创新上的支出及采用更激进的创新形式。如果一个经济体依靠创新拉动增长，那么它的实际研发支出应该会明显上涨，而且增速会比总支出的增速快。如果一个经济体的确在朝着创新密集型经济转变，以上趋势都会展现在数据当中。但是现实的数据并非如此。

但大家普遍忽视了一点，那就是研发支出占 GDP 的比重是基于两种不同的方法计算而成的。研发支出计算的是存量，GDP 计算的则是增量。所以研发支出的增速应该比 GDP 的增速快得多。如果采用另一个存量来计算研发支出的比重，结果将完全不同。美国的实际研发支出的增速正在下滑（参考图 2.6）。如果采用欧洲委员会研发记分牌的计算方式计算研发支出占销售额的比重，欧洲的研发密度同样表现出下降趋势（参考图 2.7）。据美国国家科学基金会公布的消息，美国的研发密度自 1995 年起就基本维持在一个稳定的水平，无增无减。

这些数据只覆盖了较短的时期，我们不应该仅根据一个 10 年的走势就得出长远的结论。然而其他许多分析报告也指出了类似的走向，西方经济的发展方向不是我们预期的方向，不太可能出现创新的突然增长，企业也没有为此做好准备。许多企业认为这一点并非偶然。大企业在管理创新或研发上已

---

① 考恩、津加莱斯，《与路易吉·津加莱斯的对话》。

经长时间遭遇困难，它们尤其不知道该如何把研发纳入企业战略中。[1] 在某些行业，研发部门的生产力明显下降，[2] 研发的产出低于投入。许多企业为了解决研发战略上的问题，将研发业务"外包"给那些可以承担更大风险的小型企业。一旦研发投入转化为成熟的创新产品后，大企业便把产品拿过来，整合到自己的销售计划和市场营销框架当中。医药行业就是一个典型的例子。时间会告诉我们这种战略能否成功。也许在企业层面这种战略是高效的，也可能这种战略会打击创新精神。

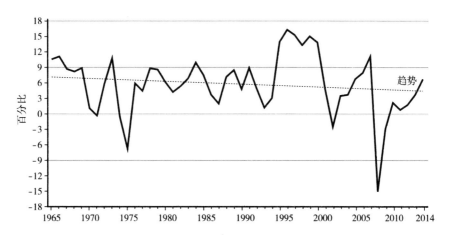

来源：美国经济分析局；哈佛数据；亚特兰大联邦储蓄银行

图 2.6 美国实际企业研发投资增速

---

① 雅鲁泽尔斯基、史塔克、高勒，《成功革新的必经之路》。
② 保罗等，《如何提高研发生产力》。

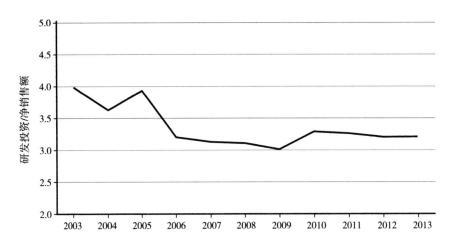

来源：欧洲委员会，企业与工业总司，创新型联盟记分牌

图 2.7　欧盟研发密度

企业内部的发明创新能力减弱给企业造成了负面的后果。比如，他们对自身长期竞争力的控制能力降低；在市场风险中暴露的面积更大，需要提升能力才能在竞争者和新晋企业面前保护自己的市场定位。这可能进一步恶化了西方经济中一个现存的强劲趋势——企业将更加出于自我保护的目的而使用资金。

过剩资本以寻求自我保护

现代企业在颠覆性创新上花的时间似乎比花在别的领域的要少。曾经，资本主义的形象是一头咆哮的狮子，需要更多的投资和创新来充饥，现在这种形象早已过时，更适合出现在历史教科书上，而不是现代经济发展中。西方企业部门现在踏上了完全不同的道路。企业快速增长的流动资金不再投入到生产和组织当中，它们也不再以预期的速度扩大投资和研发支出。你可能会问，如果企业不花钱投资未来，那它们把钱花在哪里？

现在大企业对未来的理解，以及关于未来对企业的投资要求的理解似乎都发生了变化。我们不得不得出这样一个结论：大部分领先的西方企业已经不再增加必要投资去拉动长期收入和利润了。它们更像是在过度储蓄。放弃利用创新和投资刺激增长以后，许多企业用过剩的资本来达到自我保护的目的。

也就是说，企业部门已经变得越来越保守和安于现状。企业高层和投资者在谋划未来时，通常考虑的是哪里需要流动性来保证股本收益的稳定性，其措施之一就是将收益分还给股东。它们的资产基础逐渐老化，也难怪它们因此对未来的竞争忧心忡忡，但这种担忧也不至于促使它们投入一大笔资金，进行大胆而激进的活动来提升竞争力。今天的资本主义以这种方式证明了自己的缺点。投资者的短期目标常常优先于长期的创新和竞争。尽管资本主义曾经是推动经济与技术实验的动力引擎，但如今，它已沦落为几乎零风险的日常储蓄平台。

有三组证据可以表明企业利用资本进行自我保护。第一点强化了以上说法：企业成为资本的净债权人既不是新鲜事，也不是短暂的现象。近期企业净借出额不断累加，数据显示这种现象始于金融危机爆发前。[1] 虽然美国净借入的长期平均值是 GDP 的 0.8% ~ 1.2%（参考图 2.8），但过去 10 年中，企业部门提供给其他经济部门的过剩资本相当于 GDP 的 1%。英国的数据没有美国的时间跨度那么长，但情况也一样。20 世纪 80 年代末至 90 年代初，企业界为英国经济增添了资本，但从新千年开始，企业净借出成了主流（参考图 2.9）。

---

① 经济合作与发展组织，《经济增长前景》。

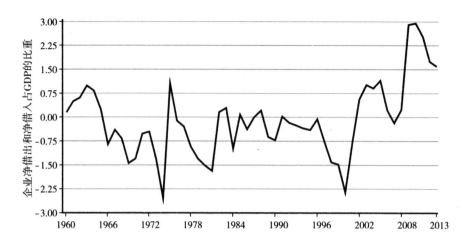

来源：美国联邦储蓄局数据发布，Z.1，表 F.103

图 2.8　美国企业净借出和净借入占 GDP 的比重

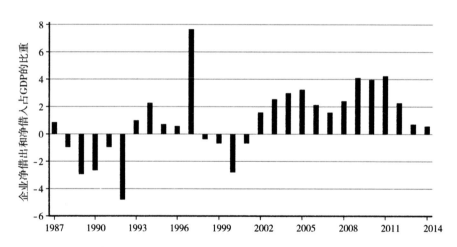

来源：国家统计局，企业投资时间序列分析数据库

图 2.9　英国企业净借出和净借入占 GDP 的比重

多重因素导致了企业部门从净债务人变成了净债权人。由于通胀水平下降，过去几十年对于企业来说是降低借入利率的绝佳时机。当资本成本变得无关紧要以后，企业就能更灵活地管理资本的收支。然而，向经济的其他部门借出资金的企业必然不懂得如何将过剩资本用来增加长期价值。我们现在的企业管理层和企业主相信，极低的资本成本还不足以构成增加投资的理由。[1]企业更倾向于放慢投资的步伐，减少资本开支，降低研发密度，因为美国企业和欧洲企业的管理层坚信，资本还有更好的用途。

由此引申出第二点，过去数十年间，企业利用自己的收入和资产负债表加快了企业并购。企业并购确实也是一种投资，但是是一种非常特殊的投资形式。从 20 世纪 80 年代中期到 90 年代末期，企业并购交易的数量和金额增长迅猛，随后趋于平稳，但近几年再次出现井喷式增长。2015 年，全球企业并购的金额超过 5 万亿美元，[2]创造了新纪录。随着企业的价值不断上升，企业并购的数量和金额激增也不是什么令人惊讶的事。[3]企业并购数量的大幅增长影响了公共市场的规模，也几乎把公共市场变成了为企业做媒的高级平台。企业并购也是自 20 世纪 90 年代开始上市公司数量陡然下降的主要原因。有一群专家研究了 15 年企业退市的情况，他们总结道：1997—2012 年，美国有 8327 家企业退市，其中 4957 家是因为企业合并。[4]

有许多原因支撑着企业并购活动的长期增长，企业并购确实能够推动经济更有效地运行，前提是整个过程按照教科书式的方法进行，这样企业并购

---

① 然而，正如本章稍后会讨论的那样，企业可能通过其海外业务提高了生产力，但并没有达到大多数人期望的程度。例如，美国非金融公司的海外子公司的净资产从 20 世纪 80 年代末至 90 年代末一直在加速增长，随后便出现下降趋势，而且过去 10 年的增长趋势要慢于 20 世纪 50 年代末至 80 年代初。

② 美通社，《迪罗基数据》。

③ 在股市估值较高的时期，并购活动通常较多。

④ 多伊奇、卡罗利、斯图尔兹，《美国上市缺口》。

就能削减生产成本。20世纪80—90年代的全球化加快了企业并购数量的增长，因为企业希望通过并购加速横向扩张，扩大规模。在另一个国家收购一个企业，再把它变为子公司，比从头开始成立公司要容易得多，更重要的是缩短了扩大生产规模所需的时间。

但是最近，企业的并购战略开始变得迂腐守旧。企业的目的是稳固目前的竞争局面，不再是发起新的竞争。因此，企业并购的目的有时甚至经常是保住市场定位。由此，它们构成了20世纪90年代出现的另一种全球化形式的一部分，通过横向扩张、纵向整合等方法在市场上创造出一个更强大的网络效应。

然而更重要的是，近几年的企业并购是一个信号，意味着进行企业并购的"中年企业"已经失去了通过创新扩张的能力，只好借助其他企业的活力，让自己留在市场上。在已经步入中年的资本主义世界里，企业经理和股东从众多不同的资本利用方案中，选择了利于收购或兼并其他企业的方案，因为他们相信，与其他方案所获收益相比，企业并购所获的收益更好掌控。企业并购被认为是提升未来竞争力更安全、更可控的策略。经济学家罗伯特·利坦认为这个现象值得注意，"因为当大企业吞并其他企业时，也就意味着发起并购的企业放弃了内部创新，而是转而依靠外部获取新观点"。[1]

第三点，也是最后一点，企业一直通过分红和股票回购的方式将资本归还给股东。过去几年，这个话题在美国企业界常常被提起，许多观察员担心美国企业对国家的信心减弱。将资本归还给股东的做法在最近几年变得特别流行。2014年，软件巨头IBM花了相当于两倍研发支出的钱回购股票。回购股票的不仅仅是现金充裕的企业，《经济学人》杂志在2013年计算得出，"38%

---

① 利坦，《经济快速增长需要哪些养分？》。

的企业在股票回购上支出的费用甚至超过了自身能承受的现金流上限，这种做法不可持续"。①

　　然而这不是一个短期现象。企业下调股本基数或者进行高额分红不是因为股票的需求下跌，这已经变成美国经济内的一种长期趋势，企业原来花在投资上的钱现在转到了股东上。自 20 世纪 80 年代起，投资支出就呈现下降趋势；尽管 20 世纪 90 年代出现了快速上涨，但最终没有演变成长期的行为。几年后，美国企业的投资支出再次转变为下降趋势，同时，在股东身上花费利润的意愿开始超过投资意愿（参考图 2.10）。

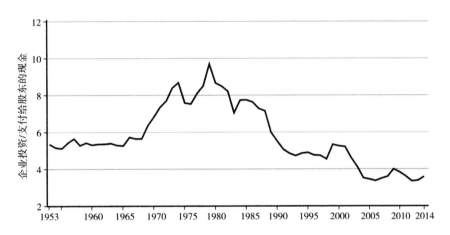

来源：美国联邦储蓄局数据发布，Z.1，表 F.103

图 2.10　美国企业投资与支付给股东的现金的比例

　　把资本归还给股东不是一件错事，毕竟他们拥有这家企业，而且投资之时就假设这家企业能为他们赚取丰厚的利润作为回馈。这里的一个关键的问题是，企业投资减少，为股东付钱的意愿增加，这种现象揭示了企业什么样

──────────

①《经济学人》之《企业可卡因》。

的能力？企业真的能推动更快的生产力发展吗？企业能够迈入一个充满"速度与激情"的创新时代吗？实际情况是，许多企业认为高额分红和股票回购是稳定或增加每股收益的必要举措。它们打击了大家对获利的期望，它们所描绘的并不是一个让人激动和振奋的未来。我们本以为现在或很快就能看到一场创新革命，看来并非如此。资本主义的真实景象告诉我们：企业面对创新和投资越来越犹豫，它们宁愿资产基础慢慢老化，也不愿通过新一轮的投资让其焕然一新。

第三章
资本主义的颜色是灰色

灰色是没有感情的颜色，中性、中立，既不在此，也不在彼。所以人老了头发渐渐灰白……那是生死之间的颜色。

——乌苏拉·坎普，绰号"灰"

所以，一个阶层的快速崛起，或者称之为"食利阶层"，指的是靠"剪优惠券"生活的人，他们没有工作，他们的职业就是游手好闲。

——弗拉基米尔·伊里奇·乌里扬诺夫，

《帝国主义是资本主义的最高阶段》

"生于美国，选择叛逆"，哈雷戴维森摩托公司的这一广告语臭名昭著。然而，在收购哈雷12年后，美国机械与铸造集团却希望摆脱这份叛逆。12年间，娱乐设备巨头AMF公司输掉了海外市场的竞争，主要产品的质量也出现了问题，最终决定放弃哈雷戴维森这家最富传奇色彩的美国企业。当时哈雷戴维森的状况十分糟糕，许多人都觉得它似乎面临着没完没了的困难和危机。那时离 20 世纪初威廉·S. 哈雷把引擎安装在自行车上已经过了很久了。当 1969 年 AMF 买下哈雷戴维森的时候，哈雷戴维森拥有良好的声誉、一流的质量、自豪的企业文化、自主的创新能力，以及良好的业务驱动力。但当 AMF 卖掉哈雷戴维森时，它的名声即便不说一败涂地，也是大打折扣。

哈雷戴维森的发展历程带有浓烈的资本主义色彩，资本主义既毁了它，也成就了它。哈雷戴维森很幸运，没有倒闭。正如它的广告语所述，"传奇继续"。今天，哈雷戴维森占据了重型摩托车市场超过一半的份额。[①] 它重获往日光辉是 20 世纪 80 年代以后的事。20 世纪 80 年代初，新东家接手，哈雷戴维森重回正轨。沃恩·比尔斯和其他几位投资人共同发起了管理层收购，在 100 万美元资产的基础上又借贷 8150 万美元，倾其所有把赌注压在了哈雷戴维森上。[②] 这与前东家的行事风格大相径庭。

作为东家，AMF 并不差，在哈雷戴维森上投资了相当一大笔资金，尽力帮其提高利润。但是对于 AMF 来说，哈雷戴维森只是许多投资项目中的一个，收购它的目的只是让集团的企业组合和股票组合更加多元化。然而，要让哈雷戴维森和自动保龄球设备、原子反应堆、摩托雪橇、高尔夫球俱乐部、网球拍等 AMF 旗下各类产品和业务共享一片天，这种感觉就像逼着丹尼斯·罗德曼离开篮球场去和沃伦·巴菲特打桥牌一样难受。哈雷戴维森找不到适合自己的位置，无法发展，也无法与集团的其他成员合力发展并从中受益。它需要的投资人是能让罗德曼打篮球的人，一旦这样的投资人成为哈雷戴维森的股东，哈雷戴维森不仅会成为资本主义的成功案例，还会向大家证

---

① 提姆，《哈雷戴维森的成功》。
② 格罗斯等，《哈雷戴维森的转机》。

明企业家和资本主义者的角色多么重要。

这就是资本主义的故事。就像其他走向衰败或经营不佳的企业一样，哈雷戴维森需要的是能开拓企业的资本主义投资者，而不是那些根据某个金融公式理论来进行投资的人。当然，资本主义和市场不是同义词。当市场开放、竞争开始的时候，西方世界资本主义所有制的状况却逐渐变差。资本主义的愿望是走在市场的前头，甚至垄断整个市场；市场的目的却是确保资本主义的这一愿望无法实现。资本主义是一种关于生产所有者的制度，没有资本家，这种制度就无法运转。想想我们如今，40年来，上市企业的所有者所占股份和资本越来越少。这就是现代西方经济的现状。

如今，资本家是稀缺物种。除了那十几个高科技企业的所有者家喻户晓以外，我们再也听不到其他大资本家的名字。他们的确不是媒体喜欢争相报道的人物，他们的生活和消费既不夸张也不引人注目，他们不是亿万富翁俱乐部的会员，不会声名显赫、生活奢侈，满世界找乐子解闷。他们也不是托马斯·皮克迪笔下的恶棍，出现在"食利资本主义"历史里，现在又卷土重来。[1] 大资本家确实属于最顶端"1%的人"，但他们不是冷血的埃比尼泽·斯克鲁奇的表兄弟，也不是迈克尔·刘易斯笔下贪婪的"老鸟"的亲戚。刘易斯在《说谎者的扑克牌》一书中称呼金融资本主义骗子为"老鸟"，用词深入人心，但资本家不应该成为左派或右派愤怒谴责的对象。也许华尔街确实自导自演了一场从金融危机中迅速恢复的戏码，还变得比以往更加富裕，但有钱人和资本家不是同一类人。资本家也有钱，但他们不像有钱人那样，表面上看拥有企业，实际上只在企业里随便转转。资本家是真正开拓企业、管理企业的人，他们对企业的发展具有重要的推动作用。

不幸的是，为资本家写讣告的时刻越来越近。现在还没到那个时候，但

---

① 皮克迪，《21世纪资本论》。

本章即将要讲的，是资本主义所有制的要旨已经发生了巨大的变化，而且不是往好的方向发展。大资本家依然存在，新资本家会继续出现，特别是在数字产业。但是资本主义的颜色已经变成灰色，就像从中年妇女变成巫婆的乌苏拉·坎普的碑文上写的一样，资本主义非此非彼——处在一个不确定的发展进程的中间，既不是这个也不是那个，既不在这里也不在那里，它处在生死之间。

矛盾的是，现在掌控着经济的灰色资本主义是自然的产物，甚至是一部分人所希望看到的情况。但是个人理性与集体利益并不相互配合。灰色资本主义影响了企业的增长，削弱了企业的雄心，大企业逐渐喜欢上舒适的官僚主义风气，保护自身在不确定性、创新和竞争面前不受伤害。

本章将按照时间顺序，讲述灰色资本主义的兴盛史，介绍逐渐偏离正轨的企业所有者制度。我们认为，灰色资本是失去了资本主义色彩的资本。失去了资本主义特征的资本常常与资本的来源有关，也和日益变老、头发逐渐灰白的老龄人有着密切关系。灰色资本大批地产生复杂的所有者制度，按"食利主义"的方式分配资源，成功地将创新排挤出去。此外，灰色资本还偏爱支持和保证确定性的企业。

毫无个性的资本主义

资本主义变成了一个无解的谜团。资本主义是一个与所有制有关的制度，而灰色资本主义的最突出特点就是没有人知道到底谁是企业的所有者和控制者，更别说零散的股东都有谁了。借用企业管理的一个说法，从某种意义上来说，所有权从所有权中分离了，[1] 没人知道企业所有者想怎么管理企业。灰

---

① 科恩、伊普－威廉姆斯，《所有权与所有权的分离》。

色资本主义是毫无个性的资本主义。

大型上市公司常常有许多股东。但对大部分股份制企业来说，还是有至少一个或少数几个大股东的，因而我们也能弄清楚这些股东采用什么样的行业思维或资本主义思维去管理企业。但这些股东也许不全是好股东，甚至可能不是资本家。以前有些大股东缺少远见，或者说没有商业头脑，然而现在情况不一样了。股东竞争没那么激烈了，资本家控制的企业也少了。

所以，让我们开始解开资本主义这个谜团。以通用电气为例，纽约股票交易所称其股票几乎可以达到100%自由流通。那么谁是这家公司的股东呢？最大的股东是先锋集团，截至本章写作之时，它拥有通用电气5.6%的股票。这个比例不高，甚至远低于拥有公司控制权所需的比例，更别说拥有公司的管理权了。但这个比例依然高于其他通用电气股东所拥有的比例。通用电气内部直接持有公司股票的人最多也才持有190万股，与先锋集团的5.66亿股相比，真是小巫见大巫。

要想知道谁拥有通用电气，首先需要问的是"谁拥有先锋集团？"可这是个错误的问题，因为先锋集团投资的不是自己的钱。它只是代表集团旗下的不同基金投资，而且作为全球领先的共同指数基金公司，它与其他基金公司一样，秉承着资产分配多元化的操作原则。所以，尽管先锋集团的资金经理比其他公司的资金经理更活跃，但他们持有通用电气的股票并不是为了使这个成功的企业更加成功。先锋集团管理者用接近3万亿美元的资产投资了众多企业。它最关心的是怎么管理好别人的财产，因为大概有2000万人把钱存入先锋集团的各个基金。那么，构成了通用电气最大股东的这2000万人都是谁呢？这个问题当然很难说清楚，但是其中很大一部分人甚至不是直接持有人，他们可能是雇主股票的受益人，也可能投资了养老金计划。即便我们再进一步，看看最直接的基金持有人，数量也非常庞大，很难逐个询问他们想怎么使用通用电气的间接所有权。但是，我们可以肯定地说，他们把钱存在先锋集团的基金里，并不是因为他们想成为通用电气的股东。

如果没法确认企业所有者的身份，那也就没法知道所有者想要什么。当企业的主要所有者和控制者是神秘人时，资本主义就变成了灰色。大部分人还没有意识到神秘的灰色所有制是个问题。一个最基本的反例就是，投资者只希望投资有回报，如果企业不能为他们创造利润，那么投资者就会离开。诚然，如果企业能赚到很多钱，大家都开心，但是，赚钱的欲望不能决定这个企业所有者成功与否。赚钱的方法有很多种。要想企业蓬勃发展，利益各异的所有者必须与企业站在统一战线，助力企业成功。但显然他们有时不这样做，不少投资基金都同时持有数家竞争企业的股票。

更复杂的是，所有者持有股票的时间不一样，能承受的风险水平不一样，包括他们对风险和不确定性的定义也不一样。他们从不同的角度去理解企业发展和企业的所有制，这些差异会影响董事会的构成、行为和反应，还会影响他们为特定市场选择的经理人类型，以及企业发展的周期。如果经理计划在别的市场开拓业务，即便他有良好的战略动机，也最好还是先咨询一下所有者的意见，因为他们的投资指导原则可能与此相悖。报告和衡量主要财务指标的方法多种多样，结果变来变去，从选取董事会成员开始，所有者对管理层的控制和影响也跟着变来变去，甚至失去了控制和影响的力量。所有制结构和企业家的想法如此复杂，所有这些不断变化的因素也只显示出其冰山一角罢了。

举一个简单典型的例子。假设一家基金公司或一位投资者在两个互相遏制的市场上分别持有一家企业，如果投资者想降低投资风险，他不能只卖其中一家的股票，因为这样会打破平衡。所以，即便投资者对现有的投资非常满意，也必须把另一家的股票也卖了，或者买入一家替代企业的股票，重新实现投资组合的平衡。无论如何，影响决策的都是关于投资组合的考虑，而不是企业的业绩或者其未来走向。投资者由于种种原因购买了企业的股票，而企业的业绩和增长只是其中之一。当投资组合的配置出现风险时，投资组合自然成为第一考虑因素，企业业绩和增长则自动退居次位。当世界上大部分资产和负债持有者都遵循这套规则行事，当市场和各项规定逐渐导致投资者行为同质化时，企业所有者反映得更多的是宏观趋势以及与系统性风险有关的事件，而非企业真正的价值与未来。[1]

　　所以，回到之前的问题：如果没人知道谁是企业的股东，就没人知道投资者看重的是什么、投资者为什么投资。因此也就没人知道企业是否在按照投资者的意愿运营，或者投资者的利益与企业是否一致。最后也就导致没人真正知道管理层在为谁服务。你们意识到其中的问题了吗？这样的所有制结构建立在种种未知上。这就是资本主义变得非此非彼、变成灰色的原因。

　　除此以外，还有一个原因，看似分散在全球各地的股东其实相互之间存在联系。全球各地的企业股东形成了一个像蜘蛛网一样相互连接的结构，最终的所有权落在少数几家金融企业的手上，我们把这几家企业比喻为"蜘蛛企业"。一份研究全球所有权集中度的报告考察了包括金融和投资企业在内的全球 3700 万家企业的所有权情况，结果发现仅 147 家企业就控制了所有企业资产的 40%。[2] 如果把这些"蜘蛛企业"的数量扩大到 737 家，它们所控制的企业资产的百分比则上升到 80%。尽管这种计算方法存在一定问题，但企业之间的相互联系确实又为所有制增添了一种不一样的灰色。没有人真正看得见这个网的全局，也不知道企业相互之间到底有怎样的联系，因此我们也无从知晓你中有我、我中有你的企业会互相产生什么作用。

　　但是，我们知道大部分股东是储户，也知道公共市场的规模和复杂度迫

---

① 毕驰玛、沃斯，《稳定剂还是增强剂》。
② 维塔利、格拉特菲尔德、巴蒂斯顿，《全球公司控制网》。

使储户、机构和散户投资者依靠第三方进行投资。正是这样的发展引起了过去40年的经济"金融化"，或者说，导致了金融的发展速度远远超过实体经济的发展速度。已过世的美国经济学家海曼·明斯基称之为"货币经理资本主义"①。这不是新出现的现象，温斯顿·丘吉尔在1925年就说过："我宁愿看到金融位谦而产业位尊。"但经济之神不仅无视了他的愿望，还无视对金融不稳定性的再三警告，即便金融增长是由国家担保的。

在丘吉尔的祖国英国，现在每天的外汇交易额是商品和服务贸易的100倍不止。没错，你没看错，就是100倍。英国银行管理的7万亿英镑的负债几乎与生产毫无关系：只有3%的银行贷款流向生产产品和提供服务的企业。但英国的支出却超过了国家收入的40倍。②

在大洋彼岸的美国，虽然其经济规模比英国大得多，但情况也差不多。金融占美国GDP总量的比例从1980年的4.9%上涨到了2006年的顶峰8.3%。③美国商业银行的总负债接近15万亿美元。④就全世界而言，2012年全球产品和服务的总支出与金融资产的比例为1∶10，也就是说实体经济里的每1美元对应的是金融经济里的10美元。如果这个比例保持不变，到2020年，金融资产将达到900万亿美元，而GDP只有90万亿美元。⑤

金融行业的规模大得可怕，但更让人担忧的是金融化的性质，尤其是金融是如何让灰色资本摇身一变成为资本主义所有制里主要的角色的。企业的直接股东这么少，间接股东那么多，而且还是偶尔才有联系的间接股东，如此一来，企业、企业的长期目标，甚至是资本主义本身都一定会受到影响。

---

① 明斯基，《资本主义经济的不稳定性和制度结构》，第4节。
② 凯，《别人的钱》，第1—2页。
③ 格林伍德、沙夫斯坦，《现代金融的增长》；韦斯曼，《华尔街如何吞噬美国企业》。
④ 美联储，《资产与负债》。
⑤ 哈里斯、施韦德尔、基姆，《充满金钱的世界》。

灰色所有制渗透进了企业的结构、企业的文化和企业的目标里，从企业经营的角度来说，灰色资本干预企业分配资源和投资的决策。大部分时候，灰色资本不会长期地投资一个企业，灰色资本也常常无法为被投资企业提供清晰明确的商业计划。实际上，灰色资本通常认为企业的发展应该与市场的潮流基本吻合，这也是投资的前提。这不是资本主义的特征，反而更像是"食利资本主义"的特征。

资本主义变灰的另一个原因是，随着西方社会日益老龄化，存款和持有股票的数量越来越多，为退休生活准备的各种形式的储蓄就是其中之一。萨菲尔在《中年人蓝调布吉曲》中唱道"我说年龄只是一个数字"，但所有资金经理都会告诉你，年龄是个很重要的数字。人们活得越久，就需要存越多的钱来保证未来有足够的养老金。公共养老金体系越来越不稳定，现在的人们比以往更需要存钱养老。这样一来，投资在经济里的储蓄的角色就发生了变化。首先，随着这类储蓄的增加，人们通过中介投资企业的比例就越来越高。实际上，过去 20 年中，金融行业创造的最大的附加值来自储户向资金经理支付的手续费。[1] 其次，退休储蓄偏爱短期回报而非长期回报。因此，越来越多的退休储蓄资金避开股票，转而通过债务市场投向基金公司，这样便进一步削弱了资本主义的所有权和控制权。[2]

讽刺的是，灰色资本主义在很大程度上是储户的愿望与理性共同作用的产物。对于我们大部分人来说，把钱存在基金里要安全得多，因为我们自己并不懂得资产配置的知识，聘请专业的资金经理为我们服务要保险得多，比如避免把所有钱都押在一只股票上的危险。然而矛盾之处就在于，对于个人有利的事情不代表对经济也有利，至少长期来看都不会有利，因为灰色资本

---

① 格林伍德、沙夫斯坦，《现代金融的增长》。
② 罗克斯伯勒等，《新兴股市的缺口》。

在金融经济里的角色越来越重要。然后，灰色资本便创造出了一种新的资本主义经济，在这种经济里，所有制的基础绝大多数是间接所有，或者称之为"已知的未知"。灰色资本导致所有制从此失去了资本主义的特征，灰色资本也日益依赖头发灰白的老人，老人常常像"食利者"一样投资他们的储蓄。

没有资本家的资本主义

几年前，一份英国小报报道了一个故事，这个故事也许只是伦敦街头很普通的一个现象，却吸引了大家的注意。一辆价值 300 万美元的布加迪豪车停在了骑士桥[①]，就在上层人士常光顾的宝格丽酒店门口。光是这辆车就吸引了不少人羡慕的目光，更何况它旁边还停着一辆同等价位的法拉利、一辆价值 100 万美元的迈凯伦，还有一辆相比之下非常廉价的迈巴赫，其实它的价格也接近 50 万美元。小报写到，这 4 辆车一起吸引了一大批围观群众驻足。然而，尽管这 4 辆马力十足、奢华耀眼的豪车一字排开，在双黄线边上静候各自的主人，但这并不意味着伦敦已经恢复往日光辉，从经济大萧条中走了出来；也不是在召开什么高级年会，请到了戈登·盖柯、谢尔曼·麦考伊、帕特里克·贝特曼[②]，以及他们在现实世界资产管理行业的化身共同出席。这些豪车的主人是"来自中东的富豪"，他们把自己的四轮玩物空运到伦敦做短暂停留。仅是为汽车买一张卡塔尔航空的返程机票就要花费 3 万美元，但一想到定制的喷漆服务一次就要 4 万美元，大概就没人会抱怨机票昂贵了。[③]

类似的故事总会与资本主义扯上关系。从某一个角度来看，这样说没

---

① 骑士桥是位于伦敦市中心西部的一个住宅和商业区域，并非一座桥。——译者注
② 这几个名字均是好莱坞电影中虚构的大富豪。——译者注
③ 阿芙德，《为一辆（加强型）福特嘉年华腾出空间？》。

错。即便富人与资本主义所有制或企业运作模式没有一点关系，但要否认企业和金融资本主义培养了一大群不劳而获、大手大脚花钱的有钱人也毫无意义。资本主义所需要的，是那些能够有意识地运用理性思维以充分利用有限资源并扩大利润的人。能否成为一个资本主义者真的与有没有钱没什么关系，反过来也一样，有钱人不等于资本主义者，也不意味着他有资本主义的特质。其实，比起富有的企业主，或者食利者，或者开着豪车在各大洲疯狂旅行玩乐的公子哥们，拥有有限资源的人更可能去做资本主义投资。

区分二者的概念十分重要，因为大家当前对税收和不平等有种种担忧，大家也在讨论到底应不应该提高富人的缴税比例，而区分二者恰恰击中了这些问题的核心。上一次的金融危机很自然地引发了这些争论，更别提后来的"巴拿马文件"泄密事件，一下子曝光了投资人是怎么和罪犯、贪官污吏一起把钱藏在避税天堂里。但可惜的是，每次准备讨论到最有趣的部分时，争论就结束了，我们从来没有探讨过到底哪类企业所有制形式助长了资本主义的黑暗面。不同类型的所有者相去甚远，产生的结果也大相径庭。在如今的经济里，资本家是稀缺物种，于是其他形式的所有制发展迅速。现在的问题不是全球各地的公子哥们花钱太多，而是他们的钱主要来自"食利"所有制。许多人也参与了这种形式的所有制。实际上，"所有权从所有权的分离"为养老基金、保险基金等机构股东日益频繁的类"食利者"行为开辟了道路。金融经济和资金经理也由此从实体经济的仆人跃升为主人。

以上现象不是特例，也不是突然发生的事件。机构投资者在充当大股东的同时，可以提供资金管理服务。银行是金融经济的一部分，但也能拥有实体资产，进行直接投资，并且提供积极的投资管理服务。资金经理也许可以合法地脱离大股东的身份，但承诺书可以写得很宽泛，几乎等同于直接股东。所有的角色在过去几十年都发生了翻天覆地的变化。金融行业的规模翻了几倍。随着储蓄额和投资额大幅上升，资金经理和专业投资机构的数量激增。全球化进程对于专业投资的需求，以及最重要的总储蓄额的上升，引发了资金经理和投资机构的飞速发展。他们都助长了灰色资本主义的崛起，也由此成了过去 40 年资本主义大变革的一员。

我们不是说所有机构股东和资金经理都是不好的资本主义者，也不是要把当今西方资本主义的弊病都怪罪到金融崛起的头上。金融崛起过程中的每一个参与者都有其出现的正当理由，但他们无意中都成了变革资本主义的共犯。就像希腊悲剧一样，所有角色所做的也许从道德角度讲是正确的，但也都是经过理性思考的行为，可依然导致了悲剧。灰色资本主义的各种构成因子就是这样引导着西方经济走向了潜在的悲剧。

西方国家的金融行业从 1980 年左右真正开始了扩张的步伐，它实际上是中介投资、宣传、管理企业和助力企业发展的大趋势的一部分。1987 年的电影《华尔街》里迈克尔·道格拉斯扮演的邪恶主角戈登·盖柯是少数几个能代表现代金融资本主义早期时代的人物。除去他的犯罪行为，盖柯在许多方面都代表了过去数十年发展起来的金融生态。金融行业高速发展，为明星从业者带来了高额的工资回馈。金融行业内的总收入激增，金融企业利润占全美企业利润的份额也从 1980 年的不到 10% 增长到 2012 年的近 30%。与其他许多金融从业者一样，盖柯对实体产业的建立、运作和赢利方式一窍不通。当他遇到机会接手一家快倒闭的航空公司时，他能想到的把投资变成利润的最好办法竟是掠夺该公司的养老基金。这些看似主宰着世界运转的人其实管理的都是别人的资产，对于价值是如何创造出来的这个问题，他们通常只有一个非常局限和短浅的看法。他们是资金经理，他们在灰色资本主义里最突出的特征就是中介身份。

资金经理所管理的资产通常来自其他中介机构，如保险公司、投资基金和养老基金等。根据经济合作与发展组织的数据，2013 年，这些机构加起来在全球一共拥有 92.6 万亿美元资产。其中，投资基金拥有的资产最多，其次是保险公司和养老基金。但是，约 93 万亿美元相当于美国 GDP 的 5 倍。这些中介机构的资产一直保持稳定增长，尽管在经济大萧条时期有所波动，但它们恢复的速度极快。2009—2013 年，投资基金的资产总额每年平均增长 6.7%，养老基金年均增长 8.2%。[①]（参考图 3.1）

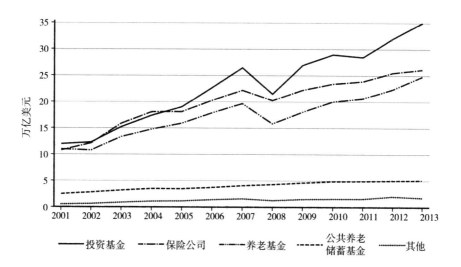

来源：经济合作与发展组织，"2014 年基金市场聚焦"，第 9 页图 1

图 3.1　2001—2013 年经济合作与发展组织国家各类机构投资者持有的总资产

　　机构拥有的资产数额上涨，意味着企业从直接所有制转变为专业人士所有制。就在几十年前，投资机构的规模比现在小得多，而且大部分像是资本主义大舞台的背景装饰，无足轻重。它们的数量也没有现在多，主要做的是本地投资，而非全球投资。举几个数字为例，1950 年，机构投资者仅持有发行股票的 6.1%，2009 年，该比例上升到 50.6%。在美国，自然人持有的公开

_____

① 经济合作与发展组织，《2014 年聚焦养老金市场》，第 9—10 页。

发行股票的比例在 2013 年降到了 40% 左右，但在 20 世纪 60 年代，该比例高达 84%。英国的自然人持有的公开发行股票的比例也从 50 多年前的 54% 下降到 2013 年的 11%。[①]

直接持有企业股票的投资行为已不再占据主流。为退休以后的生活存钱的人更倾向于借助基金公司来管理和投资他们的资产。为员工分配股票的企业也会利用专业的中介服务。为公民储蓄的政府也寻求专业投资人的帮助，进行从私有股权到房地产的各类投资。这些专业人士，这些资金经理，通常都遵循一套非常程序化的举措，他们就好像是无人机一样，被操作员远程遥控。他们有一套资产组合的指导手册作为依据来配置各项投资的比例。他们离食物链的顶端越近，就越需要投入时间去确保自己始终处于已详细规划好的活动范围之内。通常来说，成功与否的标准不在于他们从 A 点到 B 点的移动速度是快是慢，而在于与其他人相比，他们在同一区域内活动的表现够不够优秀。

除了详细的内部操作指南以外，还有大量约束信托人责任和义务的法律。随着西方国家通过新一轮的金融法案，如果把这些责任和法律整理成册，年轻人也许永远也不想踏入这个高门槛去从事相关的工作。与前几轮的立法一样，信用评级机构常会窥探资金经理的工作，所以，如果资金经理想从灰色资本中分一杯羹，通常会避免做出一些举动，以免引起信用评级机构的注意。

你也许意识到了事情的走向。我们不是想评判每个资金经理的行为，他们绝大部分都为客户提供了十分有价值的服务。我们想说的是，这些资金经理与许多人理解的拥有企业的资本家完全是两码事。资本家对企业的所有权包括了对企业的责任、管理和控制，这些是资金经理完全做不到的。因此资

---

① 埃利克、伊萨克森，《机构投资者和所有权的确认》；科恩、伊普 – 威廉姆斯，《所有权与所有权的分离》。

金经理根本无法成为资本家，即资本主义者。

2012 年，世界经济从经济危机中复苏，全球资金管理行业管理着来自养老基金、保险公司、主权财富基金、高净值人士及富裕的大众阶层的 36.5% 的财富。资金经理不是唯一的中介形式，但是他们在西方国家拥有大量的灰色资本。根据普华永道的数据，资金管理行业随着西方国家的 GDP 增长而不断扩大，其增速很可能超过其他的行业。到 2020 年，预计该行业将管理超过 45% 的总财富。如果这个预测准确，届时，资金管理行业将管理 130 万亿美元资产。[1] 再看目前的增速，我们不难看出为什么扩张的趋势会持续下去。欧洲基金与资产管理协会（EFAMA）称，2012 年欧洲资产管理行业所管理的资产总额增长了 11%，2013 年增长了 9%。[2]

中介机构控制了资本主义，它的扩张也让投资者和政府加强了对其的监管。如果我们想要管控的是企业界里的老鼠屎，这种愿望可以理解，也确实有实现的必要，但这种管理制度恶化了资产管理行业的反资本主义性质。而且，原来若是持有某个企业的大多数股票，这些机构或个人都是需要履行一定责任的，如今这种制度却默许资金经理将责任外包出去。但是外包给了谁，我们并不清楚。监管者无疑也是一个未知数，同样未知的还有评级机构、监督企业自我调节的行业机构，以及在基金公司开户后面对着厚厚一沓包含法律金融术语的文件的广大储户。这样一来，资本主义所有者所履行的管理企业和控制企业的职责便遗失在茫茫人海中和机构中。即便出现了问题，也没有人承担责任，一切继续。

赋予中介机构和外部资本市场融资的权利对企业管理资本和其他形式资产的方式是有影响的，这样会鼓励企业不断存钱，或者采取策略保持资本流

---

① 普华永道，《2020 年资产管理》。
② 欧洲基金与资产管理协会，《欧洲的资产管理》。

动。企业之所以囤积资产，原因在于它们需要提高资本的流动性，以保证为中老年股东提供可预计的回报。日本目前的所有制形式[1]和企业管理结构[2]就决定了他们不断储蓄的行为，西方企业也一样承受着不少来自中介投资者的压力，他们渴望获得短期回报。如果企业的其中一个股东规模庞大，而且对企业拥有控制权，那么该企业就会面临被撤资或财产转移的风险。同理，如果企业没有大股东，但拥有许多中介股东，它们也会担心资金被随时收回。所以企业无法保留它们大部分的收益，也无法利用这些收益进行长期投资，只能任由外部资本市场摆布。这些资本市场对企业长期的价值创造越来越失去兴趣，只想迫切地看到企业在利润的数字游戏里玩出好成绩。

主权财富基金与私有企业社会化

最新加入企业投资阵营的是主权财富基金。对某些政府来说，主权财富基金显然是配置收入盈余的第一选择，这些富余的收入通常来自石油或其他自然资源的开采。主权财富基金已经演变为现代企业界极具影响力的组成部分。其影响力之大，甚至掀起了继"二战"结束中东欧迈上社会主义道路后，西方世界最大的一场企业资产公有化进程的浪潮。主权财富基金在企业所有权上扮演的角色，企业界已广泛察觉，尽管每个基金各不相同，但总的来说都削弱了企业的资本主义性质，增添了企业的政治意味。

主权财富基金要为政府谋利，它与养老基金类似，其资金基础是以备不时之需的储蓄，防止某天流动资本不再流动。主权财富基金还能预防通货膨胀，避免"荷兰病"的爆发。"荷兰病"是指某一行业赚取的外汇收入异常高，

---

[1] 平克维茨、威廉姆森，《银行能力与现金储备》。
[2] 青柳、甘内利，《释放现金！日本的公司治理改革》。

导致其他行业竞争力衰落的现象。有些人称主权财富基金为"黄金养老基金项目"。

主权财富基金的起源可以追溯到 1854 年，得克萨斯州的立法机关决定"为得克萨斯州的公立学校"拨款 200 万美元成立"学校专用基金"。即便历史起源较早，但直到近几十年，主权财富基金才开始变得常见起来。2014 年，已更名为"永久学校基金"的得克萨斯州基金坐拥 363 亿美元资产。[1] 然而这个数字早已被更年轻的主权财富基金超越，比如科威特投资局，它早就坐上了主权财富基金资产总额排名的第一把交椅。2015 年，其资产总额为 5480 亿美元。[2]

然而，直到世纪之交时，主权财富基金才成为各国政府管理资金的流行手段，这些政府通常从大宗商品贸易中赚取大量收入。在全球前 20 大主权财富基金中，有 13 个创立于 21 世纪的第一个 10 年。"主权财富基金"这个术语直至 2005 年才被创造出来。然而 2008—2015 年，全球主权财富基金的规模从 3.05 万亿美元增长到 6.31 万亿美元，翻了一番，还有些人认为增长了远不止这些。[3] 规模如此庞大的主权财富基金现在拥有强大的影响力和控制力，举一个例子，仅挪威的主权财富基金就管理了 8600 亿美元的资产，持有全球企业 1.3% 的股权。[4]

主权财富基金极有可能在可预见的未来继续扩大规模，为各自政府减缓经济的波动起伏。根据普华永道的数据，它们的发展将会持续，2020 年的复合年增长率将达到 7%，持有的资产总额将达到 9 万亿美元。[5] 它们也将继续实行资产配置的策略，继续投资美元、欧元、瑞士法郎等外汇。华尔街、纳斯达克、伦敦股票交易所及其他主要的股票市场也会收到来自主权财富基金

---

[1] TEA，《得克萨斯州永久学校基金：综合年度财务报告》，2014 年。
[2] 主权财富基金研究所，《基金排名》，2015 年。
[3] 主权财富基金研究所，《基金排名》，2015 年。
[4] 卡拉扬，《挪威的巨额主权财富基金》；挪威央行投资管理公司，《基金的市值》，2015 年。
[5] 普华永道，《2020 年资产管理》，第 17 页。

的投资。私有企业和基础设施也会成为投资目标，这些领域是最近才兴起的，因为传统的投资项目波动幅度越来越大。

如果主权财富基金是一个国家，那么它在全球透明度排名上可能还低于津巴布韦。林那伯格－麦迪尔透明度指数是一个衡量主权财富基金透明度的指数。概括来讲就是，如果说我们很难了解投资基金获取企业所有权的动机是什么，那么这个问题在主权财富基金面前简直就是小巫见大巫。主权财富基金就像是暗物质——我们知道它存在，却无法观察到它。尽管主权财富基金各有不同，但总的来说，它们都十分神秘。全球前 10 家主权财富基金中，只有 1 家挪威的基金获得了最高的透明度级别，其中 7 家的透明度指数非常低，我们根本不可能知道它们到底持有哪些资产。2015 年，这"神秘七子"管理的资产总额超过 3.46 万亿美元。[1]

我们可以理解主权财富基金如此与世隔绝的原因。主权财富基金浑身上下浸透着政治的泉水，而且实话实说，无论基金总部是设在奥斯陆还是利雅得，差别都不大，政治依然是基金的主要管理者。持有大量现金的机构一旦与政府扯上关系总会吸引政治方面的注意力。就像春天时，我们在蚁丘放糖罐吸引蚂蚁一样，主权财富基金吸引着仰慕者、乞讨者和亲朋好友。

挪威也不例外，即便它是个透明开放的国家。挪威主权财富基金的规模相当于其 GDP 的两倍，同时它正逐步陷入政治的旋涡。这个财富基金的首席执行官英韦·斯林斯格被主权财富基金研究所评为"2014 年前 100 名最具影响力和重要性的公共投资执行官"的第 4 名。他获奖的理由是："在来自无政府组织、政客和智库的种种压力面前，其主权财富基金尽其所能做出了理性的投资决策。"[2] 在国内，政界和主权财富基金有着密切的联系：在碳氢化合

---

① 主权财富基金研究所，《基金排名》，2015 年。
② 主权财富基金研究所，《前 100 位公众投资者——2014 年排名》，第 44 页，重点补充。

物资源储备的所有权和管理权上，二者相互依存，和谐共生。依然以挪威为例，挪威的主权财富基金是整个体制内唯一的参与者。挪威政府运用两种手段控制能源储备的开采活动：一是通过国家石油公司，同时也是能源运输基础设施的共同所有者；二是借助政府自身的监管者角色，通过监督运输价格、执照、资源耗竭情况等，实现控制能源的目的。此外，挪威政府还对能源生产征收重税。因此，主权财富基金的行为其实都是政治管理体制的一个组成部分。

政治也很可能是主权财富基金配置资产的考虑因素。简单来说，主权财富基金根本不遵循资本主义的规则来行事，而且因为主权财富基金的收入会随大宗商品的价格波动，所以它们也不可靠，也许突然就改弦易辙了。收入波动还不是主权财富基金偏离资本主义议程的唯一因素。2011 年"阿拉伯之春"爆发的时候，为了平息民众的情绪，海湾国家突然大幅削减对外投资。"平衡波动"的呼声一夜间消失得无影无踪。尽管主权财富基金的收入在2011—2012 年增长了 6%，但海湾国家依然削减了 40% 的注入主权财富基金的资金。与此同时，来自主权财富基金对海湾国家的投资总额从前一年的 33%上涨到 54%。[1] 至少在理论上来说，这次变化的背后的确可能存在严谨的投资考虑，但实际上，政治因素主导了资产配置决策的突变。主权财富基金需要让资本回流，以保证政府有资金对抗反对势力。

主权财富基金也做了不少改善政府公信力的动作。在金融危机的余震中，当西方国家的企业请求主权财富基金进行投资，帮助丢失了信用的企业免于破产之难时，它们对政府的批评声很快消失殆尽。企业迫切地需要资金，自身难保的银行却将其拒之门外，企业只好用尽各种办法自救，这也是那么多

---

① 约翰逊，《海湾各州重新调配主权财富基金的现金》。

企业向主权财富基金磕头求救，甚至称其为"白色骑士"[①]的原因。就像所有拥有流动性的机构一样，主权财富基金能在危机和经济低迷的时候创造出大量的财富，但它在西方企业所有制中的角色开始成为一个问题。因为它的运作模式意味着，尽管政府掌握着金融的脉搏，资本主义照样可以运转。经济合作与发展组织曾准确地提到对主权财富基金的"金融稳定程度、企业治理能力、政府干预程度和保护主义程度"的担忧。[②]然而，关于主权财富基金对企业的所有权，还有一点让人感到可悲。

主权财富基金的触手伸向世界的各个角落，而且像其他机构投资者一样，主权财富基金也动用了中介服务。当不进行政治投资时，它们也倾向于遵循分散资产配置的铁律，表现得和其他普通投资者没什么区别。挪威的主权财富基金不一样，但它拥有分布于全球 75 个国家共 9000 家企业的股票，无论它怎么管理，都不会出于资本主义目的运用这些企业的所有权，[③]它也不想这么做。但由于这么大规模的主权财富基金拥有许多大企业的所有权，它在一个企业里的影响力可以非常巨大，因为它是大股东之一，而且它们分散的所有权还包含了对所能承受的风险和所寻求的回报的政治需求。当 AMF 公司成为哈雷戴维森的大股东时，AMF 跌跌撞撞，摸索前进，然而它一次只管理其中一部分的业务，与挪威主权财富基金等遍布各地的股权相比实在相形见绌。

---

① 可托瑞尔、索拉、斯通汉姆，《主权基金是"白骑士"吗？》。
② 布兰德尔－维格纳尔、胡、耶尔莫，《主权财富和养老基金问题》，第 4 页。
③ 挪威央行投资管理公司，"基金市值"，2015 年。

养老金与退休储蓄

当奥托·冯·俾斯麦引进现代养老金制度与传统决裂的时候，养老金还只是个很小的财政问题。如今，养老金制度已经成为西方国家长期头疼的病因。俾斯麦引进国家养老金制度时，从70岁开始发放养老金对国家来说，还不是一场金钱博弈，毕竟德国当时的平均寿命才40岁上下。即便如此，这位"铁血宰相"还是被人贴上了社会主义的标签，因为他把德国式的重商主义财政政策推向了危险的边缘。今天的情况不同了，而且非常不同。现在德国的平均寿命是81岁，还在不断延长，但现行的退休年龄是61岁或62岁，一大批人即将达到退休年龄，于是和其他国家一样，德国的国库面临着一场大放血。尽管德国的财政收入十分充足，但它还没有想到什么好的政策，以保护财政政策免受养老、医疗、老年人护理等制度的成本拖累。[1]

相比之下，其实德国的情况算好的了。2050年，养老金、医疗和长期护理制度的额外成本预计将占德国GDP的7%。也就是说，假设税收负担不增加，德国需要想办法节省当前政府支出的1/6。整个欧元区必须增加的额外公共支出接近GDP总额的9%。其中，西班牙需要增加13.5%的GDP额外支出，相当于1/3的政府支出。[2]有些国家的经济高速发展，还有可能妥善解决这个问题。但是西方国家的经济增速正不断下降，财政预算很难不把老龄化问题考虑在内。

然而老龄化带来的财政问题只是一方面。另一方面，是一个看起来似乎有些矛盾的警告：与老龄化相关的储蓄占企业股东资金的比例太高了，而且它占灰色资本的比例还将继续增加。经济合作与发展组织的数据显示，2013

---

① 经济合作与发展组织，《老龄化和就业政策》。
② 库尔内德，《耽误财政稳固的政治经济》。

年，经济合作与发展组织成员国的养老基金和所谓的"公共养老金返还基金"共拥有 30 万亿美元资产。虽然这只是未来要支付给老龄人的费用的一部分，但是对于企业持有的资金来说，这笔数字还是相当庞大的。如果再加上所有私人养老金资产，包括存在保险公司和银行等地方的，总额将达到 36 万亿美元。[1] 然而这还没包括人们为养老做的间接准备，比如购置房产、股票，或者投资收藏品等。[2]

现代经济里一直都存在为养老储蓄的习惯，退休储蓄的总额增长得十分迅速，未来的增速也将进一步加快。退休已经不再是人生的终点。现代人都在谋划着，或者准确来说是期待着过上积极的退休生活。现代的医疗体系也足够使人们在退休后健康地活上几十年。但是他们也知道，未来的纳税人不会为他们的退休生活全部埋单，所以只好自己存更多的储蓄。尽管这完全可以理解，但是在机构作为储蓄的中介时，个人的动机与资本主义的利益无法相互匹配。退休储蓄越多，意味着灰色资本主义的势力越强大，中介机构的规模也越大。此外，临近退休的人更偏爱债券投资，较少进行权益投资，这样的投资偏好可能会削弱权益的作用，破坏资本主义所有制。

储蓄的生命周期理论认为，人们在工作的时候为退休储蓄，到了退休年龄以后就开始消费。然而不是所有的国家情况都一样。例如，日本和意大利的储蓄模式与英、美差不多，但储蓄率比英、美两国高。在大多数国家，人们在三十而立后储蓄的意愿明显增强，接近退休年龄时储蓄意愿下降。意大利是个例外。如人生的其他阶段一样，人们逐渐变老后思想和观点都会发生改变，储蓄的观念也一样，65 岁以后的人就不太愿意储蓄了，毕竟人生都快

---

① 库尔内德，《耽误财政稳固的政治经济》，第 10 页。
② 马格努斯的《老龄化时代》对退休储蓄及其与整体经济的关系进行了全面分析。

走到尽头了，存钱还有什么用呢？

　　年纪越大，储蓄越少，这只是其中的一个规律。年龄还让年轻人和老年人选择了不同的储蓄方式。例如，让老年人进行高风险投资就毫无意义，因为高风险投资需要较长期的投资规划，他们没有这么多时间；年轻人则更能承受高风险，因为尽管路途坎坷，但长期来看，获得的回报更高。老年人还倾向于更安全的投资类别，比如房地产等——至少在金融危机前挺安全的；他们更喜欢投资共同基金和债券、股票等现金等价物；首选的资本配置方式是分散投资，不把鸡蛋放在同一个篮子里；他们还认为波动幅度较小的股票比波动幅度大的股票好。

　　普通的养老金储户也许不会把年龄和偏好划分得这么清晰，他们只是每个月定期把钱存进去，或者让员工帮他们把钱存进去罢了，但是资金经理会划分得很清楚啊，因为与养老投资基金经理打过交道的人就会知道年龄有多么重要。随着风险管理的专业程度与日俱增，现在专业养老储蓄行业里普遍需要用到精算。这对于投资者来说自然是个利好消息，但是精算投资法则加深了资本主义的灰度。

　　这种趋势在未来将持续下去。高收入的经济合作与发展组织成员国目前面临人口的快速老龄化问题。1970 年，65 岁及以上的人口仅占总人口的 9%；2013 年，比例上升至 23%。[1]除非移民人口进入，会改变这个比例，否则西方经济体就会变得像养老院一样。[2]预计 2030 年，19 岁及以下的人口占全球总人口的比例将低于 22%。有些国家的变化幅度可能更大，比如德国，到 2030 年，德国 0 ~ 19 岁人口将仅占总人口的 18%，而 65 岁及以上人口占总人口的比例将上升至 28%。

---

① 联合国，《世界人口展望：2012 年修订本》。
② 库尔内德，《耽误财政稳固的政治经济》。

然而经济可不只变老这么简单。许多国家的人口数量甚至会下降，如果有人想窥视人口下降对未来社会会产生什么影响，那就去日本大城市的郊区走走看看。现在的日本，由于人口下降，800 万套房屋无人居住；预计到 2033 年，接近 2200 万套房屋都会闲置。[①] 人口变化不仅影响经济发展，还会改变社会的资本配置。尽管各国没有计划好怎么应对人口老龄化问题，但接下来几十年内，灰色资本的增长速度会加快，不同资产长期和短期投资的比例很可能将进一步削弱西方国家的资本主义所有权。

灰色资本导致灰色资本主义

灰色资本已经并将继续变革资本主义。资本主义的变化来自方方面面，但如前文所述，我们的分析重点关注三个变化：资本主义的设计越来越复杂、资本主义现在倾向于以食利者的方式配置资产、资本主义排挤创新。

从长远来看，西方国家的企业所有权制度似乎为资本主义提供了良好的发展空间。也有些人认为，资本主义看起来一点也不复杂。在一个看似恰当甚至完美的政府治理中，利用了一条破碎且与众不同的利益链——主要所有者、投资代表或投资机构——把角色和职责分开了。但你走得越近，就越会发现这条利益链更像是由复杂的法规和互相冲突的利益东拼西凑而成的合成品。灰色资本催生了复杂的灰色资本主义。

东拼西凑的东西至少是不协调的。这条利益链割裂了股东和企业。现在大部分投资的普遍做法是，通过资金经理、受托人，甚至通过好几层中介投资。中介横在了资金源和投资对象中间。法律和实际因素为每一层中介注入了动力。但如此复杂的体系总体来说削弱了资本主义。削弱所有权从来不是

---

① 岩本，《废弃房屋令日本居民感到困扰》。

本意，但当无数层挡在资金和投资对象中间的中介出现代理人问题时，所有权就会被削弱。资本主义被困在了委托代理的狐狸洞里出不来了。

代理的难题与资本主义的历史一样悠久，关乎人性。问题是企业和管理层到底在为谁打工，股东还是自己？要理解企业应该为股东服务这一点，约翰·肯尼斯·加尔布雷思(John Kenneth Galbraith)用了一段非常生动的语言解释资本主义代理人的本质，他说："你必须想象这样的场景：一个精力充沛、活力四射且保证是异性恋的男士，避免与紧密围绕在身边的美丽单身女性接触，目的是把更多的机会留给其只曾听闻但未曾谋面的其他男士。"①

加尔布雷思的思维十分超前，他写这段话的时候甚至还没有"委托代理理论"这个概念，但他基本上说对了。他那生动的表述激发了大家的想象力，但其实之前许多人早就注意到了合资企业里类似的矛盾。比如亚当·斯密就在他的经典巨著《国富论》里提出了同样的观点，他写道："那些管理别人的钱而不是自己的钱的经理，可别指望他们能够像私营合伙企业的合伙人看管自己的钱那样小心谨慎地看管别人的钱。"②

经济合作与发展组织十分尖锐地质疑了那些所有权高度分散、大量股东是中介机构的企业的经营情况。这个总部设在巴黎的经济组织做了一项研究，结果显示，企业业绩和股东收入的联系"被日益复杂的中介机构打断了，这些中介机构的工作就是帮别人管理资产"③。在所有权高度分散的企业里，股东很少参与决策管理。美国的资金经理就曾抱怨时间太少、人手不足，无法参与管理所投资的企业。④ 其他研究也表明，在欧洲，所有权更集

---

① 加尔布雷思，《新工业国》。
② 亚当·斯密，《国富论》。
③ 伊萨克森、埃利克，《谁在乎？》，第42页。
④ 高尔德斯顿，《美国公司与股东之间的关系》。

中的企业能邀请到更多股东出席每年的全体股东大会，股东也会发出更多不同的声音。[1] 换句话说，帮别人管理资产的经理们根本没时间成为一个负责任的股东。

我们也许能理解其中的缘由。中介机构持有的股票数量占总股票数量的比例太小，在企业上花费时间和知识得不偿失。假设一个基金持有一只总价值为 1 亿美元的股票的 1%，然后花费了大量的精力把股价提高了 5%，收益分配给全体股东，而只有 1%，即 5 万美元的收益会分给做出贡献的股东。把股价提高 5% 可不是一件小事，小股东做出如此贡献，所付出的成本可能比收益还多。这个简单的例子告诉我们一个道理：业绩和股东的联系，以及所有者和企业的联系，统统让步给了今天的资本主义。然而，正是这两种联系控制着资本主义，联系一旦中断，资本主义的一个关键特征便消失殆尽。

阿道夫·伯利和加德纳·米恩斯继续探究亚当·斯密的观点，他们在 1932 年第一次出版的经典研究中提出了担忧。他们问所有权分散、代理人问题重重的企业到底会发生什么？他们认为所有权与控制权的分离最终将导致企业只由经理和执行官管理，因为所有者所拥有的监督控制权实在是太小了。[2]

管理学传奇人物彼特·德鲁克回答了伯利和米恩斯提出的关于所有权机构化和对养老储蓄与日俱增的担忧等问题。20 世纪 70 年代中期，德鲁克的一番话激起了美国企业界的反感，但他所说的的确是显而易见的事实。他认为如果社会主义的定义是"由工人阶级掌握生产资料所有权"，那么"美国就是第一个'真正'的社会主义国家"。[3] 这番社会主义言论没有被美国企业界接

---

[1] 范·德尔斯特，《在股东年度大会上重新审视股东积极主义》；范·德尔斯特、阿斯兰，《大股东积极主义的经济后果》。

[2] 阿道夫·伯利、加德纳·米恩斯，《现代企业与私人财产》。

[3] 彼特·德鲁克，《看不见的革命》，第 1 页。

受，但他的观点是正确的。和现在一样，养老金储蓄的监管有限。与其他形式的社会主义制度一样，所有权最终都淹没在法律和规则之中。无论养老金投资者用什么方法打动自己投资的企业，为企业出谋划策，隔在他们和企业中间的政府有最终决定权。

尽管这种现象很早就出现了，而且现在的投资者也对其了如指掌，但这不意味着问题解决了。投资者算是在某方面上抑制了它的蔓延，不过这种解决方式把许多大企业变成了复杂的官僚主义机构。用所有权工具解决代理人问题，这一方法在几十年前就已经出现并应用过了。其中最清晰的形式，是参考商业计划和战略计划，签署股东与所有权协议。这些协议措辞谨慎，避免误解，并保证效率最大化。大大小小的企业都将企业股票和优先认股权给予核心员工，因为企业所有者希望经理人能像所有者一样工作，并站在所有者的角度制定每一个决策。除了奖励政策外，投资者有时也会使用惩罚工具，认为他们投资的企业内的核心员工应该与他们"风雨同舟"。在年轻的企业里，这通常意味着企业管理者要和外部投资者共同投资；有时，为了把所有者和管理者捆绑在一起，管理者甚至被要求抵押房产——这简直是资本主义版的墨西哥对峙[①]。

虽然解决所有者控制权的办法改善了许多，但投资者还是没有解决委托代理难题。实际上，资本主义的灰度越大，所有者就越迫切地希望确保自己的资金没有被任意挥霍。股东与所有权协议把管理行为与官僚主义思想紧紧连在一起。此外，所有者受到刺激，希望改变企业的资产配置方式，即从发行股票改为发行债券，并通过限制经理人接触现金流的方法解决代理人问题。这样一来，企业得以留存的收益比例非常小，大部分都分给了股东。上述两

---

① 墨西哥对峙，指三方及以上由于互相的牵制作用，最后达到一种微妙的平衡状态。——译者注

个趋势分散了企业决定融资方式的权力，导致资本主义扮演的角色日益复杂、模糊。如今，所有者和经营者都无权决定如何融资，外部资本市场决定了一切。

由此就引出了灰色资本把资本主义变成灰色的第二个原因——灰色资本按照食利者的方式配置资产。随便问一个 8 岁的小孩，他都知道 6+3 > 4+4；但是，如果 4+4 意味着每年能获得稳定的投资回报，所有职业投资者都会倾向于选择 4+4。职业投资者发现管理不稳定因素的难度越来越大，便尝试用各种办法避免。

部分原因可以追溯到 1952 年，那时哈里·马科维茨首次提出了现代资产组合理论，他认为投资者应该在一定的风险水平内合理配置资产，以获得最大的预期回报。[1] 这种理论通篇讲的都是投资多样化，并在提出后迅速成为职业投资者的武器。无论进行哪种形式的投资，他们都会把这套理论应用其中。原因很容易理解，投资多样化对于降低收益波动的确是个妙招，有了现代资产组合理论，投资者就可以更加安全地配置资产。但这种理论也有副作用，其中之一就是资产组合的高度不稳定性变成了投资管理不善的标志，并且把大家的注意力重新引到了波动性上，导致大家对不稳定性的关注越来越频繁。马科维茨囚其对资产组合理论的贡献于 1990 年狄得诺贝尔奖，这是资本市场与其在 20 世纪 80 年代的发展方式的完美缩影。

那时金融在经济里的地位已经比以往高了许多。就在几年前，美国证券交易委员会主席评论美国的资本市场"是目前为止全世界最优秀的资本市场"[2]。短短几年后，一场股灾重创美国，向全社会展示了所有权与企业脱节到了什么程度。现代资产组合理论在那之前一直是所有权资本主义的源代码，

---

[1] 哈里·马科维茨，《投资组合选择》。
[2] 毕海德，《股市流动性的隐藏成本》，第 31 页。

但也应该到此为止了。斯坦福教授保罗·普费勒德勒的确观察到，数据"显示投资多样化能降低风险，而且比单一投资获得的利润回报高"。事情就是这么简单。他还尖锐地问道"还有备选方案吗？"[①] 他确实问到点子上了：职业投资者和资金经理根本没有其他的投资方式。所有人都用一样的方式投资，或者投资同种类型的产品。他们都倾向于达到总的风险平衡，对他们来说，可预见性高于一切，有时甚至比高回报还重要。

毫无疑问，对于职业投资者来说，关注多样性是合理的。同理，如果你在管理自己的储蓄，也最好按照现代资产组合理论配置投资。但副作用依然存在，它可能带来意想不到的后果。首先，这种理论削弱了所有权，投资者在所投资公司发出的声音变小。其次，运用现代资产组合理论的职业投资者过于关注一些错误的假设，他们倾向于假设市场是完美运作着的，并且在此基础上进行决策，但市场的参与者并非每时每刻都保持理智，也并非都能获得同样的信息。总而言之，企业以往的表现并不能总是成功地引领未来的创新。

市场从来都不完美。市场能够帮助收集整理片面、不完善的信息和知识。而如果投资者假设市场是完美的，他们就会以企业或市场以往的表现为基础预测未来的业绩。他们经常做各种猜测和推断。这样假设并不算很差劲，毕竟对于大部分人来说，今天和昨天的差别一般都不大。但资本主义制度不是基于这种认识论的制度。资本主义制度应该鼓励变革，鼓励创新，号召企业家挑战市场，确保昨天表现不尽如人意的企业明天能取得进步。可是，如果资本主义遵循现代资产组合理论的教科书配置资金投资企业，就不会留下用来应对未知的资金。

灰色投资者还倾向于缩短持股时间。一份美国的研究报告指出，投资者平均持股时间从 1940 年的 7 年下降到 2007 年的 7 个月，这种趋势也同样在

---

① 保罗·普费勒德勒，《现代投资组合理论失效了吗？》。

全球主要的股票市场发生。①据瑞士信贷银行统计，2005 年，投资者在美国持有股票的平均时长为 17 周。②纽约证券交易所的数据显示，股票换手率自 20世纪 80 年代起开始上升，但金融危机爆发后，换手率明显下降。③比较持股时间，远比看起来要难。不同类型的投资者互相之间差距非常大；与以前相比，现在的股票能在更多的市场上交易，这也加大了纵向比较的难度。但这个趋势真实存在，也说明短期目标转移了人们的注意力，人们忽视了为股票创造长期价值的因素。④

关于与利益相关的法律指导原则和工具让灰色资本所有者鬼迷心窍。尽管他们的初衷不错，却带来了负面效果——企业变得保守，想方设法绕开企业发展过程中最重要的因素，比如创新；他们避开不确定的市场机遇，因为指导原则和工具要求管理层只能做出特定的行为；他们喜欢善于组织经营的经理人，不喜欢会发展的经理人；他们喜欢墨守成规的人，不喜欢创新的人。更重要的是，他们鼓励企业能预见未来，掌控全局、掌控现实。

确定性可不是资本主义的资产，但灰色资本一方面不希望所有者的期望和实际商业计划之间的差距太大，另一方面又不希望收入和分红之间差距太大。消除差距能满足大家对公司财务表现的期待，同时掩盖企业实际的经营状况，甚至掩盖企业本身。长期价值一直让位于短期收益。

对未来的确定性需求出现在所有权计划里，并且奠定了投资计划的基调，大家都指望董事会和经理人能妥善处理好他们的需求。因此，对于灰色资本所有者来说，优秀的管理就等于有计划；每年能够提供可预见回报

---

① 霍尔丹，《耐心与金融》。
② 茨威格，《为什么冲动型交易者会输掉比赛》。
③ 纽约证券交易所，《网上股市概况书：交互式界面》。
④ MoneyBeat，《为什么冲动型交易者会输掉比赛》；纽交所数据网上的股市概况书，《交互式界面》。

的领导层是优秀的领导层。几十年来，按计划给予投资回报的习惯逐渐形成；相当一部分西方企业的管理者因为做到了这点而获得股东的赞赏和奖励。热衷发展企业的经理发现自己的东家越来越不高兴，其中主要的原因就是他们无法提供稳定的回报。几十年来，灰色资本对确定性的追求在企业界深入人心，所有人都被迫遵循这套公式前行。企业因此越来越仇视未知，宁愿接受单调的定期回报机制，也不愿接受不能按照预期提供回报的商业计划。

随着老龄化加剧，退休储蓄日益成为企业资金的主要来源，所有者也逼迫企业更准确地预测未来。好像灰色资本所有者已经不把企业当作企业，而是把它看作一个储蓄平台了。我们好像在吹毛求疵，实则不然。许多灰色投资者不想再投资企业，他们想把钱存在企业里，就像把钱存在银行里一样。储蓄的行为很值得赞赏，也为经济所必需，但这种储蓄方式削弱了资本主义。当企业所有者试图吸引灰色投资者兴趣的时候，他们需要向投资者保证，自己的企业是个安全的储蓄账户，而且还能保证增长。储蓄平台必须保守，就像以前的银行一样。但资本主义在过去 50 年的一大变化就是银行开始青睐风险，非金融企业却变得保守。企业的目标再也不是掀起市场的重大变革，从而推动经济发展；它们的目标变成尽量保证市场稳定。

灰色资本抢占人才，过度关注财务需求和政治化的管理工作，最终排挤创新，这就是灰色资本把资本主义变灰的第三个原因。自 20 世纪 80 年代开始，越来越多的人才投身于金融行业。这很正常，一对比工资水平我们就能理解。1980—2006 年，金融行业内工资增长幅度平均比其他行业高 70%。[①]20 世纪 90 年代选择金融行业的斯坦福 MBA 毕业生，在同学聚会上只会扫别

---

① 菲力朋、雷瑟夫，《美国金融业的工资和人力资本》。

人的兴，因为他们的工资是其他行业同学的 3 倍。[①]

在金融服务行业如雨后春笋般发展的时候，不仅其他人才流失了，实体经济增长也很可能遭到了破坏，尽管这一点很难被证实。国际清算银行的两位经济学家研究了 20 个国家在过去 30 年的金融发展，他们说："金融行业的增长和实体经济增长之间存在明显的负相关关系。"[②] 具体的后果不太清楚，但他们认为金融行业的增长导致了生产力下降。事实情况也许如此，也可能金融行业的增长并没有降低生产力，只是两个现象恰好同时发生在了发达国家罢了。然而，两位经济学家还证明了金融行业的增长存在拐点，当金融无法支撑 GDP 增长时，就表明增长到达了拐点。预计当对私营部门的信贷超过 GDP 的 80% ~ 100% 时，拐点就会到来。[③] 政府或明或暗地支撑着金融行业的发展，有了这份对金融行业的看跌期权，其他为金融行业风险投保的价格非常低，这就导致金融资产总体呈现上升势态。[④] 最后的结果就是钱源源不断地流入金融行业，而不是实体经济。

西方金融市场高度发达，金融从业者对业务都十分娴熟，不然也无法在市场中生存。但是没有人会认为这些金融知识能让金融从业者成为行业的佼佼者，就像其他行业中培养出的优秀的木匠、汽车工程师或者长跑运动员。那么为什么大家都假设搞金融的人就擅长发展企业，为企业创造长期价值呢？金融行业所需的技能与企业发展所需的技能大有不同，因此大部分企业把企业金融和企业发展分开。管理咨询公司也经常把战略发展和金融服务分为两个业务，如果二者混为一谈，那么解决问题的方案就会变成单一的金融

---

① 格林伍德、沙夫斯坦，《现代金融的增长》。

② 切凯蒂、卡鲁比，《为何金融增长是实体经济的累赘》。

③ 康路易、伯克斯、帕尼扎，《金融过度发展？》；切凯蒂、卡鲁比，《再评估金融对经济增长的影响》。

④ 斯瓦格尔，《金融危机》。

解决方案。假如你有一把锤子，那么全世界看起来都像钉子。

所以，当金融服务行业扩张时，企业发展便会受到排挤。国际清算银行的经济学家在一项研究中发现这种现象，他们说："工业领域的生产力增速将比金融行业慢，而且拥有的有形资产也更少。"[1] 其他学者也发现了类似的问题。哈佛教授克莱顿·克里斯坦森和他的同事表示，"人们过于关注每股收益，导致大部分资金都流向即时收益的项目，回报慢的项目无人问津"[2]。简单地说就是，持股期只有几个月的投资者对那些几年后才能收到回报的高成本产品根本没什么投资兴趣。企业的资本深化无疑能拉动股票价值增长，但这个效果短期内不一定能显现——当它破坏了企业获得短期收益的能力时，这种效果也会减弱。

企业发展就好像设定好的一样，几乎变成了所有者和投资者第二关心的事情，而非激励他们努力前行的动力。灰色资本偏爱带有政治特点的企业。现在，大部分大企业内都充斥着官僚制度，忽视企业发展和创新。如果你曾经在大企业里工作过，你就会知道内部的官僚制度扮演了一个怎样的角色，一层又一层的管理阶级怎么耗费时间；要在工作上取得成功，既要有商业头脑，又要打赢一场政治斗争。

政治的影响力已经超越了企业的边界。企业需要拥有政治技巧的领导者去宣传企业形象。成功的企业管理者需要特别擅长管理股票市场，因为股票市场可是投资者的游戏场。投资者像是墙头草，在二级市场买卖股票，如果他们对某家企业失去信心，或者这家企业的管理层不能再带给他们利益，他们就会背信弃义，转身离开。股票市场给企业带去了不少挑战，但有一个挑战比其他的都要严峻——永远不要让股票市场受惊。每一位企业管理者都深

---

① 切凯蒂、卡鲁比，《为何金融增长是实体经济的累赘》。
② 克莱顿·克里斯坦森、考夫曼、施，《创新杀手》，第1—2页。

谙此道。奇怪的是，无论是正面的还是负面的刺激，产生的差别远没有你想象的那么大；超常发挥与差强人意的结果几乎一样，都意味着失去了控制。尽管超预期表现是个喜讯，股票价格会上涨，但长期来看，却会削弱资本市场对企业的信心，尤其会削弱要求确定性的资本市场的信心。因此，有大量灰色资本的上市公司严格遵循着既定的目标前进：尽最大可能保持稳定，并不一定要改善业绩。对这种公司来说，创新屈居次位。

随着灰色资本的增长，现代资本主义即便还没变成"食利资本主义"，但距离其也不远了。对于现代食利者来说，投资企业就像旧时食利社会里的债券投资一样——企业变成一个安全的、能给予稳定增长回报的储蓄所，就像银行一样。借用列宁的话来说，他们靠"剪优惠券"为生。现在的资本主义不是马克思学说里以高利贷为主的食利资本主义，也不是皮克迪口中拉大资本回报与劳动回报差距、造成长期不平等的食利资本主义。[1] 现代食利资本主义的特点是新形式的所有者对资本主义所有权、市场革新和创新的忽视。食利者把经济变得迂腐守旧。

---

[1] 皮克迪，《21世纪资本论》，第264—281页。

第四章
企业管理主义的两度兴起

> 现代西方的大型公司和现代的社会主义架构只是达到同一目的
> 的不同手段。
>
> ——约翰·肯尼斯·加尔布雷思，《新工业洲》

如今，企业的行为越来越符合管理主义精神。灰色资本固然算是其幕后推手之一，但企业的经理人同样也促成了资本主义的这种衰败趋势。今天，对创造性破坏的需求和资本主义的时代精神都被不主动接受未来、固守自己特权的家长式企业管理文化所取代。这种文化催生出的习惯、策略和模型不可能接受不确定性、激进的创新或是孤注一掷。毫无疑问，管理主义已经成了企业界的后设意识形态。企业的规划行为空前多。企业界越复杂，公司越会寻找确定性和控制性。本章会谈到，现代的企业管理与新时代快速、激进的创新并不合拍。

以诺基亚公司为例，1865 年，弗雷德里克·伊德斯坦姆——一名在德国受教育的芬兰工程师，在芬兰坦默科斯基成立了他的第一家纸浆厂，这家工厂后来成了世界闻名的手机企业。从诺基亚的事迹中，我们就能了解到创新和企业行为在过去几十年里是如何变化的。再看看诺基亚退出手机市场对芬兰造成的冲击，你也能了解对创新的管理不当会如何影响宏观经济。诺基亚公司曾经是，并且依旧是科技的先驱。它的第一项发明是使用木材而非破布生产的用来造纸的纸浆。因为纸浆需求的不断增长，以及废旧布料供应的减少，伊德斯坦姆的技术在芬兰得以成功。随着生意的成长，公司的业务扩大到很多其他产业，并最终成为一个产业集团，业务范围涉及发电、电话和卫生纸、汽车轮胎以及橡胶靴子等几乎所有产品。[1]

像西方其他综合性大企业一样，诺基亚公司在20世纪七八十年代的发展比较坎坷。20世纪80年代末和90年代初，诺基亚在新的管理层领导下，大胆地停止了研发，仅仅生产、经营之前几乎所有赢利过的产品。这其中包括芬兰有线电视、电话和电源线的生产，以及电视的生产，诺基亚在这个市场中曾经是欧洲第三大生产商。不夸张地说，这是一个大胆的战略。当时很多诺基亚的专家都认为这个战略是很愚蠢的，不仅在这家大公司，还在整个芬兰制造了混乱——这个小国的经济与诺基亚息息相关。[2]诺基亚在芬兰的地位是很特殊的，甚至可以和芬兰史诗里的奇异隐形生物桑波相比，桑波是可以持续产生财富的神奇生物。诺基亚在芬兰的经济中曾占有统治性的地位，芬兰前总理成为诺基亚的副主席时，大家甚至认为他是升职了。

诺基亚放弃了其他一系列的商业活动，集中所有力量在早期的GSM技术中发展移动电话和相关的产品。事后看来，这一决定很让人震惊。大企业的确会转型，但很少会有企业把资本转入非常不确定的领域。诺基亚的新战略远早于手机行业的加速发展，对于这个决定，人们只能钦佩诺基亚探索陌生

---

① 马尔蒂，《诺基亚：内幕》。
② 史坦巴克，《诺基亚革命》。

领域的胆识。

这个决策的回报是惊人的。13 年之后，诺基亚累计卖出超过 10 亿部手机。它通过全球供应链战略，主导甚至主宰了一个崭新的市场。2007 年，诺基亚在世界上最有价值的品牌中排名第 5 位。在顶峰时期，诺基亚的股票市值超过了 3500 亿美元。

诺基亚不仅仅开发技术，还创造性地将这一技术推广到市场中。诺基亚没有害怕，至少在当时没有害怕，它实行了战略性放弃：缩减已有产品，以腾出空间给利润更大的产品。此外，诺基亚还寄希望于手机市场的变革，以及其在这个市场中的竞争力。诺基亚不断地将资本、技术和业务转移到能获取最大价值的领域。如此，诺基亚才走在了很多大公司的前面，甚至变成了很多大公司梦寐以求的样子。

诺基亚在 20 世纪 80 年代开天辟地的勇敢精神，最终也渐渐消失，它也像其他大公司一样，开始惧怕创新导致市场过快地变化。[①] 诺基亚变成了典型的陷于防御性管理的企业，市场竞争的精神逐渐消散。管理学家会排挤企业家。曾几何时，诺基亚也曾是让资本主义大惊失色的公司。

诺基亚的例子很好地诠释了这个章节的主题——管理主义在全球的大型企业中逐渐取得统治地位，以及企业管理的工具是如何逐渐与企业家精神和竞争创新精神渐行渐远的。有很多成功的企业不断竞争、比赛、创新，促使每个人都变得更好、更聪明，这一章节也会讲到一些这样的例子。然而，还有其他大型公司试图避开这些。诺基亚这样的企业会有独立于市场形势之外的兴衰起落，技术创新也有多有寡。可是，创新的本质不仅仅是创造，重要的是要适应和革新市场。虽然很多公司吹嘘自己创新的天赋，但是越来越多的公司所处的市场地位，让它们对自己创新带来的后果和自己带来的改变产

---

① 艾哈迈德，《诺基亚的智能手机问题》。

生恐惧。它们更愿意让市场变化得慢一点。

革新和公司的毁灭

巨人也会倒下！诺基亚生产移动电话已经成为历史了。它在几年前将手机业务以 72 亿美元多一点的价格卖给了微软公司——远远低于微软买下 Skype 的价格，也比诺基亚巅峰时期的市值低了许多倍。[①] 诺基亚跌倒了，并且浪费了股东的资金。诺基亚失败在没有做到它一直引以为傲的信条——"随时间而改变，打破现状"，这也是它们的企业格言。[②] 在手机市场上，其他拥有新商业模式和新技术的企业超过了诺基亚。相似的是，诺基亚在黄金时期的主要竞争对手摩托罗拉公司被谷歌收购，谷歌是一家到 2000 年还没什么人知道的企业。[③]

诺基亚被智能手机革命打了一个措手不及吗？并不是。除了在 20 世纪 80 年代末大胆冒了险，诺基亚多数时候选择将自己针对智能手机类产品的软件创新隐藏在自己的产品线里。诺基亚知道所处的商业模式是自己独有的，若做出改变就会失去对消费者的吸引力。但短期来看，如果进行战略转移，离开以硬件为基础的知识资本和低利润的智能手机行业，就有降低，甚至是大幅降低公司市值的风险。诺基亚的技术开发人员明白手机软件的革命已经逐渐萌芽，无论是 APP 还是地图，诺基亚都走在了苹果的前面。然而公司的经营人员担心，诺基亚向软件转移会蚕食当时占统治地位的硬件部门。史蒂夫·乔布斯说过："与其被别人取代，不如自己取代自己。"诺基亚却没有采纳这个建议。他们没有飞速解体硬件业务给新业务留出空间，而是进入了一

---

① 库蒂宁，《诺基亚向微软出售手机业务》。
② 洛马斯，《诺基亚价值 72 亿美元的设备与服务停止使用》。
③ 程，《官方消息：摩托罗拉手机业务现在属于联想》。

种慢性自杀的战略。

诺基亚的问题不在于丢掉了发明新产品和技术的精神。它的衰落在于对企业的管理，以及对于引入新技术而导致的收益递减的担忧。而要引入的新技术，也正是诺基亚将来需要用来升级产品线的。诺基亚没想到苹果或者其他公司会来打破手机市场格局，他们觉得可以等一下再转移技术重心。但是这样的举措使诺基亚落后了。结果公司不得不重新构建商业模式，并且需要跟微软——和诺基亚类似，他们在当今瞬息万变的手机软件市场中也很难找出可行的商业模式——合作才能进入手机软件市场。

其实诺基亚并不是唯一的例子。很多公司都很难放弃现有的产品、市场、流程和方法，甚至是商业模式。现在诺基亚的母公司微软在改变业务时也挣扎了很长一段时间。微软曾经是世界上计算机技术领域无可争议的领导者，在前沿技术领域甩开其他竞争者很远——至少在消费者市场里是这样。然而，其以 Windows 系统为引导的战略产生的利润逐渐减少，甚至成了公司的负担。许多技术分析社区都认为，这个战略阻碍了微软抓住过去 10 年信息和通信技术快速增长的发展机遇。

像许多其他公司一样，微软非常清楚市场和产品会如何演变。2000 年，在美国反垄断问题最激烈的时候，微软展示了计算机软件和硬件的未来会是什么样子。史蒂夫·鲍尔默——比尔·盖茨的接班人，描述了微软会如何创建一个"统一的平台，设备和服务可以相互合作"①。微软预测过跨平台，以及在同事和家庭成员之间共享的网络连接服务需求；微软明白定位设备、声音控制服务和照片分享服务的发展趋势；微软甚至预测出了这些服务，或者说是它们的变体，也就是之后出现的 Facebook 和 Skype。

然而，微软没有用这些产品重塑消费市场。自千禧年之后，它一直在努

---

① 巴斯，《微软的概念视频》。

力追赶其他公司的脚步，生产那些公司赢利过的产品。虽然在快速增长、技术密集的市场里的确有很多成功的企业，但是微软——他们在计算机操作系统界占统治地位——居然不能在预见到新技术和产品即将来临的情况下引领消费市场。

过去的创新代表着企业的沉没成本，市场的发展是由胜利者不断迭代创新驱动的。但企业并不总是遵循这样的逻辑。诺基亚、微软与其他企业一样，从架构上对挑战当前产品线的市场创新战略产生阻力。微软过分执着于自己的"保护和扩展"战略——作为 Windows 商业帝国的基因。其他创新者都舍弃了操作系统，微软却过于担心生产属于其他生态系统的独立产品会破坏 Windows 系统的价值。微软相信未来的所有设备和服务都要运作在 Windows 的生态系统中——至尊戒，驭众戒。①

这种思想塑造出的企业文化越来越傲慢，错过了许多市场的发展机会。2007 年，就在苹果 iPhone 手机发布之后，史蒂夫·鲍尔默的演讲就显示了这种文化已渗透微软："苹果手机不可能占有很多市场份额，一点儿机会也没有。这就是一部卖 500 美元的补贴型产品。他们也许会赚很多钱；但是看看已经售出的 13 亿部手机，我认为我们的软件会有 60%、70% 或者 80% 的占有率，而苹果手机至多有 2% ~ 3% 的份额。"②

在鲍尔默预言的 6 年后，只有 3% 的手机出厂会预装微软操作系统，而苹果的 iOS 系统占有了近 50% 的市场份额。而他也不是唯一对自己的产品过分自信的高管。大约同一时间，在鲍尔默傲慢地评价苹果的同时，黑莓的母公司 RIM 嘲笑苹果是手机市场的边缘事件。即使是在当时，这一言论也显得过于自大。RIM 起初在加拿大做寻呼机，短短几年发展为数十亿美元市值的手

① 詹金斯，《詹金斯：只有比尔·盖茨才能改变微软》。
② 亚罗，《史蒂夫·鲍尔默对 iPhone 的看法》。

机公司。他们提供计算机移动化服务，并从中赢利，使人们能在世界的任意地方使用标准键盘读写电子邮件。他们应该也不会想不到，会出现能让人们随时随地上网的设备。

RIM 公司知道改变即将到来。但是收发电子邮件的设备产生的利润依然很大，这导致他们让老产品存活得久了一点，而没有开发新设备，配备适合移动互联的键盘和屏幕。当时，向互联网服务转型有些冒险，最后，该企业不得不应用销毁战略来应对滞销的黑莓手机。

柯达、索尼、纽约证券交易，所以及许多其他公司都可以证明，保留依然赢利却很容易受到新技术或是新商业模式冲击的产品或服务有多危险。[1] 建立可行的创新模式很难，拒绝创新又使这些公司处于保护主义、保守的心态，这种心态一旦产生就很难甩掉。IBM 公司通过创新成功进行了重建。在约玛·奥利拉的管理下，诺基亚大胆地转移至手机市场时，IBM 正经历财政危机，此时路易斯·格斯特纳加入，彻底颠覆了整个公司。20 世纪 90 年代初，这家科技巨头连续 3 年亏损。IBM 未能跟上反应敏捷的竞争对手们，比如微软和英特尔，他们侵蚀了 IBM 的市场，并开始挖走客户。IBM 只能勉强维持生计。

为什么有这么多起伏？ IBM 可是有最好的人才，有能力理解、诠释市场和技术发生的巨大变化。尽管 IBM 内部已经意识到了剧变的必要性，却没能成功转变，因为公司已经变得太复杂了。

当 IBM 达到 30 万员工规模的时候，恰逢竞争对手们开始通过大胆创新来挑战。[2] 大公司倾向于构建复杂、官僚主义的机构，IBM 也不例外。它衰退到企业官僚主义出现并开始呈现过度的管理主义化，更不用说企业社会主

---

① 麦格拉思的《竞争优势的终结》对破产公司进行了一项深入调查。
② 斯坦伯格，《第一个离开 IBM 的人》。

义——IBM 居然对员工实行终身雇佣制。它在关键时刻的转型，需要无情地毁灭公司的文化、组织和产品线。IBM 最关键的决定不是要继续做什么、生产什么，而是不要做什么、不生产什么。IBM 与成功渐行渐远，不是因为缺少创意或是发明，而是公司体系变得复杂之后，会越来越希望保护自己的市场地位。[①]

枯萎是创新和资本主义竞争的核心部分，如果你还记得"机会先生"培育经济花园的法则，就一定知道这项原则。然而，这项原则很难在公司层面实行。首先，枯萎是无情的，对它的反对声音也远不止来自产品和服务。它需要公司的组织架构不断变化，人员、规则、程序、流程和结构必须改变。公司可能不得不把它们的"无形资产"——企业文化、价值观、遗产、传奇都抛弃。不过要想抛弃固有的，只要不把过去看得太高太重就很容易做到。

复杂性往往滋生官僚主义，减弱了公司通过创新"枯萎"以及在市场上竞争的能力。而管理主义的标准战略是用更加复杂的组织来应对复杂的世界。全球化要求公司变得庞大、昂贵而且复杂，自然就滋长了官僚主义，让创造性的破坏更加困难。每一个组织内部都需要点官僚主义——并且官僚主义和管理主义不一样——但官僚主义遇上更高程度的专业化生产，使得企业很难破坏旧产品，从而为新产品腾出空间。你做一件事做得越好，就越不容易放弃这件事转而做其他事。细分的原则在于不断打磨个人、公司或是经济体的绝对与相对优势，创新要建立在摧毁现有事物的基础上。例如诺基亚的失败不是因为不擅长生产手机，而是因为进入了一个与其他企业激烈竞争的市场。从某种程度上来说，诺基亚的财富被浪费了，因为它当时在做最擅长的事：运营电信行业中最有效率的生产线。这条生产线利润很高，使企业难以放弃。

有些企业能将全球化、专业化与创造性的毁灭成功结合起来，但是大多

---

① 克雷纳，《拯救蓝色巨人》。

数公司做不到。成功达到了全球化规模的企业，通常还有更紧迫的事情：要保证其所在领域的高门槛，从而阻止新的竞争对手进来搅局。保护市场是很困难的，大公司也经常失败，哪怕市场里只有几家大公司在竞争。然而在过去的几十年，企业越来越擅长市场的保护（参见第五章），还总是使用相同的准则，正如诺基亚提高生产专业化和最优化。

诺基亚有过第二次机会。它养精蓄锐，或者像一位芬兰政治家说的那样："可以说 iPhone 杀死了诺基亚，iPad 杀死了芬兰造纸业，但是我们会卷土重来。"[1] 然而并不是每个企业都那么幸运，有的企业死得很快，有的慢慢退出。然而，大多数企业存活了下来，即使不再像以前那么辉煌。资本主义其实是一部关于失败的历史，想明白当前的资本主义，就要了解为什么很少有企业真的失败。

失败的公式

俗话说："成功有许多父母，而失败是个孤儿。"这句话不是用来安慰破产的企业家的，也不是用来慰藉还在市场上勉强挣扎的公司。大家总说是市场的错，但是失败往往源自公司内部，并往往与组织架构和应对市场的方式息息相关。令人惊讶的是，经常失败的大公司都有一个共同点——过分管理主义化。

失败或者表现不佳的公司大都熟悉所在领域的前沿科技，遇到自己从未考虑过的新技术也不会很惊讶。例如，诺基亚是第一家将互联网服务和应用商店整合的公司。苹果以及其他公司，也不是因为索尼不理解移动设备的未来及移动设备与传统电子产品的关系而超越索尼的。正如之前提到的，微

---

① 克林奇，《苹果是如何促使美国信用评级被下调的》。

软完全明白眼下正在发生的技术革新。另一个例子，纽约证券交易所知道证券交易的利润有了缩减的趋势，并且知道其他市场的利润正在以不同的方式增长。

换句话说，失败的公司有专业知识，甚至老板和经理都意识到了接下来会发生什么。公司自己也知道竞争对手可以通过创新威胁它们的市场地位，还知道自己过于依赖自己的产品线、服务或者赢利模式。其他大多数公司都有着快速的产品和技术运营周期，这些公司的管理层也知道，随着时间的推移，只有一个问题能让他们夜不能寐：是他们自己动手破坏自己的模式，还是让其他公司代劳？

可他们还是失败了。要想知道导致其失败的具体细节，需要先了解这个公司及其存在的原因。首先要提到的就是罗纳德·科斯，这位诺贝尔经济学奖得主反对"黑板经济学"，反对让企业成为经济学研究的中心。科斯从一个简单，甚至很平庸，然而又很有争议的观察开始。他认为企业不是黑匣子，不能被经济学家所理解。企业的成功和失败也不会隐藏得很深，让人们观察不到。科斯是学院派思路，对约瑟夫·熊彼特像对尼采一样崇拜强大的企业家并不买账。熊彼特后来写到，企业家"在熟悉的领域外依然能保持自信"，能做到这点的"只有一小部分人"。[1]科斯对当时处理企业残留的方式也不是很满意，剑桥经济学家丹尼斯·罗伯逊描述这种方式为"脱脂牛奶中结出的黄油块"[2]。像其他有着相似兴趣的经济学家一样，熊彼特也无法合理地解释为什么公司会存在，未能理解这样一个基本的经济学概念，也让他们很难理解企业在经济中的作用。

---

① 熊彼特，《资本主义、社会主义与民主》，第 132 页。
② 罗纳德·科斯，《企业的性质》，第 388 页。

科斯挑战了普遍被忽视的企业的概念及其边界。[1] 他认为企业及其边界是由交易成本定义的，翻译成经济学语言，即通过市场价格外包产品生产与企业自行生产产品的边际成本和收益；[2] 或者称之为"造还是买"的问题：是自己生产产品还是从别人那里购买？这是个基本的问题，然而许多经济学家和商界观察家都忽视了。

企业有不同的起源，发展壮大也有着各种各样的原因，但是它们有一个共同点，科斯认为，如果资本和劳动力能奇迹般地自行找到对方，企业的存在就毫无意义了，市场可以自行协调生产产品。毕竟企业是复杂的社会结构，而完美的市场可以根除企业内部存在的松弛和低效率现象。企业很难无缝对接市场，平滑地进行管理工作。失败的企业经常会无法进行管理工作，因为内部交易成本太高。

然而企业的存在也是由于高昂的市场交易成本。而且从某种程度上来说，市场成本越高，企业的存在就越必要，因为交易成本在一定程度上体现了企业的价值。如果非要钻牛角尖，也可以说，企业的存在是因为市场失灵，至少理论上是这样，而市场上越失灵，企业的价值就越高。科斯的描述更平淡一点："企业可以赢利，主要原因是价格机制的成本。"[3] 成功的企业可以将自己的创意、管理、资本和人力以自己的方式整合，并从中获得稳定收益，或者是拥有市场或其他企业不可复制的东西。

企业的存在是因为可以减少市场的交易成本。然而这样的话，为什么资本主义发展了这么久，都没能将所有企业整合起来，成为一个巨大的企业呢？为什么哪个国家都没有垄断市场的企业，更不要说世界范围内了呢？

---

① 奥利弗·威廉姆森因其在经济管理方面的成就而获得诺贝尔经济学奖，他提出了企业边界的概念，并强调企业的内生动力，以进行比市场更具竞争力的输出。

② 桑托斯、艾森哈特，《组织边界和组织理论》，第491页。

③ 罗纳德·科斯，《公司的性质》，第390页。

这是因为不仅市场有交易成本，企业也有。企业可以扩张，但利润规模是有限的。大公司扩张到一定程度，就无法再缩减成本，竞争力也就无法再增加。如果顺着科斯的思路，企业扩张的限度由企业家对企业的掌控能力决定，当企业家不再仅依赖创业精神而有效地管理企业时，企业就会变得过分复杂。内部交易成本榨干了业务发展和创造价值的能量。不那么重要的、不性命攸关的问题消耗了大部分能量。随着企业变大，内部寻租者的权利也变得强大。所以好消息是企业的规模不是提前决定的，而是取决于管理者如何平衡内部和外部交易成本。这种平衡不会因为"商人会不断试图调整自己控制的范围"而改变。① 这也决定了企业能否兴旺，更不用说生存了。公司内部成本过高时，就会破产。内部交易成本过高的公司已经失去了企业家精神，并出现了过度的管理主义。

企业管理主义：崛起的意识形态

科斯的理论引发了人们对企业管理主义、组织经济，以及企业如何定义边界的研究。有学术思维的人都知道业界对企业本质有着激烈的辩论，并衍生出了几种观点。② 然而科斯的基本概念简单到无可辩驳，人们还很容易观察到其贯穿在公司组织、协调和代理成本中。

企业的复杂度越来越高，大公司需要建立组织和下属部门，但这些部门变成了一个个孤岛，左手都不知道右手在干什么，组织和下属机构也会产生分歧。人性的美与丑，包括骄傲、虚荣、嫉妒，以及光明的一面——胜利的精神都会变成障碍。微软、索尼和IBM转变的例子被英国《金融时报》记者

① 罗纳德·科斯，《公司的性质》，第404—405页。
② 曾格、菲林、比奇洛，《企业理论——市场边界》。

吉莲·邰蒂称为"来自谷仓效应的魔咒"。[1]

企业高管对组织的复杂性并不陌生，但他们也很难抵挡其缺点。他们通过聘用更多管理者、编写新的规章制度，确保部门之间协调工作，减少成本。他们设计绩效指标，保证透明度和掌控力，委派新的管理者测量绩效和上报失误。典型的复杂企业建立了一层层管理、协调和监控的结构，甚至还会增加新的管理者来控制和分配责任。有时候，这对发展和创造价值有好处，但大多数时候没有好处。会议耗费了员工许多时间，占用了他们创造价值的时间，只要还有一点创业精神的人都会感到失望沮丧。波士顿咨询集团的思想家伊夫·莫里耶说过，在公司里，40%～80%的时间都被管理团队浪费了。[2]

对于真正达到全球化规模的公司，还有着额外的内部交易成本，因为它们必须跨市场，跨文化来管理、协调和控制公司运营。虽然这些成本经常能够提高公司的生产力，但是工作效率更低的分部门或者接触到好的实践时，还需要更多层的管理来保证公司从交易中获利，以及将这些机会带到市场中。[3] 过去10年，新兴通信技术引进后，这一点依然没有变。或许有些矛盾，为了从自己的规模和国际业务中获益，公司需要建立复杂的组织。这种复杂性也能帮助企业刺激其他经济体的生产力，然而这种复杂性不是没有代价的。公司对多样化和组织复杂性的掌控是有限的，越接近这个极限，公司内部需要的协调成本就越高。[4]

如果真正的大公司跟随潮流，通过分割生产线以及外包供应链进行全球垂直化布局，那它就更有理由增加管理和控制。公司外包的部分越多，明确

---

① 邰蒂，《谷仓效应》。
② 伊夫·莫里耶，《工作中的烦冗规矩是如何妨碍你完成工作的》。
③ 如卡林多、罗西·汉斯伯格的《贸易对组织和生产力的影响》。
④ 周，《协调成本、组织结构和公司成长》。

企业核心与外部企业联系的界限所花费的资源就越多。[1] 外包是有好处的，但控制合同、执行和协调同样需要更多管理者。

当公司的规模和专业由外部企业决定时，市场就会介入。这就催生了创新、提高质量、更快地"进入市场"以及绝大多数情况下的效率提升。这对公司来讲还有其他好处：企业如果处在时刻变化、对未来尚不确定的市场中时，就可以通过价值链中的其他环节分散不确定性的成本，企业可以在技术引进和对外采购企业之间更灵活地切换。就像保险业在企业之间分散风险一样，通过外包减少不确定性，来分散如地震、森林火灾等大型事件产生的风险。市场通常比公司的内部架构更加灵活。

商业经济学的一个分支倾向于将垂直合作和合同视为无成本，或者无交易成本，现实情况却是存在大量与之相关的成本。当企业在"制造或购买"之间选择时，必须权衡两种方案的交易成本。虽然中短期内节省了资金，却也将公司变得复杂，还减少了对市场竞争的渴求。此外，企业与外部供应商建立的关系需要持续投资，而且所产生的双边关系常常越来越不灵活，并造成对企业的偏见，即使是无意的。有时，双边关系变成单边垄断，将承包商锁定，由于沉没成本太高而无法脱身。因此，虽然灵活性的确带来收益，但是跟着复杂性而来的组织需求和习惯也会平衡这部分收益。

这就解释了为什么大公司——尽管只有一小部分公司——对市场有如此深远的影响。小公司就像行星绕着太阳转一样，围绕着大公司。任何为小供货商工作过的人都知道实现新技术、法律程序、规则、时间计划及其他性质的问题都由大公司来决定，他人的影响十分有限。他们只考虑付款周期。马尔

---

[1] 兰格洛伊斯、埃弗雷特，《复杂性、真正的不确定性和组织经济学》；约瑟夫，《垂直整合》。

斯、凯洛格和安海斯布希公司与供货商的付款周期是 120 天，它们还都不是局外人。[①] 大企业利用它们的强势地位推迟工作量确认和付款，供货商也变成了大公司的出资方之一。

想看明白复杂性和大公司对市场的垄断，要从合同的角度来看。外部供应商的角色越重要——无论什么原因——就越需要通过合同约定供应商和买家之间的关系。但合同会有自己的交易成本，并且当合同各方对紧密的关系的渴望越深，合同关系就越复杂。在先进的生产系统中，小的破坏也会造成很大的损失；设想一下汽车装配流水线，一个供货商的失误会导致全部停产，你就能了解这种损失了。债务方面的成本会使合约的复杂性大幅增加，甚至变成费用分担开发项目的障碍，导致下游创新成本的增加。企业总是对价值链的特定部分（与其核心资产相关的部分）有着完全的掌控。但是对公司外部付出人力和研发的成本越多，收回这些成本、产生结果的代价就越高。产生的悖论是，对公司以及更大的公司来说，产业的垂直开发，特别是全球范围内的，会提高效率，也会增加创新的成本。

用复杂的组织应对复杂的世界是不可避免的，但它也有负面的作用。比如企业文化可能会变坏。大型、多元化组织的复杂性往往会催生官僚的管理主义和等级制度，扼杀自然协调、生产力互动和创业精神。多样化或垂直化的程度越大，企业对内部协调和组织优化依赖就越多。企业的注意力自然转向内部控制和协调的模型。企业需要更多的控制和监控时，所产生的直接行政或管理成本只是负面影响之一。更重要的是，内部交易成本也在增长——定义企业的未来目标，尤其是与公司边界有关的需求。内部交易成本过高的公司只能加倍重视保护边界和市场地位。它们的管理模式要允许管理层更好地控制公司核心资产。具体来说，它们对细分、保护与专业化相关的沉没成

---

① 斯特罗姆，《大公司延期付款》。

本的需求动机更强。

　　这可以看作企业管控和专业细分的结合。企业都控制核心资产或者真正的驱动价值，只是定义不同。不仅针对竞争对手，还针对企业内部的人员。这听起来可能有些偏执，但像仙童半导体公司前任所有人所发现的，内部人员可以产生巨大的影响，包括不必要的恶名。有一天，仙童公司的两个高层经理人走出公司创业——而让新公司走向成功的技术正是在仙童公司研发的。这个问题看起来不大，因为每天都在发生。但是这家新公司不是普通的公司，它就是纳米电子，更为人熟知的名字是"集成电子"公司，即英特尔公司。[①]弗莱彻学院的阿玛尔·拜德几年前观察到，进入《公司》杂志 500 强排行榜的企业中，有 71% 的公司初创时都是复制之前公司的点子，或是仅在其基础上做些很简单的修改。[②]

　　控制不只是经理、合同和内部监督系统的问题，而且是必须渗透到实际工作的组织机构中去。公司建立控制的一种方法是通过尽可能多的专业细分。专业细分打破了价值链和生产过程，也使得员工更难触及企业的核心资产。正如格赫拉姆·拉杨和路易吉·辛格尔观察的："在垂直等级制度里，企业家通过控制关键资源开始专业细分，然后战略性地安排部分员工，来控制新员工的行为。"[③]

　　换句话说，通过垂直化产生的专业细分能创造效率，也能增强掌控，前提是企业和管理者能挪用通过增加必要的资产从外购企业那儿获得的价值。[④]因而通过垂直化产生的专业细分成了指导高管和投资者的企业本能。它影响着企业对自己边界的定义，但这是有代价的——有时是复杂的结构引发的大

---

① 拉杨、辛格尔，《企业是等级结构分明的组织》。
② 毕海德，《新企业的起源和演进》，第 94 页。
③ 格赫拉姆·拉杨、路易吉·辛格尔，《企业是等级结构分明的组织》，第 7 页。
④ 蒂斯，《从技术创新中获利》。

成本和更高的沉没资本，以及让创新和剧变远离公司的战略决策。

大部分大公司，或者赢利型企业可以通过核心优势抵消这些损失。它们内部有一个资本市场，由收入、债务和股权限定，比通过外部资本市场提供的创投资金更好，也能将资本分配给更合适的目标。然而，正如我们在第三章提到的，灰色资本主义的一大缺陷是创新常常由外部资本市场做决策：银行、基金和其他机构控制着资金。所以几十年前的优势并不能保持多久，至少现在企业之间的差异更大了。现实情况是大公司都没能更好地分配资本，这是什么原因呢？

公司的所有者更愿意把资本抽出，使大公司进行核心资本配置的优势消耗殆尽。但是他们这样做的原因也可以理解。显然，投资者想避免因高管对现金流过高的自由度而产生问题。[①] 此外，大公司的高管也很少有那么洁身自好的。事实上，除了贫困、混乱时代或者资本不发达的市场，大公司在分配资金上并不怎么擅长。[②]

之前的股票市场对此有所体现，因为综合性大企业的交易量比其他企业少了不少。[③] 投资者似乎并不认为大企业能更好地募集和分配资本。他们似乎相信大公司患上了一种"企业社会主义"的病。大公司的内部资本市场往往很难高效分配资本，因为往往是生产力高的部门资助生产力低的部门，或是强大的部门资助弱小的部门。有时，这样的投资行为可以解释为公司在为未来做长期赌注——许多投资一开始总是走低，然后才开始有回报。从全局来看，是大公司内部的机构问题造成资本和投资的效率很低。[④]

---

① 詹森，《自由现金流、公司融资和收购的代理成本》。
② 斯坦，《机构、信息和企业投资》；马特沃斯、塞鲁，《企业内部的资源分配》。
③ 伯杰、奥菲克，《多样性对企业价值的影响》；拉詹、塞维斯、津加莱斯，《多样性的代价》。
④ 沙夫斯坦、斯坦，《内部资本市场的阴暗面》。

这些机构问题的性质各不相同，一般来说，都是公司所有者、董事会和管理层的利益出现冲突。这种冲突会渗透到大多数大型组织，也会经常滋生效率低下的恶习。有些寻租行为占据了管理的精力，比如要将某一部门的预算最大化，即使这些预算分配到其他部门也许能创造更多价值。有时高管可以纠正分配不当的问题，但是，通常是这些高管，甚至是企业所有者进行的这些寻租行为，比如目的是"贿赂"部门负责人或者其他关键的管理层。这时，利益冲突就导致了公司中的内部政治占了上风。

在大公司工作过的人可能见过这种情况，就算没有，也有大量研究点明了这一现象。[①] 如果公司内出现业绩很差的部门，千万不要试图通过削减预算来让部门有所起色。削减预算没办法让部门的管理工作回到正轨，管理层应该通过预算需求，合理分配资源，但也要增加管理层级，避免让机构问题恶化。简言之，公司将更多的资源浪费在了玩弄内部政治上，而不是发展业务上。

最近，外部资本市场在大公司内部扮演的角色加剧了企业管理主义，影响了公司的营收计划。危机后的年代是企业融资的好时候，主要是因为中央银行增加了货币供应，降低了利率。这对企业和投资者来说都是好消息。然而，尽管股票市场发展迅速，商业投资却毫无波澜。公司有了很多新的债务，却没有利用债务对未来进行投资，或者转化为资本。相反，它们通过高股息和越来越多的股份回购将一部分重要的资本回流到了股东手中。

企业借贷快速增长，投资增长却很慢，股利以及股票回购的比例很高，这种情况不太正常。这再一次证明了商业投资率并非得益于廉价的资本。以美国的非金融企业为例，它们的运营现金流量自 2010 年以来增速越来越慢，净债务达到了史上最高。但新的债务并没有用来提高资本存量，为未来的收

---

① 沙夫斯坦、斯坦，《内部资本市场的阴暗面》。

益投资，而是抬高了股价，给投资者预期的回报。换句话说，债务驱动的回馈让企业，特别是管理者暂时忽略了收益并不理想的现实。

这种状况揭露了企业的思维状态，以及它们所规划的未来。利用货币宽松政策的企业大大提高了外部资本市场和公司财务规划的地位。看到过去几年出现的高杠杆比率后，企业把注意力从投资、创新和未来转移开了，经理们和企业专注于外部资本市场，而不是培养创新和发展核心业务。

外部资本市场的角色转变，导致内外部政策对企业的日常管理和发展方向影响越来越深。企业竞争力下降，应对变化的能力减弱，当企业开始关注融资，而不是市场竞争时，就需要找到其他方式保护公司的边界以及市场地位。这种保护日益演变成区域固守或是公司对公司的防守市场策略。在企业内工作时间久的人知道，除了专业细分之外，还有其他方法可以做到这一点。这些方法包括游说、品牌推广、营销、设计和小修小补，让大家以为企业在发展。企业社会责任和企业公关活动随即出现，企业公关现在已成为企业在这方面的标配工具。这些手段能让客户更加忠诚，并提供政治上的保护。这些活动在过去只是点缀——仅作支持创新和商业竞争用；现在，却比创新和与对手竞争更重要。

私人标准的使用日益增多。大型以及全球化企业的角色越来越向监管机构转型，它们会为供应链里的企业，以及自己所处行业内的企业设定标准——这些标准通常高于政府制定的标准。这的确与企业声誉有一定的关系，但也有许多垄断性企业发现自行设定的标准提升了市场准入门槛，把公司的边界作为市场的边界，让企业更容易获利。①

这些活动都是完全合法的——当然也可以作为市场竞争战略的一部分，然而它们的作用更多是保护或防御，还常常代替企业真正的创新或者战略参

---

① 布鲁斯、迈特利，《新全球统治者》。

与市场竞争。游说往往促使立法者保护过去的创新，并且针对那些刚进入市场，或是想要立足的竞争者。品牌推广是为了定位以及建立忠实度，却很少对产品进行什么改变。营销要针对价格和产品特点，但如果宣传的是旧产品和旧技术，就更像是花哨地涂脂抹粉了。美化设计是针对外观和感觉，但绝不能算作产品创新——尽管有人认为它们是紧密联系的。

防御性行为通常有好的效果，特别是在消费市场，产品的客户"体验"或者"辨识度"是至关重要的。苹果手机及其强大的市场地位就是个很好的例子。第一台 iPhone 是真正的创新，后来的几代却没能给客户带来更多的价值。然而，这并没有阻止用户对 iPhone 的向往。一项研究显示，几乎 60% 的iPhone 用户"盲目忠诚"于苹果手机产品。[1] 这种忠诚价值千金，因为即使苹果的用户认为 iPhone 没有那么好，也不会更换其他品牌的手机。只有 28% 的苹果忠实客户认为 iPhone 是市场上最好的手机。换句话说，短时间内，苹果不需要竭尽全力地创造一台革新的手机，它只需要做一丁点改进。手机稍微改动外形设计、增加一点儿存储空间、改变一点儿屏幕尺寸，或是增加慢动作录像功能，就足以让客户花大价钱买新苹果手机。[2] 然而这样的改进，虽然有些有价值，却并不能算是创新，就算客气点说，这些也都是"D"而不是"R"。[3]

企业在游说或者在其他工作上花费资源，来通知、影响监管机构和政界人士是很正常的。正如经济学家戈登·塔洛克曾经认为的，考虑到政府在经济中越来越大的作用，企业居然还不肯多花资源来游说政客。但是，游说就如品牌化、公关及其他活动，通常与商业战略紧密相连，旨在减轻企业和市场创新的压力，给客户提供更好的价值。对奉行管理主义的公司来说，这种

---

① 凯利，《大多数 iPhone 用户承认"盲目忠诚"》。
② 同①。
③ RD，即 Research&Development，意指研发。此处意思为创新不够，算不上颠覆性创新。——编注

策略往往比把资源投入研发和创新更好，因为它们认为控制市场比竞争市场更为稳妥。

因此企业管理主义是一切推动企业及其领导层，包括投资人极度热衷于科斯所描述的"非企业性"规划的根源。复杂性和规模不再与交易成本平衡。虽然科斯理想中的企业靠着创业精神茁壮成长，但屈从于管理主义式资本主义的企业已经将创业精神腐蚀到了一定程度，剩下的通常只有规划了。

计划的逻辑

企业规划机器不是新鲜事物，在过去几十年中，规模还越变越大，重要性也逐渐走高。这种机器更喜欢保护产品线，而不会用创新参与市场竞争。规划机器庞大、复杂，运行缓慢，害怕竞争，还认为自己因过去的成就，当然主要是因自己的规模，理应在市场上享有特权。它们认为自己"大而不倒"。然而，典型的规划机器能使经济获得生产力和增长，因此被视为资本主义、竞争和创新的核心驱动力。企业巨头佩尔·G.于伦哈马尔表达了这种思想，并在20世纪80年代末开始使大家关注规划的矛盾：

> 今天我们来谈谈创业精神和官僚作风。"创业精神"代表着生活中的美好，它代表了进步、乐观和永恒的成功。创业家不需要关心社会上的其他事。对创业家的持续关注、讨论很危险。好多都是我们承受不起的……产业活动和社会维护的主要部分并不是建立在所谓的创业精神上。

这句话来自一位典型的企业人，他背后的产业巨鳄曾收获的巨大利益，少有人能够企及，然而后来，产业巨鳄也发生了质变。商业管理需要的是规划，而不是创造，正如于伦哈马尔在他给管理主义的"悼词"中所说的：

> 这种行为很稳定，已成为惯例，不怎么需要想象力，倒是很需要能力。今天的产品昨天也生产过，只不过我们希望它能质量更高、成本更低。我们不能让生产出现快速转变，不能因为别人的一个想法，我们就做出改变……我们需要一丁点创造力，不要很多。"[1]

于伦哈马尔的观点还不够成熟，而且他也没有到处宣讲技术创新以及技术突变。然而他并不是唯一一个站在管理主义角度看待问题的人，意识形态坚定的人，比如约翰·肯尼斯·加尔布雷思，在衡量当时的企业界时，认为这种观点也是符合20世纪60年代企业管理和商业开发方面的主流思潮的。加尔布雷思写道，"专业化不可避免地会催生组织"，并且"能让专业人士的工作产生成果"。他当时还很有先见地认为"把专业人士组织起来的工作太复杂了，未来会有组织专业人士的专业人士，还有针对这方面专业人士的组织"。[2]

于伦哈马尔和加尔布雷思的观点大致是正确的，他们知道大公司运营和增长需要什么。美国的许多巨头在20世纪80年代开始瓦解，加尔布雷思的世界观遭受了重创。于伦哈马尔的沃尔沃集团——一个在卡车、轿车、医药、饮料以及更多领域繁荣发展的商业帝国——也碰到了类似的问题，并因市场所迫不得不解体。但是他们的企业管理主义从未消失过。

增强预见性和规避不确定性的欲望支撑着企业管理主义。对基金经理、投资者和其他利益相关者许下的承诺，增加了企业控制的需求。而企业的回报机制没有随意发展，当时需要一个能保证稳定回报的计划系统——这个系

---

① 约翰逊，《德莱夫·兰特》，第21页。
② 所有引用均来自加尔布雷思的《新工业国》，第19页。

统引发了关于企业发展的思考，向着缓慢、小修小补式创新发展。一旦经济经历过计算机化和全球化的洗礼，大企业就不得不更加重视企业中的管理主义，以及获取对市场更多的控制力。

在某种程度上，这些转变使经济变得"民主化"，至少一开始是这样的。创业的成本降低了，至少看起来是这样。管理企业的工具广泛传播，也有很多人掌握了能摧毁行动迟缓的企业的能力。突然，好像几个雄心壮志的极客在车库里用几台老电脑也能挑战大公司了。一时间，竞争变得更加不可预测，市场间的壁垒变弱，并且，最重要的是缺乏商务经验的人可以通过电脑补充知识。

毫无疑问，这些变化挑战着企业的哲学，甚至可以说吓坏了古老的大型企业。它们都希望世界上没有激进的创新和破坏性的技术飞越，它们突然被迫改变商业模式，被迫和拥有新技术、有希望让技术突飞猛进的公司进行竞争。这对于有东西要保护的公司是坏消息。大企业必须采取措施控制风险，防止大的社会性的变化让自己倾倒。但这些措施并不是真的接纳新技术和市场。有的大企业一开始就加入了大潮，但多数大企业都需要时间来适应。

众多企业面对此种情况的第一反应非常像克里克特人，即道格拉斯·亚当斯的《银河系漫游指南》中的人种。当克里克特人发现自己生活在一个有着恒星和行星的宇宙时，他们因为害怕自己的社会会受到威胁，就得出结论："得让它们消失。"公司机构就算经历了数字化和全球化，也是以自己的方式进行，并没有从数字化的硬件和软件中汲取什么创业家精神。相反，他们强调保护公司的边界、市场控制和管理主义。这样的话，计算机化、数字化、全球化会先预示着资本主义新时代的到来，随后又会助长企业内部的规划和官僚主义。

这个影响是惊人的。以波士顿咨询集团的"复杂性指数"为例，过去 50 年企业里的官僚主义程度以每年 7% 的速度增长。这项测试展现了企业应对日益复杂的世界的能力。公司花费在管理、控制和组织上的时间空前多。波士顿咨询集团还提出，管理者将 40% 的时间花在写报告上，最多 60% 的时间花在开会上。[1]不难想象这将会对公司和员工产生什么样的影响。这样不仅浪费了时间，还让官僚主义和规划改变了大公司的人员结构。比如，没有几个企业家能受得了整天撰写、重写和提交报告，以及协调会议。

还可以通过互动的频次衡量官僚化的程度。而且，不出所料，现在的企业普遍深受官僚主义的荼毒。企业现在的管理层不得不处理空前多的"噪声"。例如，高管平均每年收到 30000 封"外部信件"——相比 1970 年的 1000 封增长了 2900%。[2]这并不是因为 1970 年的管理团队里都是懒虫，也不是因为公司加大了在研发、创新和其他复杂领域的投资。这直接反映了现在的企业更加复杂和日益加深的官僚主义——当然世界也日益复杂着——花在控制和监管部门、公司的边界以及市场地位上的时间更多了。

追求可预测性是很自然的。扪心自问，你选择不确定性的频率有多高？我们中的大多数更喜欢确定性。同样地，大公司的主流想法是计划和运营的可控性。然而计划并不能保证确定性，而是把不确定性转变为风险。

将不确定性转化为风险是现代企业生存的关键，也是日渐发展的企业管理主义的核心部分。芝加哥学派理论学家弗兰克·奈特在他的经典著作《风险，不确定性和利润》里区分了风险和不确定性。[3]奈特划分了两种世界观——机械的世界观和演进的世界观。前者认为人类的行为像机器一样可以被预测，后者则考虑了改变和新的发展迭代。机械的世界观认知对企业很重要，因为它可以应对市场的正常运转，例如风险都可以定价，就像保险合同里写的那样。

---

① 莫里厄斯，《聪明的规则》。
② 贝恩公司，《忙碌的 CEO 们》。
③ 兰格洛伊斯、科斯格尔，《弗兰克·奈特谈风险》。

纸牌游戏就是机械认知的一个例子。从整副牌中随机选一张，不知道具体是哪张牌，但是知道这张牌肯定是 52 张之一。现在，基于这一信息，每个有基础代数知识的人都可以计算某一结果的可能性，如抽出红桃 Q 或一组卡片的总点数为 21 点的概率。以类似的方式，机械认知有助于把复杂的问题转化为标准的风险公式，以数学方式指导企业行为。

不确定性却不一样，因为它不能外包给外界，公司内部以及市场也不行。它的本质，是个人或组织无法全面、彻底地掌握所有需要的知识，不可能将不确定性转化为确定性，从而提供必要的指导。重要的是，在奈特所说的不确定性里，潜在的结果是无法用来构建模型或是预测，最好也就只能得到"对预计结果的预计结果"。说到底，处理不确定性的唯一途径是通过个人的判断，即使在公司里，这一过程也无法分摊到各个部门或是管理角色中，只能取决于企业所有者。这与对公司负责和控制是分不开的，所有者和企业的距离越远，其处理不确定性的能力就越差。

这些观察结果来自不同的世界。奈特的书于 1921 年出版，他试图描绘出"纯理论"，用抽象的经济理论直指其他同时代的经济学家。然而，心理学家科特·勒温认为"好理论是最实在的东西"，奈特的见解——就像弗里德里希·哈耶克关于人类行为的不完整认识一样——只适用于现代企业。奈特的理论对大公司是不利的，尤其是与个人有关的决策。简单地说，很多公司都曲解了这一理论。

奈特关于企业所有者在管理不确定性时的角色的理论，解释了西方现代资本主义。处理不确定性需要得到制度上的认可，以及远离企业官僚机构、灰色所有权、代理冲突等当代商界标志的能力。企业管理学家们并没有准备好应对不确定性，他们选择不应对也是有正当理由的。同时，各种不同的所有形式不断涌现，规划者开始排挤企业家，企业虽然擅长衡量和应对风险，却因此削弱了自己处理不确定性的能力。企业管理已经变得机械化，就像在封闭环境中运行的软件，只能应对模式化的风险。

第一个遭受管理主义荼毒的就是企业处理不确定性的能力。当今企业的操作手册里没有"不确定性"几个字，本质上是因为企业所有权和控制权是分离的，以及没有几个所有者能够做出必要的判断，并具备奈特认为的必要的能力。对未来做决策的时候，董事会和经理人往往会忽略满是不确定性的选择，因为不确定性与企业从根源上便不合，也因为他们代表了不同种类的所有权。

然而董事会和经理人忽略了不确定性，也等于正式放弃了对自己未来的影响力。从本质上来说，未来就是不确定的，真正能影响未来事业的决策，往往包含了众多已知、未知的不确定性。对于激进的创新来说尤其如此。公司没有创新就会被困在自己当前的市场——对于整体经济而言，前沿技术就会止步不前。在这种情况下，公司必须花费更多的资源来捍卫自己的市场地位，这样的商业计划强化了官僚主义的恶性循环，因为公司需要牺牲创业精神，换取更多的监管和控制。

计划、计划，还是计划

有这样一个特殊的角色——成功的创业家，他们知道如何接纳不确定性。他们不仅有独特的应对不确定性的能力，而且，不确定性可以说是他们存在的理由。因此企业管理主义者把不确定性外包出去，投资评估在很大程度上变成凑数字的游戏，这两种行为不仅破坏创新，还把创业家精神从企业中剥离了。

在美国商界和欧洲商界举足轻重的大公司里，企业管理主义和官僚主义不断增长的同时，创业家的空间也在同步缩小。这些大公司是很重要的，虽然在美国只有1%的企业员工数量在500人及500人以上，但这1%企业的雇员加在一起却占了私企就业人数的 50%。[①]大公司仍然将员工向创业家方向培养——有些公司依然由创始人领导——但官僚主义却在过去几十年逐渐滋生、壮大。

　　竞争仍然迫使企业经常革新技术和运营手段，企业领导层通过定期改变企业的评价指标和标准，强化了这一趋势。因此，官僚主义和管理主义并不等同于懒惰和倦怠。相反，在官僚体制下，员工的工作时间经常会越来越长——但他们没有变得越来越聪明。员工被困在了官僚主义里，为每个新的工作步骤、业务发展方向和运营行为创建新的流程，不知停歇。

　　然后，官僚主义就成了组织的中心，影响着公司定义自己的方式。可以列入计划的都已经列入计划，没法列入计划的，比如不确定性，就都排除在外了。如果将企业战略发展定义为创造新事物，那么公司的战略发展，就已经失去了影响力，并被扎根于管理主义文化中的企业管理所取代。沉迷于可预见性，并且规避不确定性的公司是不会制定新的战略的，更不会有大胆的创新。当然它们依然会花费口舌去制定战略。但大部分时间里，公司的管理主义倾向会使自己不断去走老路——只为可预见的做计划。

　　失败的企业则有所不同，它们把管理主义发挥到了极致，给了保守派过多的权力，或自负地认为保护企业边界，就可以不受外界改变的影响。这些企业几乎都有一个共同的特点——精于计划。我们很容易将商业巨头的倒下——比如诺基亚的高管约玛·奥利拉、微软的首席执行官史蒂夫·鲍尔默、黑莓公司的吉姆·巴尔西列，或纽约证券交易所的理查德·格拉索——归罪于企业的演变方式。然而，失败不会只因为一个人，而是一个改变了企业形象、企业对商业发展的宏观思考，尤其是企业对新事物的战略规划的演变过程。欧洲工程管理学院商业学校的教授金伟灿和勒妮·莫博涅教授经过多年的案

---

① 德克尔等，《创业的作用》，第 10 页。

例研究得出结论，高增长和低增长的企业之间的区别，关键在于战略——更准确地说，在于传统思维和"价值创新"的博弈。价值创新者不太关心与竞争对手赛跑，他们不会用当时的市场来限制机会，而是会问"如果重新开始会怎样？"[1]这是很基本的问题，却很少有公司这样问过自己。

企业高管会花费很多时间和金钱讨论战略，却很少关注创业家的品质和管理不确定性的能力。"战略"起初是个军事概念，后来经过改革和更新，随着时间的推移慢慢改变了。起初，改变还遵循着管理的规律，几乎可以看作长期和短期、计划和执行、自上而下和自下而上，以及不同复杂性之间的较量。曾经被《商业周刊》称为"发明管理的人"[2]的彼特·德鲁克对定义战略有着至关重要的影响。最值得注意的是，他在战后率先提出了企业如何运作的前沿假设：从军队式自上而下的指令及控制，到复杂的、相互依赖的有机体，和我们今天对于公司的观念非常像。

20 世纪 80 年代，日本汽车制造商通过结合高质量和低成本，引进了结构化的、更加精益的公司管理流程。美国的企业也很快采纳，精益化生产很快成为商界的金科玉律。但精益化的方法也有其局限性，本质上不过是从竞争的市场转移到更刻板的市场，不过仍有许多公司采用这一方法。著名的战略规划师迈克尔·波特，摒弃了任何低估了商业发展复杂性的事物。1979 年，他将竞争力的概念引入战略规划，革新了商业发展。在供应商和客户的影响力、议价能力，以及新入局者和代替者的威胁之间斡旋——无论在哪个行业——就是竞争的本质，也同样是战略规划的本质。[3]竞争、市场和企业形成了一个更复杂的生态环境，战略是引导企业的方式。

商业发展和波特的战略迅速成为无可争议的经典。然而，即使很多有着

---

① 哈佛商业评论，《哈佛商业评论：经济增长战略》，第 25—26 页。
② 拜恩，《发明管理的人》。
③ 波特，《竞争力如何塑造战略》。

较好背景的高管思考过波特的观点，但令人震惊的是，在波特狂热的追随者里，少有人通过改变公司的战略规划而在市场中竞争。然而在经济全球化的时代，企业几乎都不可避免地会寻找波特的竞争优势，而日常运营和其他短期目标取代了大胆的发展规划。战略变得保守、具有防御性，而不会真正找寻企业的灵魂和企业的优势——或者说管理不确定性的工具。

专注创新的战略规划越来越少见，而提升运营表现却变成董事会的心头大事。原因很容易理解：优秀的运营是规划者和管理主义者思维的基石。复杂的经济问题越来越多，给企业回答的时间也越来越短，商界渐渐被简单易用和放之四海而皆准的工具、方法充斥。这些工具、方法绝大多数与市场竞争无关，虽然它们大都让人以为有关。这也改变了大家对战略规划的理解。

只考虑战略规划，这也是将战略目标制定和运营实施连接起来的方法之一。这是一个几十年前流行起来的，如今仍然指导着管理者的规划方式。但是企业往往难以完成整个链条，完成战略思考后，也很难有效运转。然而，战略规划随着时间的推移，几乎都会被削减掉一半。今天的公司涉及战略规划时，并不是真的在为新事物做战略规划。一般来说，企业都是在有限的商业空间内制订战略规划。确立的目标缩减到公司已经了解和正在运作的事。基准考核、指标和基于企业边界的 SWOT 分析是前期的输入，而其他证据和知识却没有太多被听到的机会。

性能工具非常适合提升运营水准。这一出发点和工具本身没有错，企业总是需要改进的，使用最佳的方法毋庸置疑是有效的。但是除了将考核指标与实际表现联系起来，众多商学院毕业的高管相信，工具是所有问题的答案，包括如何规划新产品、实现持续的盈利。然而企业成功的秘诀没法在教科书里找到，也不是谁都能因为读本书就变成企业家。主流观点认为，为新事物做战略规划，几乎等于每年都隐藏百分之几的成本、逐步提升销售策略、什么时候分析下性价比、什么时候增加一名人员，以及保有乐观的精神。

如此，企业业务发展更趋向于抄袭他人，而不是打造自己的特色，放眼未来。抄袭也可以很成功。然而，这条捷径削弱了公司应对外界变化的能力，因为抄袭给大家带来了战略尽在掌控的假象，也很难取得长期收益。抄袭就像是用外语记住一首歌的歌词。任何人都可以像妮娜·西蒙一样用法语唱"别离开我"，但这并不代表谁都能说一口流利的法语。当需要改变战略模型时，企业就完全不知所措了。有项研究表明，一家企业有95%的员工"不理解公司的战略"，这一点很能说明问题了。同一项研究调查表明，企业高管团队中有86%的人每个月讨论战略的时间不超过一小时。[①]从不讨论战略的经理人会不知不觉地对机会和威胁变得无知，甚至盲目——当然也没准备好应对市场竞争。

此外，区分轻重缓急也变得困难。优秀的战略规划者能脱颖而出，靠的是把握优先级的能力，以及在众多重要的任务中区分出最重要的一个，并做出相应的决策。优秀公司与其他公司的区别在于决策质量和执行力。一项研究发现，只有15%的公司能在这个领域有优秀表现。[②]但企业如果不为新事物制定战略、管理不确定性，而是进行计划、规划时，区分决策的优先级就被逐渐忽略了，因为做计划、规划的人做不了这个。

例如，根据波士顿咨询集团的研究，1955年，平均每个CEO会有4～7个"绩效需求"，而现在是25～40个。[③]这意味着现在的CEO们精力都不太集中，被很多同等重要的管理任务分散了精力，或者可以直接说："有太多'绩效需求'的企业是在同时向几个方向前进，不太清楚自己要走到哪儿，甚

---

① 斯蒂文森，《是什么导致高层管理团队做出糟糕的战略决策？》，第22页。
② 罗杰斯、布伦科，《高绩效组织》。
③ 莫里厄斯，《聪明的规则》。

至不知道自己在做什么。"这些"需求"间的冲突也越来越多。"公司想要满足客户，他们需要低价高质。他们既要定制……又要标准化……他们既想要创新又想要效率。"这项研究概括道。[①]

这些目标都是值得一做的，但想执行下去，又很难不造成企业内部的分裂。低价和高质很难同时实现，一家公司也不能同时做到量身定制和标准化。同样，想推进创新，便很难不降低效率。相互冲突的目标是经理们的绊脚石，也是组织混乱的源头。这对希望参与市场竞争的企业来说肯定不是灵丹妙药，因为会导致企业内部计划不受控制。很多研究表明这样的政治已渗透进各个公司。比如一项关于英国经理的研究中，发现93%的经理同意"大多数经理想要成功，至少要拿出一部分时间玩弄政治"，并且83%的经理同意"任何层级、规模的组织内都有政治"。[②]

通过战略规划参与市场竞争，逐渐被内部政治的钩心斗角、"让表现更好"的工具以及模仿他人的业务取代了。战略规划变成了保护公司和市场边界，并在其中运作的工具。但这还不够。企业战略规划出现的时候，尤其是愈加频繁地出现时，大家关注的是如何通过给企业一个独特的市场定位来探索更多的机会。定位的本质是通过具体分析来创造新事物。创造新事物意味着找到市场中没人涉足的地方，这样也会带来更好的效益。为公司规划市场定位非常受欢迎，因为这项举措与波特、生于俄罗斯的"战略管理之父"伊戈尔·安索夫有联系。[③]

定位与弗兰克·奈特的"机械世界"很接近，并强调了计算和真实数值的重要性。如果做过了头，企业定位就会落入陷阱，试图让世界变得可理解、

---

① 莫里厄斯，《聪明的规则》，第3页。
② 布坎南，《人若犯我，我必犯人》，第58—59页。
③ 《经济学人》之《大师：伊戈尔·安索夫》。

可控。①在进行市场定位时，确保相关数值的正确是很重要的，如果做过了头，它会让现实世界僵化，让战略规划分崩离析，像过火的蛋奶酥一样。参与市场竞争意味着超越可量化的范畴。在一个僵化的环境中，不能量化意味着不能作为战略规划过程中的备选方案。如果标准定得太高，商业战略就会变成运营规划，因为可以量化。今天很多企业都是这样的：出发点非常好，但因为战略规划新事物变得过于机械化，无法量化的事物优先级就降低了，可能对市场产生冲击的想法、观点、方法、系统、服务和产品也是一样。

可以说，创新就是超越当下可量化的市场，寻找新事物。青霉素被发明之前，也没有什么市场；在互联网出现之前，域名和网站设计的市场都是未知的；汽车出现之前，谁能计算出汽车市场的回报呢？亨利·福特说过，"如果我问人们想要什么，他们会说想要跑得更快的马"②。如果当时的话语权在古板的计划者手里，福特可能会繁育出更快的马，而不是造汽车。如果没有创业家规划新事物，超越今天种种定量的可能性，愿意在回报尚不明确时付出，这些发明，乃至更多的想法都会被捍卫边界的人所扼杀。

管理主义者的规划有些过头了。战略规划不适用于新的事物，也没法用来管理不可预见的、未知的事物。让管理主义者无所适从，不愿意为新事物做战略规划的原因，是这个概念超出了有限、可控的风险和运营范畴。W.钱·金和勒妮·莫博涅在他们著名的《蓝海战略》里触及了这个议题。③他们认为战略不能在有限的市场空间，以及固定的竞争模式下争取利益，而是要在市场内建立一个新的、没有竞争者的空间。这种思维方式在于构建新市场，而不是在固有的市场中竞争。

---

① 明兹伯格、兰佩尔，《反思战略过程》。

② 也许亨利·福特并不完全是这么说的，但这是一个关于创新的象征性观点。参阅沃拉斯科维茨，《亨利·福特创新和"快马"理论的引用》。

③ W.钱·金、勒妮·莫博涅，《蓝海战略》。

另一种说法是，竞争是为失败者准备的。[1] 成功的商业发展一定要旨在构建未来，在新市场中建立垄断，不仅要一直垄断下去，还要让企业免于坠入竞争更激烈、利润更低的市场。这要求整个组织都有企业家的素质，而真正的战略规划旨在参与市场竞争，而不是企业管理主义者手里的性能工具、僵化定位、内部政治斗争以及复制别人。

反对改变的"守门人"

公司丑闻和金融危机产生了新的、更严格的规则，原因自然是有人认为规则还不够多。然而实际情况是规范并没有得到改进，甚至只是变得更复杂（见第六章、第七章）。为了应对法规的复杂性，近年来比较受青睐的方法是增加合规官的职权，促进企业内对规则的重视。这种方法不仅限于金融企业。大多数企业中，合规官的角色地位都在提升，尤其是大型企业，这可能是几十年来企业中发展速度最快的职位，《华尔街日报》称之为美国"最热的工作"。看一下合规官的职位和工资增长，你就知道原因了。在过去 10 年里新增了约 7.5 万名合规官，并且他们的工资在不到 5 年的时间内增长了 20%。[2]

这些都是合乎逻辑的。"华尔街怎么还不进监狱？"记者马特·泰比在著名的杂志《滚石》上的一篇文章里针对最近的危机，这样质问道。[3] 沮丧是可以被理解的。当危机爆发，金融的沼泽干涸，每个人都能看到隐藏在水下的树桩和垃圾。即使大部分是合法的，或者至少是不违法的，也有很多可以作为案例，证明多数金融公司的产品都太复杂，没人真的理解其背后的机制，或者会对公司稳定性产生怎样的影响，更不用说整个市场了。

---

[1] 蒂尔、马斯特斯，《从 0 到 1》。
[2] 米尔曼、鲁本菲尔德，《合规官：梦想职业？》。
[3] 马特·泰比，《为什么华尔街不进监狱？》

大家都开始寻找替罪羊。和以前的危机、丑闻一样，比如安然和世通公司的倒闭，立法者通过改变法律和规则来应对。《多德－弗兰克华尔街改革和消费者保护法》在次贷危机仅仅几年后施行。在欧洲，金融危机几年之后，欧盟机构自诩他们提出超过"40条立法和非立法措施，为全球金融体系构建新的规则"，包括审慎监管和保护消费者法规。[1]

可以肯定的是，每个组织都需要执行代理或合规人员来保护规则和秩序。合规是核心功能，并且企业随着自身的扩张和复杂化，对合规的需求指数会上升。这些代理——比如律师、审计师，也常有其他背景的人——确保公司符合法规要求、遵守法律，以及当法律和规则模棱两可的时候也能积极应对，还有遵循内部规则。他们扮演着重要的角色，特别是考虑到欺诈行为，这是一种在任何经济组织中都不同程度存在着的现象。甚至在施展商业抱负和市场表现方面，合规有时也是很好用的。

然而现在却本末倒置了。公司里的合规人员由于不知道企业该往哪个方向发展，只会因为自身对监管和控制的需求而加剧官僚主义和管理主义，还有最重要的一点，就是他们会量化分析企业的方方面面。企业被管理主义者牢牢掌控着，被无数个需要定期维护的数据表格监管着。他们这样做是基于这样一个假设，用哈耶克的话说——虽然刚好与他的观点相反——就是，"看起来正确的知识"比"正确但不完美的知识"更好。[2]

合规人员自然遵循着这一理念，因为他们需要保护自己。他们别无选择，因为他们的角色就是替罪羊。当问题或者丑闻发生时，公司，甚至包括监管机构将"盘点嫌疑最大的人"——而那些"嫌疑最大的人"就是防止公司出现判断错误、失误和丑闻的官员和团队。因此，随着权力的提升，以及所谓的

---

① 欧洲委员会，《金融改革的进展》。
② 哈耶克，《知识在社会中的运用》；哈耶克，《似乎有知识》。

"预防性法律"开始施行，[1]之前负责监控法律相关事务的合规人员现在将枪口对准了任何不符合他们要求的人。他们汇报的工作多了很多，并且承担了新角色，按照成文和不成文的规则和规定来监督公司。

但是这种心态会侵蚀企业文化。管理层和员工会害怕不确定性，合规人员自己也会躲躲闪闪。过于复杂的内部规则开始施行，然而只能传递责任，因为没人真正知道复杂环境中规则的意义。因此责任变成了泡影。规则手册包含针对每个意外事件的应急预案，却容不下变化，没考虑到人的无知。而它们也去除了奈特关于不确定性的想法。无论什么事，经理人都倾向于听取合规人员的建议，而如果他足够谨慎，知道这一切最后会归在谁头上，他就会明白，无论什么问题，最安全的答案就是"不"。

甚至制定预算的过程也越来越像不同势力之间的政治斗争，通常冠以避免将来承担罪责或是应对合规审查的名义。对于在这一过程中没有拿到预算的人，或者没有达到期望值的人，就相当于职业生涯的终结。避免它的方式不一定是精通业务，而是应该早在进行任何业务之前，管控好对预算的期望。因此，经理人将很多时间花在管控期望，以及交付计划好的、合规的结果上，作为他们留给未来的馈赠，而不是关注如何精通业务上。时间都用在构筑避免可能的偏差和批评的体系结构上，而不是构建能超越期望值的业务上。如果大多数经理人都以同样的方式思考、行动，整个公司就失去了竞争的活力。

合规人员的职责范围近年来扩大了很多。更严格的立法、不断增长的市场，以及监管的复杂性推动了贸易的兴起。[2]"合规人员的时代到来了。"最近《金融时报》这样说道。[3]麦肯锡咨询公司表明，第三版《巴塞尔协议》仅在

---

[1] 米尔曼、鲁本菲尔德，《合规官：梦想职业？》。

[2] 勃朗宁，《为什么首席合规官比以往任何时候都更重要》。

[3] 弗莱明，《合规官的时代到了》。

欧洲就将要求银行新增 7 万名合规人员。[①] 据美国联邦登记机构调查估计，《多德－弗兰克法案》生效后，一年时间施行的 30 条"规则"（不超过全部"多德－弗兰克规则"的 10%）将要求美国的银行每年额外增加 2 260 631 个工时。[②]2014 年，普华永道的一项研究显示，美国各个行业内几乎 50% 的企业合规人员都增加了，只有 5% 的公司减少了。[③]

对某些认为监管对企业的活力、经验和创新没有积极影响的人来说，这的确是个坏消息。合规人员具有监控、监视每一个角落的权力，不仅加强了管理主义，还让公司对不确定性更加敏感。就像过量摄入药物一样，过量使用合规会使好的事情变坏，还会毒害企业的血脉。忽略或者拒绝合规人员建议的 CEO 会引来批判，而拒绝改变的 CEO 总能与合规人员建立同盟。企业的目标需要试验和创新，而这与合规人员的激励体系并不一致。合规人员经常发现，自己阻止创新不会有任何损失，支持创新又不会得到什么。就像过于复杂的规则会导致医生过量使用药品，合规人员职责的模糊也会使企业过分依赖定期的合规检查。

这种心态给机械化的企业文化创造了更大的空间，也强化了将不确定性转化为可计算的风险这一习惯。公司经常将它们的工作转化为数字，没了数字，企业无法经营，甚至无法存在。可以量化的工作就可以完成，尤其是只关心数字的企业。数据能反映出工作水平，并能让经理人和工人更加专注。然而数字可描述的范围是有限的，而数学函数最无法表达的，就是未来。大家都说"预测是很难的，尤其是预测未来"，虽然未来可以通过好的或坏的方法去猜测或估计，但也仅仅是猜测、估计而已。

这种追求数据的本能还有许多其他来源。然而，对于许多公司来说，追

① 哈勒等，《巴塞尔协议 III 与欧洲银行业》。
② 金融服务委员会，《一年后：多德－弗兰克法案的影响》，第 13 页。
③ 普华永道，《人员配备和预算都在增加》。

求合规的心态对可控、数据化未来是非常紧迫的需求，但越来越多的迹象表明，通过数据规划未来已经失控。以过去几十年在医院里如日中天的表现测试为例，专业人士会被表现测量压得不堪重负，比如一项研究显示，医生在急诊室一天繁忙的10小时工作中，共需要点击电脑鼠标4000次，要花44%的时间输入数据，只有28%的时间用在患者身上，这一事实很难否认。[①]

想想有多少公司在投资时经常依靠量化估值工具，比如投资的净现值，或者使用打过折扣的现金流模型进行计算。定性分析方法基本没有地位，即使大家都知道对投资进行的定性衡量至少要与定量衡量一样重要。也许就应该是这样，至少它使投资决策变得更容易，或者招来更少的批判。然而这样做的风险在于，忽略不可计算的目标可能促使企业做出错误的投资选择：当处理关于创新的投资时，这样的忽略变得过于机械化，可能会产生特别严重的问题。

哈佛大学的"创新大师"克莱顿·克里斯坦森和他的同事们认为，使用标准的量化评估方法会让经理人低估了对创新进行投资真正的回报和效益。[②]换句话说就是，企业会面临由于错误预测未来而无法估计未来现金流的风险。但更有趣的是，在对当前投资进行定量建模时，缺乏远见的公司会对不进行创新投资的后果过于乐观。企业就是无法认识到投资收益会下滑，还会加速，而且产品不是线性的，而坚守旧的技术或商业模式又会加剧这一趋势。对当下过于乐观是人类的特点——如果旧的技术或商业模式被视为沉没资本的话，对于企业来说便是如此。此外，如果选择维护旧事物而不是投资新事物，高层也不必向资本市场解释为什么需要引入新资金。

管理通常侧重于短期，而不是考虑长期。克里斯坦森和他的团队说明资

---

① 希尔、西尔斯、梅尔森，《4000点击》。
② 克里斯坦森、考夫曼、施，《创新杀手》，第1—2页。

产的可用寿命"比其竞争寿命长"，经理们在担心资本市场的反应"可能会拖延新技术的施行"时就暗示了这一点。[1] 这样，在很多企业里，数字变得比业务本身更重要，成为业务的主人而不是仆人。对于企业的数字游戏以及市场相关需求没有经验的人来说，这种行为看起来会有些怪异。但是有经验的人会明白，一名普通的管理者会为了保证数字稳定增长而去破坏经济价值。

2005 年美国一项针对首席财务官的调查显示，75% 的经理人会"牺牲一些经济价值换取顺畅的回报路径"。此外，参与调查的 401 名高管中大约有 80% 的人会"减少自由支出"，包括研发预算，以避免当季的利润考核无法完成。为了解决同样的问题，有一半的人会选择推迟项目，即使会造成损失。[2] 至少对某些人来说，数字已经变得远比真正的经济价值重要，它以一种奇怪的方式，已经成为变化、不确定性以及大胆创新的壁垒。

① 克里斯坦森、考夫曼、施，《创新杀手》，第 4—5 页。
② 格雷厄姆、哈维、拉格帕尔，《公司财务报表对经济的影响》。

第五章

全球化进程与其两面性

——"阿尔特·范德列"是干什么的?

——他是个搞进口的。

——只搞进口,不搞出口吗?

——搞进出口的,行了吧?!

——杰瑞·宋飞和乔治·科斯坦萨

在《宋飞正传》中的对话

垄断带来的众多利润中,最棒的一点就是能安静地生活。

——约翰·希克斯,《垄断理论》

现代世界对大型跨国企业的憎恨方式可谓层出不穷。西方民众认为这些大企业都避税、污染环境、和政客关系密切。① 《经济学人》曾经称这些大企

---

① 蒙哥马利,《世界对资本主义的看法》。

业为"大家最爱的怪物"①，如果关注一下关于全球化的辩论，你就会发现，这个怪物还能联合左翼和右翼：左翼寻找反对民主的阴谋，而右翼则认为企业精英们在破坏传统社会秩序。②在西方的经济民粹主义盛行之风中，只有少数人认为大型企业，或者说任何企业，对社会是有好处的。

很容易看出，在近年来的经济危机中，人们对大型企业的诟病与日俱增。但跨国企业也显示了另一个更加明显的特征，那就是它们并非完全如人们印象中那样，是无法无天的冷血机器，会消灭前进路上的一切障碍。最近，正是这些贸易巨头——虽然也有一些例外——出现竞争加剧，尾大不掉、官僚主义盛行，而且好像不觉得未来有什么值得期待的。至少这些贸易巨头是觉得日子过得太幸福，没必要研究什么能改变战局的创新，也没有在现有市场或者其他市场提高竞争力的需要。在许多领域，大型跨国企业与日俱增的影响力愈加呈现了减缓市场活力的作用，并且打击了企业内部的试验精神。创新竞争壁垒没有降低，反而有所增高。许多跨国企业出现了模式化思想的增长，全球化反而助长了管理主义温床的形成。

每个跨国企业都有其独特性。它们来自世界各地，特征各异，股东回报制度也各有不同。有些企业历史悠久，有些则不同——正如有些成功，而其他则不然一样。但抛开许多空想家的冷血排斥，真正让他们联合起来的，就是全球化和这10年来全球化所拉近的距离了。

首先，跨国企业是国际贸易和外商直接投资中的重要部分，也正是它们探索国际市场的能力勾勒了全球化的规模和范围。从某种程度上来讲，跨国企业和全球化的进展可以说是同步的。

其次，跨国企业在很大程度上重塑了生产和组织机构，西方经济中，企

---

① 艾默特，《每个人最爱的怪物：跨国公司调查》。
② 可参阅克莱恩的《颠覆品牌》、拉什的《精英的反抗》和勒特韦克的《涡轮式资本主义》等。

业已经少有可道形之处了。跨国企业提高了经济效率，在引领落后国家来到技术前沿上的作用尤为突出。在全球化时代中，跨国企业的地位与日俱增，对任何规模的企业都有影响，甚至包括小本经营的夫妻店。企业运营的发展历史，也是人类智慧和组织才能的发展史。第一次踏足跨国企业，绝对是一种震撼体验。今天的跨国企业已经久经世故，远非 20 年前的国际公司所能比。

最后，全球化也导致大型企业自身发生了改变，在市场、创新竞争上变得相当保守。几位经济学家在一次研究中取笑道，跨国企业很像阿尔特·范德列，即电视喜剧《宋飞正传》中乔治·科斯坦萨的第二自我，也是他想象出来的朋友。[1] 像范德列先生一样，跨国企业现在扮演的正是一个进出口商的角色。从某种程度上来讲，类似一个巨大的物流枢纽——只是用了相同的品牌、技术、开发和内部金融市场。这种改变也让企业不得不对自己的竞争力进行重新评估，以期在竞争中保全自己。

这场企业变革中的资本主义和创新值得我们认真讨论。本章表达的观点是，过去 10 年来全球化的加速，导致企业将资源和竞争力重新分配到了打造不倚重创新的组织和商业模式的方向上。全球化有两个性质，或者说全球化是两面的，它的第一面影响的是适应和市场复兴。而它的另一面，改变了资本主义。自"二战"末期起，全球化就使得地区或者全国出现了更多竞争，这种竞争主要就来自跨国企业。竞争加速了创新进程，包括技术扩散和市场失衡两方面。

而全球化的另一面，影响了由腐朽的官僚主义企业控制的饱和市场，这种影响作用的产生相对较新。过去 25 年来，这种影响一直在世界经济中与全球化的第一面并存，却在逐渐削弱适应、试验和市场竞争力。跨国企业的策略重心从市场竞争变成了保全自己的地位，这也是因为价值链的断裂逼迫企

---

[1] 伯纳德、詹森、肖特，《进口商、出口商和跨国公司》。

业不得不将企业边界拉近其所有权优势。它的优点很明显，尤其是允许了企业提高了其专业性。企业可以将价值创造中更弱势的部分外包给其他企业，从而集中资源发展核心价值。

然而，这一过程也导致许多企业更强调对终端用户的控制。从这个角度来讲，全球化的另一面其实助长了企业的官僚主义和对试验创新的保守态度。许多大型企业规模越来越大，更滋生了对创新和竞争的模式化思维。被这种思潮影响的企业，逐渐将创新当作了技术输入，而不是市场适应能力和试验创新。大型企业早在全球化另一面出现前就已经滋生出了官僚主义，只是这种思潮现在占据了主导地位。那些曾经重视创新的企业，也逐渐产生了对创新的恐惧。全球化这一面带来的矛盾在于，虽然引进了更多竞争，却压缩了竞赛市场的空间。

全球化带来的两种不同作用力在两段全球化阶段中也有体现。第一个阶段体现在大型企业的横向扩张——产品基本相同，只是分成了新的地域市场。自20世纪60年代起，数十亿来自亚洲、欧洲和世界其他地域的人都进入了世界经济，而且他们期望的产品，和发达世界别无二致。只是他们想拉近和前沿经济的差距，成为企业"扩散机器"的终点。跨国企业很快做出了响应。

第二阶段，也就是从20世纪80年代起，全球化促进企业进行纵向发展，对其价值链进行了相当规模的重组；全球化也变得愈加多样化，在服务和新兴市场中扮演了重要角色，并从中引导、汲取资源。于是企业加速了对所有权优势的转移，让整个生产结构去适应全球化之后的供应和价值链。在全球化第二阶段的顶峰时期，大型企业的领导者都面临一个巨大挑战，就是吸收、利用不同地域带来的比较利益。

全球化的两面和两个阶段，都是跨国企业在引领，而跨国企业也因此加强了自身的管理主义风气。显然，并不是全球化滋生了官僚主义文化，但是在全球化进程中，管理主义风气确实有所滋生，尤其在第二阶段中。全球化进程从市场转移到了企业，世界也进入了企业全球主义时期。这个阶段对企业最大的要求，就是理解经济专门化的能力。而且这个阶段刺激了企业并购，因为企业需要扩大规模，才能从不断增长的全球经济中抓住专业化带来的利润。世界对创新和煽动"创造性毁灭的永恒飓风"的企业的需求本来就小，随着企业转变成了物流枢纽，这种需求自然缩减得更厉害了。高管猎头寻找的不再是埃隆·马斯克，或者马克·扎克伯格这样的企业家，更不会让他们在跨国企业中身居要职。他们要的是在优化、管理、物流、资本市场和其他企业关键运营功能领域的专业人才。引用约翰·肯尼斯·加尔布雷思的话，他们想要的，是来自所谓管理主义的"专家阶层"的可信任的合作伙伴。[1]而这些合作伙伴，是规划师，不是企业家。

从这个角度来讲，全球化有助于避免西方经济走入熊彼特口中的资本主义。确实，全球化在潜移默化地植入一个经济更自由、更具有连通性的思想——一个由全球化培育出来的、一同发展的，并依靠真正的全球化扩散出去的世界观。全球主义，或者说全球化的另一面，则是将创新活动降为"例行事物"。在过去 30 年里，运输成本下降，数百万的新用户和从业者流入市场，企业组织得以优化，并从中获利。不过，是否成为"例行事物"，也和企业自身如何理解全球主义及其驱动原则紧密相关。

本章内容由此开始：对支持全球主义者的世界观和其愈加明显的可预测性——这是对风险而不是对不确定性的预测，是对市场稳定性而非市场可竞争性的预测——的深入探寻。之后我们将一起进入全球化经济世界，一方面，说明了全球化如何改头换面，即全球化的两次分化；另一方面，联结了一种致力于保持自身市场地位，而非以具有竞争力的创新占领新市场份额的企业行为。全球化，一言以蔽之，是经济世界的一笔意外之财，却也改变了西方资本主义。

---

① 约翰·肯尼斯·加尔布雷思，《新工业国》。

全球主义者的世界观

从 20 世纪 80 年代开始,全球化世界观的核心特征就一直是一群聪明人想办法让经济生活变得更加简单。经济世界由现代数学驱动,由企业高管、金融工程师、麦肯锡魔法师、中央银行家、财务部和有电子表格学院高级学位的人们掌控。有了全球化的帮助,他们已经破解了现代经济增长的密码,不再受过去顽固的宏观经济的困扰,当然更不用说体系危机了。未来只有一个方向——笔直上升。这种未来是可以预见的,就是——引用一本全球化必胜主义者的书名——《完美未来》。[1]

很长一段时间里,全球主义者中,世界观最突出的就是艾伦·格林斯潘,美联储最具远见的主席,掌控央行系统将近 20 年,被鲍勃·伍德沃德称为"大师"。[2]格林斯潘因为分析了大量经济学统计资料、数据,以控制美国经济,管控失衡、泡沫、危机和其他威胁经济的因素而名声大噪。与他的自由主义意识形态和一向主张谨慎存疑的公众形象相反的是,格林斯潘称中央银行就是经济家长,是一个能保护、指引经济,甚至控制经济命运的强权。

在比尔·克林顿的经济团队中,格林斯潘有位志同道合的同僚——罗伯特·罗宾。在成为财政部长前,他一直掌管着白宫的经济政策,是自由派人士,却也赞同格林斯潘对知识的见解,与格林斯潘一起被《时代周刊》誉为"拯救世界的团队"[3]——在 20 世纪 90 年代多次金融危机中,一个在美国金融界占据重要位置的、威胁要撕裂世界经济的团体——的三个市场巨人中之二。他们二人十分认可对方的世界观,承认不确定性的世界观。但罗宾并不为这种不可预测性所困扰,因为智慧之人都有克服这种困扰的认知工具——"概率

---

① 米可斯维特、伍尔德里奇的《完美未来》优美地描述了凯旋式全球化的基调和实质。
② 伍德沃德,《大师:格林斯潘的美联储和美国的繁荣》。
③《时代周刊》之《拯救世界委员会》。

决策"。罗宾在哈佛大学学习过，20世纪60年代又在高盛投资受过打磨，在不确定的世界，他透过概率的棱镜看经济政策，将不确定性变成可计算的风险，并通过自我击败式的测试将其转化为已知的情境。[①]复杂的经济其实可以简化——用理性主义，加上政府干预，就能避免经济冲击和经济危机。

格林斯潘和罗宾，意识形态主张完全不同的两个人，成了同一时代的象征。两人由对市场力、金融领域的无限增长和全球化的重生的信念驱动着，那曾是一个对打造国际和平、自由和跨境交易背后的繁荣，还有投资和资金流的稳定系统充满憧憬的时代。虽然资本主义已经变成了灰色，但流入企业领域的资金流会分散风险。世界也将更加安全，不用再担心有贪婪的投机金融家盯着货币和国家。从某种程度上来讲，跨国企业成了和平和自由的商人。将经济体联系得更加紧密，接受世界上以前曾经闭关自锁的国家，跨国集团已经不再是剥削遥远国度的自然、人力资源的坏人。它们已经有了更高的追求。

全球化是个诱人的想法。显然，全球化时代有资格在史书上占据中心地位。市场得到了解放，通货膨胀得到了控制，新生生产力得到释放，货物价格下降，收入有了真正提高。其一，新打开的市场率先得到了很好的机会，有了输入来源，有了能大幅降低成本的生产方式。这就是中国和其他亚洲国家进入国际市场的方式。其二，它们成了自己的重要市场。这些市场不是小型的次要经济体。它们规模很大、人口稠密。过去40年来，数十亿人打破了贫穷的牢笼，尤其是在这一时期的第二阶段中。这是一个展现经济组织的转变能激发人类潜能、带来繁荣的绝佳范例。对许多国家来说，这个时期的开始就是西方的工业革命。对它们的经济体来说，这是它们的零点，或者称为德语中所谓的"绝对零度"（nullpunkt）。

---

① 罗宾、韦斯伯格，《在不确定的世界》。

如果要说这个时代是弗里德里希·哈耶克、米尔顿·佛里德曼，或者其他自由市场资本主义意识形态的人的构想，那也是痴人说梦了。很显然不是。在全球化加速时期，成熟社会的政府 GDP 中，税收和花销占比都有大幅增长。全球化并没有导致政府缩水。新兴的全球管制系统也不是新自由主义的代名词，它其实是种"内嵌式自由主义"——一种凯恩斯主义和社会民主主义的管理模式，而不是自由化国际事务——在指引政治①。世界的经济自由在扩张，法令法规也发生了变化。但是法规并没有被废除；彭勒蒙学会，忠于经典市场自由主义的团体，也没有接受这种法规改革。

全球化第二阶段中，还有一条平行于市场自由的潮流，那是针对有能力掌控复杂的经济总量这个理念的聪明人重新构建起来的信念。格林斯潘与罗宾这群人和其他坚信通过数学方法看待经济生活的人，一起预言了一种政治创造、管控下的经济和谐态。他们为全球经济铺下了路——至少他们自己这么说。他们不仅能决定它的走向，还几乎可以控制时刻，就像瑞士列车调度员对列车时刻的控制一样精准。

但这种所谓"掌权者"的概念——引用亚当·斯密的话——逐渐滋生了傲慢。人们认为，金融危机能由中央银行无所不在的天才解决，如果危机出现，或者泡沫破灭，他们随时准备着用流动资产充斥市场。像 1997—2007 年在位的英国财政部长，后来成为英国首相的戈登·布朗，这样一位充满信心的财政部长，称经济繁荣和萧条的生猛力量已经疲软。华尔街炼金术士和骗子们以为他们能找到贩卖垃圾债券的万无一失之策，哪怕追逐安全资产的资金越来越多。他们的集体历史性成就就是让世界经济有了可预测性。

这种观点、经济政策的精神和它召集的行动，在一场经济危机中以一种非常投机的方式瓦解了。这些所谓的"掌权人"构筑的世界模型太依赖近

---

① 鲁杰，《国际制度、交易和变革》。

代历史，没有考虑到巨大的系统性金融危机，或者其他能改变经济方向的大事件带来的概率性因素。这种危机出现的历史不长——以这个长度的长期视角来看，西方经济在过去几十年大多低增长，都只是可控的小问题。他们也不认为，危机是他们自身的行为导致的——就像超速经济增长，"格林斯潘对策"（用危机中的流动资金支撑证券市场）和被误解的银行条例——更别提他们的经济世界观中最基本的原则：对理性主义几乎无条件地信任。如亚当·斯密在描述掌权者系统缺陷时所说，他们是"在他们自己的幻想中，无疑是智慧的"[①]。

虽然全球主义世界观在信仰者之间也存在多种分歧，但最终还是被认为是一种具有类似机器化期望的经济行为。它的追随者着迷于它提出的简洁推理。这种世界观成了一种自我强化型的推论，也就是今天的经济行为将和昨天一样，而明天，又会和今天一样。这种估计成了预测经济行为的导向、商业获利的公式。除了 2007 年 9 月的经济危机，聪明人能掌控经济总量的这个理念还没有受到过挑战。人们期待的结果是，他们可以让经济危机成为一段小插曲，游离于主流之外的一个例外。大萧条爆发几年后，人们相信，经济很快就能像瑞士的列车一般再次精准运行。但事实并非如此。

全球化的猛烈进程

全球化中的多种意识形态不仅是信念，也有实质性内容。自"二战"以来，贸易和投资就一直处于不间断的增长中，看起来它们只有加速的可能。几十年来，宽松的经济自由驱动了坚定的全球化进程，企业也迅速从中找到了获利方式。两股力量加速了全球化进程。

---

① 亚当·斯密，《道德情操论》。

首先，新市场打开，并且登上了全球经济的舞台。传说中行情更好的新兴市场具有十足的吸引力，但全球化不是 1978 年才开始的，也不是中国走向市场经济的实验性的第一步。这个时代早在"金砖四国"（巴西、印度、俄国和中国）、"新工国家"（新兴工业化国家），甚至"亚洲四小龙"（中国香港、新加坡、韩国和中国台湾）进入国际市场前就已经存在了。很长时间以来，全球化的圈子都很窄，以大西洋东西两岸的贸易和投资事务为中心。20 世纪70 年代，贸易发生了跳跃性增长，如果贸易根据通货膨胀做相应调整，那在20 世纪 80 年代的增长将更加剧烈。

其次，运输业和其他贸易的成本因为新技术，尤其是货运集装箱的产生而大幅降低。开始于 20 世纪 60 年代中期的国际贸易集装箱化，在 10 年的时间里广泛传播，让大型企业领略了生产、竞争的新模式。[①] 集装箱化并没有削减运输的主要成本，它是将货物锁在了更安全的箱子里，虽然没有根除隐患，但也让贸易不再为偷窃、损毁所困扰。纽约的码头工人之间曾流传着一个笑话，说他们一天的工资是 20 美元外加他们能偷走的所有威士忌。但集装箱化结束了这些小偷小摸，使码头生产力激增，从 1965 年的集装箱化前的 1.7 吨每小时的速度，激增到 1970 年集装箱化后的 30 吨每小时。[②]

这两个因素都为 20 世纪 90 年代真正的全球化繁荣铺了路，接着是又一拨技术和自由的新潮，降低了市场整合壁垒。冷战结束，人们纷纷选择各自的民主政治。中国和印度的改革让自己与世界经济的联系更加紧密。一个新国际贸易协议将含糊的关税和贸易总协定（GATT），变成了世界贸易组织（WTO），建立了新国际市场规则。洲际北美自由贸易协定减少了与美国、加拿大和墨西哥之间的贸易壁垒。欧洲诞生了单一市场和洲际沉睡经济体，在

---

① 莱文森，《集装箱改变世界》。
② 伯恩霍夫、埃尔－萨赫里、科内尔，《评估集装箱革命的影响》，第 9—10 页。

北欧产品市场解除管制后，因遭遇更大的竞争而觉醒。

在贸易和投资领域可以清楚地观察到全球化的猛烈进程。全球贸易的增长速度远远超过了全球 GDP 增速——而外商直接投资的增长也持续高过贸易。20 世纪 90 年代，商品贸易总量增长了 6.5%，而 80 年代的增速仅不到 4%，这还比全球 GDP 的增长速度快了 3 倍。[①] 贸易增长在 21 世纪的第一个 10 年里有所减缓，只有 4.3%，大萧条开始，减速趋势更甚。这快速增长的背后，最重要的因素就是新兴市场的资源和贸易去向的增加，尤其是中国在全球经济中的参与。中国在全球出口中的份额在 1990 年到 1996 年间翻了一番，之后分别在 1996 年到 2001 年间、2001 年到 2006 年间再次连翻两番。[②] 对中国和其他国家来说，这种发展着实非凡。根据购买力计算，2014 年中国的人均 GDP 相较 1990 年翻了 13 番。[③]

全球化给商界带来了剧变。对于想保留市场份额的企业，想不上全球化的花车都是不可能的。如此看来，那一代企业的主题曲叫作《不全球化只有死》，也就不奇怪了。经济合作与发展组织前领导甚至借达尔文的话表明了他的态度，那就是：企业和国家的唯一选择就是，要么全球化，要么成为历史。[④] 全球化，成了唯一的选择。

而且，对于西方企业来说，全球化也是增长利润的绝佳策略，这自然也就解释了企业为何如此自然地接受了全球化。全球化为整个西方世界带来了企业利润的增长，尤其在经济危机的后半段告终，回归资本。当然，利润在各个企业和国家之间的增长并不是平均的，这是因为政治和经济结构的不同，还有不同国家之间的区别，对企业和国家在全球化时期中的表现都是至

---

① 作者的计算基于世界贸易组织的统计数据库。

② 同①。

③ 作者的计算基于世界银行的世界发展指标。

④ 约翰斯顿，《要么全球化，要么僵化》。

关重要的。西方的利润率总体上呈均值回归趋势（从长期来看走势趋向于均值），^①许多西方国家的企业部门在这10年间都显示了很高水平的利润率（参考图5.1），像德国、英国和美国这样的国家，甚至在利润率上显示了明显的增长趋势。

备注：贬值企业利润率、利率和税收计入 GDP
来源：美国经济部分析局；英国国家统计局；德国联邦统计局

图 5.1　美国、英国和德国企业利润率占 GDP 的百分比

　　过去10年来，在利润率上出现的转移是有许多因素的。显然，一些比较重要的因素是更大范围内的宏观经济条件，以及政治家根据全球化的节奏调整的政策。然而在这片错综复杂的领域中心有一个简单的事实，那就是一个国家的历史和工业结果将决定全球化能为这个国家带来的繁荣程度。成功企业通常来自有国际贸易血统和有闯入世界市场渊源的国家。最重要的是，它们的工业结构和支持这个结构的政策，都和全球化时代产生的需求、新兴市

---

① 史密瑟斯，《复苏之路》，附录 2。

场的发展轨迹相吻合。同样重要的是，它们的工业结构能将进入市场的外国劳动力带来的成本优势和它们产生的新成本效率输入内化。

德国，欧洲的超强工业经济体，就是工业全球化的典范之一。该国的企业自 20 世纪 90 年代至经济危机出现期间，展现出了可观的边际利润增长。从 20 世纪 90 年代中期开始，德国的边际利润开始下降，导致这种情况的部分原因是国内缺乏弹性的劳动力市场。德国统一后，劳动力成本激增，这是因为东德跟西德的生产力相差甚远，薪资福利却渐渐赶上了。德国的非金融公共企业部门将利润率水平降低到了其他欧洲国家的水平，诸如法国之类的水平——占 GDP 的 30% ~ 35%。然而，20 世纪 90 年代后期到后来的经济危机爆发期间，德国的利润率一直稳步增长，在 2008 年达到顶峰，大概占比40%，比同期其他欧洲大陆国家高出许多。[1]

可以肯定的是，德国企业的繁荣并非因为国内需求的增长。德国国内需求增长在这一时期一直趋缓，随着人口老龄化，"人口偏好"趋向于存款是一部分原因。德国的高消费税和僵化的服务部门也让消费者更加趋向于存钱而非消费。所以，德国的个人消费增长一直低于其他欧洲国家，有段时间，德国一直被称为"欧洲病夫"[2]。

德国企业通过劳动力市场改革和全球化，恢复了健康的利润水平，这在危机时期一直加速进行着。德国的出口急速增长，德国的贸易顺差也维持了15 年左右。然而，德国的进口也有所上升，因为德国企业将自己和全球价值链紧密联系了起来。德国经济学家汉斯·维尔纳·辛恩将这种新型德国经济称为"集市经济"，[3] 指外贸与国内贸易的前后交替。[4]

---

① 对比可参阅勒布伦、鲁伊斯·鲁茨的《法国、德国和比利时的需求模式》，第 5 页。
②《经济学人》之《欧洲病夫》。
③ 辛恩，《病态的出口繁荣和集市效应》。
④ 艾切勒、费尔伯迈尔、海兰，《纽埃斯·冯·德巴沙尔科诺米》。

相比于德国，法国从全球化得到的收益就少些，为了内化进口输入成本优势而产生的出口和全球化生产结构的新机遇尤其少。像德国企业一样，法国企业在整个战后时期，从投资和更大的贸易风险两方面进行了国际化。然而，全球化最有意思的部分，其实是相对而非绝对的，比如此案例中，关键就在于资源是如何在经济体中进行重新分配，以增加全球竞争力这一点上。德国和法国之间的区别反映了工业结构更广泛的影响面、整个经济体中的总体竞争水平，以及政策权威对全球化的应对方式。简言之，企业以不同的方式进行国际化，而它们自身的结构决定了全球扩张的规模和范围，以及企业和国家能获得的规模和范围。[1]

"二战"以后，德国企业所在的工业环境存在一些针对企业的限制，法国开始了技术保护，继任政府更是偏好本土化技术创造和核心企业资产。法语的"dirigisme"就是政府对经济进行干预。20世纪60年代末期，一部影响力巨大的书，让·雅克·萨文·史莱坡的《美国挑战》（*Le Défi américain*）出版后，法国政府对经济的干预开始加速。本书普遍被认为是在呼吁抵抗美国技术和企业优势，但事实上，该书的理念是对美国企业非凡实力的颂扬。[2]

萨文·史莱坡的论文，关于"在技术、科学和管理学的战场上，文明的冲突"是对防御性政治干预的直接呼吁。法国当代政治家自此都对进军全球竞争的战场十分警觉。他们将这篇论文当作对进行更多经济干预的呼吁，但最大的影响并不是一场保护主义潮流。[3]保护主义泼的冷水的确冷却了经济发展的活力，但持续性的影响来自政府对法国所有权优势的热烈欢迎，尤其是对技术、研发服务和法国蓝筹企业的管理。但法国对核心价值创造企业资产的保护却适得其反，它渐渐侵蚀了法国的企业对进口其他国家的关键资源的

---

① 萨丽，《国家与企业》。

② 文·施瑞伯，《美国的挑战》。

③ 萨法利亚，《跨国企业与公共政策》

准备，最终，侵蚀了法国企业的海外竞争力。[①]

法国企业部门在全球化扩张的道路上持续走低。瑞士洛桑国际管理发展学院商学院近期发起的一项就 59 个国家针对全球化态度的调查显示，法国高管对全球化扩张的态度最为消极。[②] 法国工业出口部门和进口部门也都没有德国的部门那么全球化。虽然服务业比较成功，但法国工业的竞争力逐渐疲软，因为它没有，或者说没能从全球化中获利。而实际的扩张，也并不十分匹配全球需求——尤其是新兴世界疯狂增长的需求，比如中国。法国企业中的佼佼者，通常都是在全欧洲运营的。

其他欧洲国家，比如意大利和西班牙，和法国经历类似，在全球化扩张中速度偏缓。它们面对的外国竞争越来越激烈，但它们在亚洲的市场占领并不牢固，一部分原因是它们的工业结构，尤其是它们的出口供给和亚洲的进出口之间没有自然结盟。比如 2013 年，德国占据了欧盟对中国出口的 45%，比相邻的三个国家（英国、法国和荷兰）加起来都多。[③]

所以，在有外向导向型扩张传统和相应工业结构的国家，企业部门能借新兴市场得到扩张。它们也能在现有投资水准上实现生产规模扩大，争夺新的地理性市场，通过从低成本国家进口降低成本。德国和美国等其他全球化较为成功的国家，都拥有在这些产业中能力较强、增长较快的企业，尤其在资金、投资货物、信息与通信技术和商业服务这些领域。最重要的是，它们先前还有过在国际上扩张领域的经验，具备了快速进入增长型市场需要的特殊结构和技能，尤其是在新兴市场的增长顶峰时期。在美国，信息技术领域的企业，比如英特尔、微软和谷歌，很快把握住了国际市场创造的机遇，几乎是瞬间完成了跨国企业的转型。

① 邓宁，《商业全球化》。
② 瑞士洛桑国际管理发展学院，《瑞士国际管理发展学院世界竞争力年鉴》。
③ 汉萨库尔、莱文杰，《中欧关系》，第 2 页。

全球化的两个阶段：从规模到范围

全球扩张给了企业借助计划机器和技术架构取得成功的希望。在过去的数十年间，这是企业对世界各地新市场机遇的组织响应。出于多种原因，在全球竞争和打入初期市场的战斗中，规模大是优势，也是企业在生产全球化中获胜的关键因素，利用世界其他地方的成本优势削减其边际成本。引用加尔布雷思的话，企业规模与产业计划有"裙带关系"，现在依旧如此。[1]

显然，规模导向是全球化带来的最大经济利益之一，降低了商品价格，提高了福利。同样明显的，是全球化偏好规模大的企业，而非中小型企业。全球化，从贸易和投资角度来讲，在很大程度上成了大型企业的独有物。如一项对美国贸易的研究就表明，在 2000 年，美国出口贸易前 1% 的企业占据了美国总出口量的 80%。这其中一大部分贸易——进口贸易中同样有 50% 的比重——都是大型企业间的贸易，而非普通公司和独立贸易伙伴。[2] 联合国数据也显示了类似倾向，跨国企业占据了世界贸易额的 80%。[3] 欧洲各国，大多与多国接壤，贸易分布也就相对较多，但其差异却并不大。以法国为例，一小部分加入了更大的商业组织网络的贸易企业占了全国进口量的 2/3。[4]

随着全球化进程的继续，大型企业的优势越发突出——资本密集的企业或在复杂的市场中尤为如此。全球竞争的自然"壁垒"也逐渐升级，减少了新企业进入市场与其他企业竞争的空间。从某种程度上来讲，随着国际市场上全球化竞争越来越大，市场的固定成本（不根据生产规模变化的成本）和市场准入成本增加。更可怕的是，下游竞争成本的增长已经超出了许多企业

---

① 加尔布雷思，《新工业国》，第 38 页。
② 伯纳德、詹森、肖特，《进口商、出口商和跨国公司》。
③ 同②。
④ 阿尔托蒙特等，《贸易大崩溃时期的全球价值链》。

能承受的程度，它们要面对一个十分多样化的分配系统，涉及了不同的语言、法律、当地竞争、基础设施和风俗习惯。

接着全球化改头换面，开始以另一种方式影响企业，于是产生了新的竞争模式：企业供给和价值链进行了全球化和分裂，让竞争变得更加困难，除非企业有生产网络资源，能产生符合成本效益的输入和物流，在合适的时机和地点能保证输入。

全球性的成功，如同现在一样，需要企业不断优化组织和生产流程，还要有削减成本的长远目光，并且要持续调整结构，以迎合不同国家和地域的差异。对一个无法到达，或者无法维持在扩张生产前沿地位的生产商，选择全球市场方向就成了风险而非机遇。全球导向需要企业拥有能同时利用全球化提供的横向和纵向优势的技能。小型企业可以将动脉融入多种生产网络——成为更接近终端消费者企业的输入供应商。处于该网络顶端的公司，需要具备管理和保护多个且分散的生产网络组织所需的技能、资本和市场地位。

能否获得全球化潮流的入场券，已经不再由企业为市场带来的价值决定，而更多地取决于企业的市场地位和运营效率。全球化成功的关键不再是企业的技术创造或者创新能力，而变成了在负载网络中的组织和对市场的更好的掌控、领导能力。全球化需要的是科技主义者，而不是企业家。

生产网络的增长完全是基于全球化的特征进行适配的。竞争重心从国家转移到了企业，并引入了新的业务结构，以保护和利用核心所有权优势。虽然在 20 世纪 80 年代末期或者 90 年代初期，外包部分供给链给附属合作伙伴也并非什么新奇想法，但 90 年代初期产生的碎片网络，其规模和复杂性改变了企业全球化的性质。几个世纪以来，贸易一直遵循着 19 世纪初期大卫·李嘉图发展而来的标准红酒换布料的观念。国家之间交换的都是最终产品。国家各方面的能力和优势（相对和绝对优势）在决定这种贸易的真正结构上起到了重要作用。在这样的全球化中，产品集中化比碎片化占比更多，专业化程度基本与地理位置分布集中程度吻合。

贸易经济学家理查德·鲍德温定义过国际贸易扩张的两个不同时期，两个时期特征各异：全球化的第一和第二生产类别。[①] 第一类——制造最终产品的地点不再受与消费者之间的距离限制——存在于 1820 年（蒸汽机发明）到 20 世纪 80 年代中期，根据贸易成本的降低划分。某工厂生产的产品船运到另一个国家的关税大幅下降并持续降低。

第二类——各个生产阶段不再受距离限制——运输成本上的削减大于贸易成本的削减，尤其是在信息技术广泛传播后，碎片化生产的内部组织有了更高效率。运输成本的降低让企业得以大幅度扩张它们对外部输入的产品的使用，并且结合了能更好地回应市场的方式。而且，企业可以利用贸易以外的手段将各个重要部门进行整合。随着经济的数字化规模扩张，许多企业都快速把握机遇，进行各种新式整合，在企业内部，也在市场之间。今天，它们的数据流创造的价值，远远高于它们的所有货物能带来的价值。[②]

全球化的第二阶段和第一阶段的不同之处，在于生产和竞争的地理因素发生了改变：第一时期中，产区之间还存在重商主义竞争，而第二阶段则释放了生产阶段和输入生产商之间（在有形和无形因素，比如知识之间）的竞争。[③] 全球化的第一阶段中，企业通过亨利·福特式的专业化创造利润：生产碎片化，沿着流水线进行，但整体生产仍然隶属于同一公司。而第二阶段中，专业生产不再限于单一公司内部，而是根据市场优势进行调整，而非根据企业的优势。

企业很快对新机遇做出了回应。大型企业在员工、销售和资金化等方面

---

① 理查德·鲍德温，《全球化第二次分拆后的贸易和工业化》。

② 曼尼卡等，《数字全球化》。

③ 同①。

都有了进一步扩大。性质的转变更为明显，致使企业策略、竞争和创新发生了更大的改变。全球企业借新的供给方式，向对近距离和成本优势有更加精细的利用方式的价值链进行了"去中心化"。[①] 企业的贸易开始不仅限于部分产品和零件，还有了不同领域。[②] 如保罗·克鲁格曼在一篇著名论文中写到，价值链被"切分"，[③] 随着生产网络逐渐复杂化，企业对公司内部，或者来自与企业关系密切的附属机构的输入的依赖性增强，于是贸易总量也逐渐增大。[④]

新兴碎片化——并非完全改变，只是大体上——改变了企业的生产和价值创造模式。外包程度较高的碎片化生产网络中，近距离仍然十分重要，但利润已经不再依靠经典的生产方和消费方质检单贸易获取。[⑤] 首先，碎片化推动了母公司与子公司之间的企业内部贸易；其次，在新生产合同体系下，碎片化引起了"臂长"公司的内部贸易。[⑥] 企业内部贸易和合同贸易之间总需要权衡，二者因为在充足和碎片化生产上的影响被联合起来。[⑦] 二者都暗含着全球化第二阶段兴起的劳动力深层次划分的概念。

生产的对外贸易部分发生了激增，其原因在于这种经济一体化的新模式。比如生产一辆普通的德国汽车，对外贸易额从 1995 年的 21% 增加到了 2008年的 34%。[⑧] 再举个更有名的例子，完全碎片化的电子消费市场，也就是苹果的音乐播放器 iPod。[⑨] 虽然 iPod——像 iPhone 一样——完全是中国制造，但

---

① 德赛，《全球性企业的倒闭》。
② 鲍德温、罗伯特·尼科德，《货物贸易与任务贸易》。
③ 克鲁格曼，《世界贸易增长》，有关文献和贸易模式的资料，请参阅 WTO《2008 年世界贸易报告》。
④ 埃斯卡斯、伊莫马塔，《东亚的贸易模式和全球价值链》。
⑤ 胡梅尔斯、拉波波特、易，《垂直专业化的性质和发展》。
⑥ 兰茨和米鲁多，《公司内部贸易》。
⑦ 伯纳德等，《公司内部贸易与产品收缩性》。
⑧ 蒂莫等，《切割全球价值链》，第 104 页。
⑨ 德德里克、克雷默、林顿，《从全球价值链的创新中获利的是谁？》。

iPod 的附加价值中，中国只占大约 2%。换句话说，该出口价值的 98% 都是在国外产生的。美国——苹果公司总部所在地，苹果公司进行市场投资、设计、研发等的地方——得到了 iPod 附加价值的三分之一到二分之一。

其他国家也有类似情况。比如，东亚的贸易激增就与全球生产网络的贸易密不可分，但它们越富有，占领更大贸易商品附加价值的比率就越重要。[1] 在欧洲也是一样，跨国生产网络的兴起，使生产和贸易发生了革命性改变。比如，德国就通过所谓的"德国中心式欧洲供给链"[2] 和欧洲多个国家紧密联系在一起。欧洲中心国家群对德国的出口已经超过了它们对该地区其他国家的出口，而这些出口中，德国增值部分的占比也在大幅增加。[3] 从这个角度来讲，德国企业是在与捷克、斯洛伐克企业和附属企业进行频繁的贸易来往。于是这些贸易总量的原产国，与贸易的附加价值的关系变得越来越小。[4]

在今天的全球经济中，过去那种重商主义的贸易已经过时，政治手腕和贸易总量——或者说贸易平衡——不再能产生可观的贸易利润，或者从未可观过。竞争重心已经不在企业或者利用各地比较优势的原产国之间，而是遍布世界各地，产能刚好满足交付的碎片化运营企业之间的竞争，竞争对库存的需求非常少，而对时间、距离、营销和物流非常敏感。[5]

显然，全球化的第二阶段中，商品领域的权重要大于服务领域。全球化和碎片化供给链是占据生产业主要地位的一种现象。服务贸易占比一直小于商品贸易，而且服务产品的绝大部分，并未面临商品领域那样的国际化竞争。服务领域的贸易壁垒居高不下。

---

① 阿图库拉拉，《东亚的生产网络和贸易模式》。

② 国际货币基金组织，《德国 – 中欧供应链——集群报告》。

③ 关于欧洲出口商品的附加值数据，见阿玛多尔、卡帕列洛和斯特勒的《全球价值链：欧元区的看法》。

④ 斯特勒、圣奥林格，《中欧制造业核心》。

⑤ 诺德斯、皮纳利、格罗索，《物流和时间可视作贸易壁垒》。

但服务领域也是发生了变化的。随着价值链的全球化，服务业也渐渐出现了全球化的端倪。部分原因在于，某些服务贸易和商品贸易联系密切。经济学家们——一向缺乏语言天分的一群人——称之为商品贸易的"服务碎片化"，或者"服务化"。[①] 比如，一台汽车出口价值的1/4来自服务投入。[②] 还有正面体验了激烈的全球竞争的服务产业。电信网络服务产业一直是一个竞争激烈的市场，而且就是现在的在位者已经不具备曾经的创新性，市场也呈饱和状态，这种状态也没有完全改变。零售业、航空业和金融服务这30年来也发生了不小的变化，有时候这些变化，不仅有全球化的元素，也有熊彼特式创新的元素。不管这种情况是如何产生的，日益增长的竞争性让食品零售业、航空业和银行服务业变得越来越廉价而普遍化。

这些市场的地标变化也越来越频繁了。在欧洲，大部分变化发生在20世纪90年代，刺激了当时的竞争、生产和收入，但近10年来效果甚微。有趣的是，新的竞争和创新对市场秩序和阶级的改变并没有想象中大。拿我的祖国瑞典举例。银行业"四大领头羊"还是30年前那几家。1990年和今天的区别在于，银行发生了并购，市场份额有所增大。食品零售业市场也出现了新的竞争者，比如利德连锁超市，但统治市场的，仍旧是市场开放前就占领着统治地位的"三大巨头"。手机订阅市场仍然由20年前占据统治地位的三位玩家占领着（虽然其中一个被外资收购了）。

事实上，就全球化对竞争和市场可竞争性的影响这个角度看，服务业和商品业十分类似。也许没有表现出碎片化供给链的明显特征，但是服务业的企业行为，也因为企业对经济的主流外向导向型的趋向而发生着改变。服务业的全球化也有另一面。在这种全球化中，虽然企业提高了效率，促进了技

---

① 博丁、亨泽，《国际贸易和制造业服务化》；洛德法克，《制造企业出口服务的作用》。
② 国家贸易委员会（瑞典），《全民服务》，第9页。

术传播，却还是加大了企业和市场、大型创新还有存亡竞争之间的距离。这就是全球化悖论：它提高了经济效率，却又减少了竞争性创新的生存空间。

全球化改变企业界限

为了理解第二代全球化，理解它如何在刺激效率的同时减少了竞争性创新，并且从整体上催生了限制竞争的市场这些事实，首先我们需要理解产业组织，尤其是罗纳德·科斯这些产业组织的本质。随着企业规模扩大，生产走向全球化、碎片化，它们的确改变了企业习性，却没有改变其本质。它们的经营本质——没有更好的词了——还是服从着科斯定律，也就是上一章中我们介绍过的企业行为的源代码。

全球化的美，在于它削减了市场交易成本——而其结果，就是为生产重组创造了条件。这种转变还创造了企业平衡内外交易成本的新条件。企业得以外包很大一部分生产环节，贸易和运输成本的降低，也会降低市场交易成本。而且，现在它们还可以重新定义、组合核心资产，改变创造利润的策略。由此，全球化帮助企业对供给和价值链进行了"市场化"，帮助企业通过从自身组织中有选择地保留部分组织而获利。跨国企业也因此成了今天的物流枢纽。

但企业在"制造还是采购"这个决策上的变化，只是全球化对企业和资本主义影响的一方面。同样重要的，是企业如何利用那些，因为不用再考虑如何让以前的内部生产具备竞争力而节省下来的能量和注意力。跨国企业开始改变它们对企业界限的定义，将重点放在了交易成本仍旧居高不下的生产流程上。[1] 投入供给、零件、知识、数据和其他产品生产中的中心部分上的竞

---

① 格罗斯曼、哈特，《所有权的成本和收益》。

争压力减小，导致大型全球企业将注意力更多地放在了市场地位和其地位的维护上。

当企业的界限改变，企业对下游消费者的控制也变得愈加重要。随着企业上游进行了碎片化，大多企业都开始对下游进行更多管理。最厉害的一批高管，能够重新定位企业界限，不但把握了市场活力，还有效降低了下游市场竞争，或者说终端消费者市场的竞争。这一做法使得他们从功能上"凝聚"了市场。竞争主流盘旋在更接近终端市场的大型企业周围。这些企业距离市场更近，通过对供给链的管理，对整个上游生产进行着家长式监控。全世界的生产资源更多地流向了拥有规模、网络和敏锐市场触觉的大型全球企业，于是也更加巩固了它们的市场地位。其中许多现在都成了市场和生产"整合者"。有些甚至更进一步，几乎已经游离"企业"范围之外。它们的行为显示它们已经将自己当作了市场本身，好像控制终端市场本身成了一种商业模式。精于此道的企业能让自己的界限十分接近市场界限，以此减少了来自除市场本身占领者之外的新竞争者带来的风险。

生产的碎片化，无疑会让竞争更加激烈，大多成功避开了所在市场竞争者的企业也都会承认，竞争确实激烈。但是竞争没有那么简单：它有不同形态、不同形式，能从不同的方面影响市场。竞争的结局一向是有成因的。一方面，现有产品之间的竞争不断增大——其中很大一部分源于互相竞争的生产线网络——但鲜为人知的是，企业进入竞争性市场所需的努力，在全球化第二阶段发生了激增。进入新市场的初始阶段绝对刺激了更大的竞争性。但是随着全球化发生本质变化，现代的竞争通常表现为多元化、碎片化的供给长链内部的可控竞争。这一过程有助于扩大规模和其他利益。但是，就其他市场的状况，尤其是增长的固定市场准入成本，垂直整合很少能刺激距离终端消费者较近的成型市场的可竞争性。与之相反，全球化和供给链竞争之下，终端市场准入成本出现大幅增长，竞争的愿望与持续竞争推动市场和价格接近生产边际成本的理想化状态渐行渐远，这个结果也许出乎大多数人的意料。

借鉴可竞争性市场学派威廉·鲍莫尔对竞争的定义：既成规模企业之间的竞赛，全球化第二阶段期间新兴的竞争的模式愈加显示了所谓的寡头和垄断竞争的特征。[①] 也许听起来不可思议，但很多市场中的情形都十分符合这个描述：随着竞争策略重点更多地落在市场地位和所有权优势上，市场也变得更加中心化。

但是，法定垄断——过去的公用事业，比如邮政、电信服务，或者所谓苏派官僚主义巨像——在这里并不适用。马克思的资本主义垄断理论在这里也同样不适用——他认为资本主义有"持续性减少资本磁铁数量，并最终侵占、垄断所有优势"[②] 的趋向。马克思针对资本主义提出了许多很好的质疑，但对企业或市场的定论并未实现。寡头竞争和垄断竞争并不在此列。

事实上，垄断竞争完全不同于传统垄断。在许多情况下，它都是法定垄断的反面，因为它是由低市场准入和准出壁垒产生，并具有多位不同生产者。在这种市场结构中，"竞争"企业并非直接在相同市场空间中进行竞争。它们不再销售同样的产品，甚至会故意异化产品，以减少其可替代性。比如百事可乐和可口可乐，本来完全可以相互竞争，但它们都避免了让对方成为自己代替品的竞争方式——比如，它们不通过两种产品之间的相对价格的变化鼓励消费者在二者之间做出选择。因此，竞争者可以通过对涉足的竞争模式进行选择，进而建立有利于市场现存企业的市场结构。而这其中的矛盾之处在于，随着市场变大，价格越集中，新的竞争者就越难以代替品或者相似产品进入市场。

相比之下，寡头市场准入壁垒更高，竞争者更少，而且这些竞争者通常

---

① 这一观点借鉴了鲍莫尔、潘萨尔和维利希的《可竞争性市场和产业结构理论》。
② 马克思，《资本论》，第 32 章。

都是大型企业。它们会有竞争，但也有相互追随的趋势——产品和价格上都有。毫无疑问，它们要利用游说和市场支配力维持市场准入壁垒居高不下，以避免其他竞争者进入市场。就像垄断性竞争，更多竞争将导致寡头市场的中心市场玩家减少。

两种方式虽然有矛盾之处，却很好地展现了全球化第二阶段中愈加兴盛的两种竞争形式的关键。企业可以通过将竞争向垄断，或者寡头形式转移以更好地掌控市场。企业在一边提高市场准入壁垒，减少竞争者；同时还在通过将企业界限紧缩至所有权资产放大自身价值。所谓所有权资产，就是那些决定企业价值和国际化能力的资产（比如，技术、知识产权、品牌、研发服务、生产流程总体管理等等）。不属于价值创造核心的资产将在可控范围内被尽量剥离。同样地，通过提高专业化程度，企业可以减少产品的可代替性。许多成功全球化的企业，都是通过让市场相信它们的产品很难被其他商品替代，或者替代成本较高，因为需要转换整个平台。这种竞争历史渊源更加悠久，但全球化进一步加深了这种竞争。

其结果就是，市场进一步向大型企业的方向倾斜。许多市场的中心化程度都有所增高。比如，1997—2012 年，美国统计局对产业中心化耗时两年的调查显示，13 个产业中，有 10 个产业的大型企业的市场份额都有所增长。(参考表 5.1)。用这种方法测量竞争和中心化确实有其不精确之处，但更加精细的方式也得到了同一结论。以农业和金融两个特征迥异的产业举例。美国农业四大企业在 1972—2002 年，几乎在所有农产品次市场的市场份额都有所增加。[1] 在金融业，10 大银行贷款市场份额在 1980—2010 年从 30% 增加到了 50%。[2] 其他产业也是一样，比如手机订阅、交通领域，大趋势都别无二致。[3]

---

① 希尔兹，《美国乳品业的整合与集中》。
② 科尔巴、德拉斯莫，《银行业动态的定量模型》。
③ 联邦通信委员会，《第 18 次移动无线竞争报告》。

表 5.1　美国 1997—2012 年顶端企业市场份额变化

行业	50 强公司收入份额的变化，以百分比表示
运输和仓库	11.4
零售贸易	11.2
金融保险	9.9
批发贸易	7.3
房地产租赁	5.4
公共事业	4.6
教育服务	3.1
专业、科学和技术服务	2.6
行政支持	1.6
住宿和食品供应	0.1
其他非公共事务	−1.9
艺术、娱乐和消遣	−2.2
医疗和援助	−1.6

来源：美国统计局，1997—2012 年经济普查

结果，大型企业对单一经济体的影响出现了激增，尤其是在 20 世纪 90 年代后期开始的并购潮流之后。美国统计局的经济分析数据表明，财富 500 强企业的市场份额在 1955 年，也就是《财富》杂志发行股票指数后，到后来的 2014 年间翻了一番。① 而且这种趋势还在继续。美国和欧洲都显示了大规模的领军企业之间通过并购带来的产业联合潮流。欧洲的竞争管理委员会一直很关注企业并购，甚至在市场的关键竞争者可能减少时，做出了阻止企业并购的举动。荷兰物流公司 TNT 对 UPS 精心计划的收购就是因此未能获准，

---

① 默里，《关于财富 500 强，你不知道的 5 件事》。

而且时常被引用来做反对电信领域进一步加强联合的例证。然而，产业联合引起的担忧已经变成了现实。许多产业中，大型企业的影响力相较于一二十年前已经有了巨幅增长。

持续中心化确实不一定会为经济体带来问题。更高程度的中心化也一样能创造利润，只要竞争还存在。一般来说，大型企业占主导的经济体都十分富裕。拿欧洲举例，高收入和低收入国家就存在区别。像芬兰、法国、德国和英国这样的国家，相较于意大利、葡萄牙和西班牙这样的国家，对大型企业（员工人数超过 250 人的企业）的依赖性就更强。[1] 如前文所说，大型企业更加接近生产率边界。大型企业有助于引进新技术和更好的生产流程，部分原因是它们比小型企业在国际市场的扎根更深。大型企业的外商直接投资是提高世界许多地区生产力和经济繁荣的高速列车。

罗纳德·科斯提出的简单理念有助于我们更好地理解近几十年来的中心化的增长，这种增长大幅减少了市场实验和可竞争性的存在空间。随着市场交易成本降低，企业的所有权优势范围也在缩窄，企业对提高自己的资产界限投入了很大努力。全球化为小型全球企业提供了机遇，首先增强了它们这种规模的企业扮演的角色和竞争的市场范围。随着它们规模的逐渐扩大，在大多数市场中份额的增加，它们也变得更加难以匹敌。其次，正是这些企业通过投入更多保护市场地位、滥用核心价值创造资产等方式，加强了对市场的控制。企业不会因为内部的重复、低价值输入生产与其竞争者之间的差距失败。虽然低端供给链会存在大量竞争，但高端价值链能长期避免生死攸关的竞争。

竞争变得更加内化（由企业或网络行为产生），而非从前的外生化（由市场产生）竞争。今天的新市场准入通常给大型企业和其生产网络带来了诸多问题。凭某种新药、化工制品、电池、涡轮技术，哪怕是牙刷，进行创业的初创

---

① 弗伦德，《富人穷国》，第 55 页。

公司，想要进入市场、达到一定规模的难度，相较于 20 年前增加了不少。不仅是因为市场准入价格的提高，而且生产网络密集而高效，所以很难在避开各个生产网络的前提下在市场中竞争。企业的界限越紧缩，守卫边界、预防入侵者也就越重要。企业的大多数费用，都在于进入这种"科斯式"防御型市场地位，包括创新资源。这些费用大部分成了想扩大、守卫企业界限的广泛企业策略的一部分。即使这个过程通常不怎么明确，许多企业都进行了资源重置，以抵抗市场交易成本和企业界限产生的压制竞争的自然（或者非政策）壁垒。以此，大型企业的产业结构和网络不断定义着创新和适应的过程。

企业界限对理解企业在如何进行创新和竞争来说至关重要。以电信巨人爱立信为例。今天，它已经成了居于世界领先地位的电信网络基础建设和服务供应商，但 21 世纪初期，它还在移动设备市场竞争。在 2000 年的德国汉诺威国际信息及通信技术博览会上，爱立信以一款独立开发的产品，无线网络屏幕（一开始叫作无线大屏幕电话）轰动一时。[①] 人们显然很受震撼，这款产品当时也被认为是一个"新突破"。研发人员都非常激动，却一时不确定取什么名字。不过他们确定的是，他们面前的是一个潜力十足的金矿，这种"屏幕电话"的预期市场能达到 1000 亿美元。后来发现，这种估计仍然保守了。无线网络屏幕，当然，就是平板，也被一些媒体称为"联网平板"，领先那个时代 10 年，可利用蓝牙技术联入网络，还有配套手写笔。它的形象和后来苹果公司大卖的 iPad 十分相似。爱立信开发者还认为，消费者对网络屏幕的使用预期，应该十分类似于今天的 iPad。

那为什么是苹果，而不是爱立信凭借平板挤入了移动设备市场呢？这里面原因众多——时机不好、设计简陋，也许还有营销失败，等等。但是总体来讲，是因为爱立信做出了一个遵循科斯规则的决策。其他企业也没能把握

---

① 希勒罗德，"Ericsson var före Apple med paddan"。

平板市场。诺基亚和霍尼韦尔基本没有对自己的产品做出改变，它们的平板也没能在市场上获得成功。爱立信对无线网络屏幕的展示，也恰好处在一个糟糕的时刻。爱立信当时需要缩窄企业界限，部分原因也是迫于互联网泡沫破裂导致其承受了财务压力，无法支撑起所有产品线。而且，爱立信由于移动产品零件的供给短缺受到很大影响，它需要降低供给链风险。为了扩大企业规模，爱立信还需要减少与其核心交易关联性较少的次要产品——网络基础建设和服务。因此爱立信割离了网络屏幕和其他移动设备，得以与索尼合作，带着一同扩大二者在移动电话市场份额的雄心，而不是选择为平板打造市场。

没人知道如果爱立信选择了平板，结果会是什么样。也许会成功；也许会失败，因为爱立信在其他的消费设备市场中，也没能取得巨大成功。可以说，爱立信基于企业界限和其资源，在创新分配方式上做了个理智决策。鉴于其市场地位和移动网络市场的先占优势，它只能重置企业创新资源，从多种设备模式转入能让其更好地应对竞争的单一、稳固市场。爱立信需要进行专业化——如此之后，它也确实为自己和更广泛的移动经济带来了效率上的大幅提高。

爱立信的革命并非绝无仅有。通过专业化和缩窄企业界限带来的经济效率是全球化变形和导向背后的一个关键因素。全球化为社会福利带来的最大贡献，就在于它能以此提高效率和生产力。大多数发达经济体中，跨国企业都代表着生产力前沿[1]，因为它们比国内市场的企业生产效率更高，部分原因在于它们更擅长拥抱技术改变、能通过研发部门进行企业内部创造，或者通过改编、模仿吸收外来技术。[2] 同样重要的是，跨国企业用比仅在国内市场竞

---

① 经济合作与发展组织，《生产力的未来》。
② 安特斯、耶普尔，《跨国公司和国际贸易结构》。

争的企业更好的输送技能和知识的能力，来留住劳动力和管理能力。[①] 比如，欧洲的德国中心式供给链一达到足够规模，其他紧随其后的经济体提高绩效就更加容易，因为它们能从德国企业得到更好的技术、技能和组织优势。当然结果就是，它们的绩效高于同期企业，相同地区的其他经济体中，它们的生产力增长相对更快。[②]

爱立信也很好地展现了全球化第二阶段，以及其对垂直领域专业化程度增长的加速效果。全球化的第一阶段刺激了水平扩张，而其垂直专业化则驱动了第二阶段，成了经济大幅度效率增益背后的巨大推动力。[③] 在垂直领域专业化程度演变的过程中，一个网络中的母公司不仅能拥有整体控制权，而且还能控制价值创造的有效成分，尤其是技术、资本、研发和市场地位。[④] 这是一种外来资源输入的"整合"——也可以称之为"阿尔特·范德列运输运作"——但其地位完全取决于其规模和对其竞争市场的控制力。[⑤] 跨国公司的母公司在提供这些核心服务和价值上的专业化程度持续增长。资本或者技能密集型的生产部分也因此减弱了市场化，成了供给链的一部分。如果进行外包，其被控制程度更高。

[①] 但是需要注意，跨国企业和本土企业之间存在一些差异。前者在制造业中更为典型，后者在服务型企业中占有更大比例，而且通常更加本地化。此外，跨国企业往往更活跃于具有更高研发水平的行业，这意味着这些企业比本土企业有更多的技能流动。如贝尔弗特、马塔罗尼的《美国跨国企业的运营》；迈耶、奥塔维亚诺，《快乐的少数人》。

[②] 参阅范阿克等创作的《欧洲竞争格局的近期变化》中不同欧洲国家集团之间的比较实例。

[③] 经济合作与发展组织，《测量全球化》；胡梅尔斯、拉波波特、易，《垂直专业化的性质和发展》。

[④] 安特斯、耶普尔，《跨国企业和国际贸易结构》。

[⑤] 坎特维尔，《企业间模糊的界线》。

全球化、专业化和沉没成本

经济专业化的高级形式就是对资本主义的致敬。专业化也是促进经济增长的重要来源，自现代经济伊始，它就一直驱动着经济繁荣。然而，专业化却并非在所有经济体中都能摆脱管理咨询的影响而创造它的奇迹。专业化的真正形态和它对经济的作用，是受经济组织影响的——从个人，到企业，再到国家。重要的是，产品专业化有可能，而且通常会导致企业的沉没成本，也就是无法弥补的成本增加。对那些通过研发和创新进行专业化的企业，过去在这些领域进行的投资就是现在的沉没成本，而且通常会导向企业关于未来创新上投资的决策。虽然面对淘汰技术的理智决定是放弃，但真实世界中，大多企业紧抓着沉没成本不放手：这些成本决定了当前和未来的发展方向。[①]确实，沉没成本可以（而且是通常）都将减缓新技术的传播，减少企业在创新上的投资。

至于沉没成本对经济系统的作用，想想政府和企业对投资非化石能源以阻止气候恶化时，有多么不情愿就很好理解了。许多技术都需要驱动西方社会远离它们今天对化石能源的依赖——包括运输业。但全世界对石油和天然气的依赖性仍然较高，而且这种依赖由来已久。一个关键因素就是，政策和商业决策者得到了忽视一些环境成本的许可，而这让在可再生能源领域的投资从经济角度来讲具有了更高风险，因为在价格对比上，它们并不具备经济优势。但是沉没成本却同样重要。那些已经在化石能源建立的系统中投入了成本的企业——比如使用化石能源的汽车公司——就会因为想要减少资本损失，产生延缓能源改革、继续在沉没成本方向专业化的倾向。这种倾向也许不会永远唯一，但它至少是增加了资本复杂性和技术成本的。科学家和发明

---

① 凯利，《抛弃成本与理性，为了过去而行动》。

者有能力开发绿色能源技术，但如果无法适配沉没成本结构，市场将需要很长时间才能迎来真正的改变。

专业化和沉没成本的结合十分重要。虽然专业化带来的政治经济一直为人误解，沉没成本却一直被人忽略。在全球化时代，专业化升级到了类似沉没成本的程度。在全球化新技术、劳动力和资本分配的帮助下，企业寻找着更专业的、提高资产回报率的新机遇。这种专业化并不是自发形成的，但在多种依据全球化和技术进行生产重组的经济组织中都多有体现。此外，它还有巨大的资金投入支持——物质上、人力上、知识上——这些对维持经济专业化的活力都大有助益。专业化并不会计入企业的资产负债表，但企业资产中很大一部分，是企业对专业化的探索形成的。

完成了专业化的组织，通常在适应渐进的技术改变和据此在研发上进行的投资上，比专业化程度稍差的组织做得更好。但是，当发明、发现与专业化相抵触，或者与最具优势的经济组织界限不匹配时，专业化就变成了负担。在这种情况下——比如诺基亚或者微软——专业化就成了阻碍改变企业已经投资领域的未来的创新的因素。

个人方面的情况也类似。拿教育，或者人力资本举例。提高教育程度，普遍意味着更高的专业化。比如：一位就读医学院的医师，五六年后，完成了基础医疗教育；接着开始一段更加专业化的学习时期，也就是在人力资本上增加投入；也许 20 年后，整个人成了胰腺癌领域，或者其他需要高度专业技能领域的专家。专业化程度越高，人力资本和其周围的经济组织就更容易在之前投入过人力资本的领域获取新知识。

但是，如果新知识使之前的投入大部分失效——不管是人力资本，还是经济组织投入的，用来支持专业人力资本的资本——这种方向调整面临的阻碍就要更大，因为它意味着资本损失。对那些在优势专业化领域进行了投资的企业，损失这部分资本的代价可能太过高昂，或者大家都认为如此，微调都不可以，更别说大幅度的改变了。这也是许多专业人员支持从业资格证制度的一部分原因。专业化，就能成为推动个人和企业获得更高生产力的壁垒。它阻碍经济依靠将使资本和劳动力转向的创新进行增长。

拿弗雷德里克和比约恩（就是本书作者）及他们的家庭为例。我们二人都经历过繁荣了 20 年的全球化和数字化时代。两次改革都让我们的生活更加富裕、自由、幸福——这不是小事，至少对我们来说不是，因为从本质上来讲，这种变化让我们能更好地寻找自我。但是，全球化和数字化都没有让我们离开我们的专业化方向。因此，我们这一代，和祖父辈以及他们经历的技术改革就有了区别。他们经历的技术和经济组织的巨大变化，促使他们走上了一条不同的、更加多产的路。运输创新让他们得以离开家庭农场和家庭经济，另谋生路。家庭中发生的变化，包括在家电创新方面的多方面变化，让我们的祖母也有了找工作、挣工资的条件。生产力出现了大幅提高，因为创新并没有让上一代在他们已有的方向上进一步专业化。新技术没有让家庭主妇在家务上更加专业，而是让她们成了可雇用的劳动力，从而许多女人都能在家庭之外创出属于自己的天地。

学术发展，有人打趣说，是建立在死亡的基础上的，因为只有旧知识让步，新知识才有发展空间。专业化机制中的逻辑也类似。专业化是一种资本，而资本投资改变方向一定不是毫无阻力的。所以，企业专业化是福也是祸——这也就解释了为什么企业在创新和研发上的战略通常与企业界限相吻合，解释了为什么企业不愿意为在与企业核心资产疏远的特定市场里，开拓新方向上的创新大量投入。也解释了为什么过去 10 年来，创新并没能大幅度提高西方经济的生产力。既成规模的企业不断改善产品，但它们对已占领领域的开发程度已经高到让入侵者很难进入市场了。大举入侵的创新者也许创造了新市场，但是这是一个挑战性极高的企业，所需要的资金支持，不是一般潜在入侵者能筹集的。如果颠覆性创新无法与现有经济组织动脉契合，改变将是缓慢而有限，甚至可能根本不变。

今天经济体中存在的高度专业化，既刺激了渐进式创新，又减缓了颠覆性的创新。也许听起来好像和那些认为全球化增强了企业间的各种竞争的人的思想有些矛盾。这并非针对全球化或者专业化的批评，只是想表明专业化是阻碍劳动力和资本投入创新前沿、拓展这个前沿边界的阻力之一。专业化增加了大型企业世界中，沉没成本的影响力。可以预见，许多大型企业的回应都是大幅度缩减大型创新的规模和其中的投资总量。并且，优势企业得以通过提高市场准入成本，以及聚焦策略投资将企业界限几乎等同于市场界限，这样这些优势企业就得到了能保护企业领土的市场壁垒。[①]

这种观点并不十分符合企业世界中对创新和专业化的态度。而且商学教授们的主流观点，从约瑟夫·熊彼特对短期市场力作为研发投资和大型创新的关键因素的概念中获得了极大启发。持这种观点的人群认为，大型企业应该比其他企业更多地（此处的更多是相较于其本身规模大小的）投入于研发创新，因为它们拥有创新技术、保护创新知识产权的组织和能力。并且，大型企业有属于自己的内部资本市场，这种市场比外部市场更长于将投资导向创新。

但是，这种传统认知很难在真正的经济生活和数据中证明自己。没有强有力的证据表明大型企业有更高预算或者更期待与之规模相匹配的创新，却还有许多相反的证据。至少已经有人意识到，对创新的老旧理论已经站不住脚，既成规模的企业面临的创新成本正在逐渐增高。非洲创新者、企业家布赖特·西蒙斯在《哈佛商业评论》中对创新的新形势做出了一针见血的总结："技术复杂性、社会风险管理（包括对意外后果的低容忍度）、回报降低、技

---

① 经济学家威廉·鲍莫尔极具说服力地提出了这个问题。令人惊讶的是，他这样做是为了反驳官僚主义和常规化的创新。鲍莫尔，《创新：经济增长的奇迹》。

术挑战这些因素共同导致了突破性创新的代价门限的提高，虽然下游的扩张成本——再生产、复制、扩散、传播，当然还有创新租借——都有所降低。"[1]大型企业深知这一点。它们很久以前就已经学会了导向这种创新形势——这也就摆脱了它们的"熊彼特式"倾向，至少在创新投资这一方面。现代研究表明，大型、多样化的企业很难将投资从价值创造少的目标转向价值创造多的目标，包括创新。[2]同样地，大型、多样化的企业内部，总是容易产生阻碍大规模前沿创新的组织，部分原因在于内部资本市场在这种创新上没有优势。[3]

还有一种解释，重新回到弗里德里希·哈耶克对分散知识特征的观点[4]，就是大型企业在实际中使研发服务中心化，并把它们封闭在企业边界内。[5]有了碎片化的供给链，离终端消费者更近的企业一直在将输入创新成本向下传递——但是在此过程中，它们也就失去了和上游创新的近距离优势。历史经验告诉我们，研发需要去中心化，需要更加接近真正的产品（和其市场），才能产生更加新颖、更易获利的回报，但是市场的沉没成本反而阻碍了模仿创新的竞争者。[6]所以，去中心化违背了大型企业计划者原本想控制创新、想将创新限制在企业界限内部的想法。

计划机器的思维方式——因为它崇尚管理主义——很容易与全球化结合。这也是西方商学院的中心概念，在整个企业界传播着全球企业的信条。全球企业巩固了市场，导向市场流，并且将新创意导向市场。随着它们逐渐扩大，跨国企业就需要更多的自上而下的管控，随着许多企业在监控企业和网络行为上投入更多关注，它们也就变成了官僚主义巨像。这需要一种很特殊的管

---

① 西蒙斯，《创新的成本在下降吗？》。
② 可参阅拉詹、塞维斯、津加莱斯的《多样性的代价》。
③ 塞鲁，《企业边界问题》；沙夫斯坦、斯坦，《内部资本市场的阴暗面》。
④ 哈耶克，《知识在社会中的运用》。
⑤ 邓宁，《区位和跨国企业》。
⑥ 鲍莫尔，《创新：经济增长的奇迹》。

理技能，才能让全球企业的后勤和金融部分无缝运营。有了这种组织能力，这些企业学到了如何更快地进入新市场，探索全球化带来的机遇。但管理资本主义的技术专家体制的增长也带来了负担，而这种负担就是失去了创新性和企业家才能。其结果，就是企业开始产生了一种管控属性，以便更好地管理它们的复杂结构。今天的典型跨国企业，就是具备管理技能的巨型、复杂的——自上而下的——将让所有中心计划经济大师，包括斯塔福德·比尔都嫉妒的物流和沟通平台。

大型企业很擅长防守，也很擅长拓展所有权优势，同时让防守和拓展适配规模和全球化带来的变化。从某种程度上来说，过去10年来一个企业的全球化主义中最大的部分，就是探索资本、技术和开发的所有者优势。大部分情况中，这都需要更宏观上的掌控，而这种控制致使资本主义者计划思维逐渐增加，却降低了对可竞争性和重大创新的趋向。这种行为上的变化十分适配全球化主义世界观。因为对理智主义和对将不确定性转变为可计算的、可控风险的偏好，企业计划者成了格林斯潘－罗宾秩序的一部分。这种世界观抵制管理主义，大部分情况中，企业计划都会让经济更加繁荣。他们显然是让我们所有人都更专业化了，但他们也让资本主义前进的方向偏离了创新。

第六章

监管机构的回归

我一直都觉得英语中最可怕的几个字是——"政府派我来帮忙"。

——罗纳德·里根于某次新闻发布会[1]

掌权的政客在做创新和监管的决策时，越来越受到管理主义思想的指引。过去 40 年中，监管资本主义系统的政治领袖，无论是"左"是"右"，都一致盼望稳定的市场和可预见的创新。他们信奉法规能从政治上管理创新。那样一来，监管也成了何种创新会出现、创新能在市场上掀起多大波澜的关键因素。这项政策诞生已久，但过去数十年内，它只是让监管磨平了竞争市场的雄心壮志。现在，创新总是顺着监管的风向进行。

其实，情况并非一直如此。20 世纪 80 年代和 90 年代，经济法规和商业条例的约束性降低，一项项改革通过各种创新，为不断变化的市场大大改善了环境。产品市场法规陆续被撤销，其他竞争障碍被扫清，电信和建筑等行

---

[1] 罗纳德·里根，总统新闻发布会。

业受益良多。企业得以更轻松地进入或退出这些行业，这刺激了经济活力，促进了更大规模国际竞争的发展。重要的是，经济监管放宽提高了企业在不同市场之间传播创新的能力。

但减少经济法规的趋势在美国或欧洲都未能持续下去。"西方经济监管放宽"只是一种幻觉。以蒂博·桑法尔和皮埃尔－迪米特里·戈尔－科蒂为例，2015 年 6 月，他们被抓进警局，之后被控在巴黎非法运送旅客。在巴黎火车站或者其他地方打过出租车的人，都知道在那里打车有多糟心，有时等车时间可能得以小时计；而打到正规出租车的幸运儿，下车时都会有一种遭劫的感觉。如果你想知道巴黎出租车车费高，服务又差的原因，那么答案显而易见：监管限制了有营运执照的司机数量，让出租车市场一直保持缺口。

这个问题早已不新鲜。1937 年，巴黎管理部门将有执照的出租车的上限设定为 1.4 万台，尽管巴黎本市的人口、出入巴黎的观光游客以及商务旅客人数每天都在飞涨，但到 2007 年，有执照的出租车只多了 2000 台左右。[1] 和许多其他大城市一样，出租车营运执照的短缺造就了繁荣的二手市场。据经济合作与发展组织透露，想在"灯之城"巴黎获得一张出租车营运执照需要花 18 万欧元左右；而在阳光灿烂的蔚蓝海岸，比如尼斯，其价格能够飙升到 30 万欧元。[2]

以上情况说明，桑法尔先生和戈尔－科蒂先生发现了一种帮助人们在城市中出行的新途径，这可能会受到当地管理部门的欢迎。倘若他们像普通的无照出租车司机一样，暗地里搜寻乘客，就依然是在拉活。但他们不甘于偷偷行动——他们管理着一个活力十足的，甚至被形容为盛气凌人的、基于手

---

① 弗鲁姆，《巴黎出租车的短缺现象》；经济合作与发展组织的《出租车服务报告》表明，巴黎的出租车数量早在 20 世纪 30 年代初至 60 年代末就减少了，而 1967—2007 年这 40 年间，出租车许可证的签发数量仅增加了 1000 个。
② 经济合作与发展组织，《出租车服务报告》，第 110 页。

机应用的企业在法国的分公司，它提供的共享汽车服务基本覆盖了全球各大城市。这家公司丝毫不掩饰让巴黎出租车行业重新洗牌的野心，但它不得不先恶补一下创新政策及法律法规，因为竞争对手、工会和政府的反对力度越来越强。它的反对者想要逼它退出，或者让它被束缚得规规矩矩，像与之竞争的其他出租车公司一样运营。

你也许已经猜到了，我们谈论的这家企业就是 Uber。它是一家运输网络企业，总部设在旧金山，通过手机应用提供服务。它推出的点对点式共享汽车服务 UberPop 因雇用无运营执照的司机，从而引发了各种抗议，随后二人被捕，该项服务在法国也被叫停。工会发起罢工抗议 Uber，有些竟升级成暴力行为，抗议者点燃轮胎，还暴力侵扰 Uber 司机和乘客。之前巴黎警方为了阻碍 Uber 的扩张，曾经设立规定：出租车必须在乘客下单 15 分钟之内赶到。这一举措旨在针对 Uber，因为它的响应速度比现有出租车公司快。法国在 2014 年还出台了一项新的交通法规，规定只有持有执照的出租车公司才能在地图上显示车辆的实时位置，而 Uber 最初正是凭借此项创新才在出租车行业中崭露头角。一支由 70 名官员组成的特别小组负责监督贯彻执行新法规。①

这种问题并非巴黎特有。在布鲁塞尔，当地政府把 Uber 的崛起视作对已有市场秩序的威胁，偏袒当地业已成为"团伙"的出租车公司，还投资帮助其他公司模仿 Uber 应用的技术。2014 年，布鲁塞尔的一处商业法庭禁止 Uber 提供汽车共享服务，若被发现违反禁令则每次须缴纳最高 1 万欧元的罚款。然而就在法庭做出第一例判决后不久，该法案便遭废止。比利时中央及地方政府被这件事弄得狼狈不堪，他们承诺更改法规，允许共享汽车服务。但政策的执行速度并不乐观，新条款直到 2016 年 6 月才出台。与此同时，一处法庭于 2015 年秋天又颁布了另一项禁令，巧合的是就在这一周，

---

① 马瓦德、福奎特，《巴黎警方追捕优步司机》。

其他出租车公司进行了大规模抗议。[①] 共享汽车不得不再次转入地下，到 2015 年年底，布鲁塞尔管理部门对该企业的憎恨使得市长向当地慈善机构施压，令其取消与 Uber 的合作：他们本来计划用 Uber 将圣诞节捐赠品送给有需要的人。[②]

在德国，Uber 与管理部门的斗争更加艰难。Uber 车辆受到其他出租车公司和工会的攻击，2015 年年初，法兰克福的一处法庭禁止 UberPop 并威胁它，若其违反法令则将面临最高 25 万欧元的罚款。[③] 其他德国城市的管理部门纷纷效仿法兰克福，意大利、西班牙和荷兰等国家也禁止了点对点服务：以违反商业执照为理由，试图将 Uber 驱出市场。在约翰内斯堡、圣保罗和纽约以及全球其他大都市，Uber 也面临着类似的指控。纽约市长白思豪试图重新推出一项旧规定，将 Uber、Sidecar 和 Lyft 等轿车服务的年增长量控制在 1% 以内，似乎是在模仿控制纽约最具代表性的黄色出租车的法案背后的理念。[④] 在迈阿密，这些公司均遭禁。

关于监管，这些例子还蕴含着更多深意。监管基于既成规模的企业的现有结构，它的作用往往是使市场饱和或者巩固市场。虽然许多公司抱怨法规的影响，但它们知道如何管理事务，如果经营方法得当，它们就能将政府的种种干涉转化为有利因素。在极端情况下，监管机构和企业之间的关系会异化成裙带资本主义。经济学家路易吉·津加莱斯写道："在世界上大多数地方，赚大钱的最佳途径不是想出绝妙的主意并勤奋工作、努力实现，而是在政府中培植盟友。"[⑤]

---

① 德罗兹迪克，《优步公司就布鲁塞尔的人民优步禁令发起请愿》。
② 谢夫塔洛维奇，《"小气鬼"布鲁塞尔市长打击了优步的圣诞精神》。
③ 英国广播公司，《德国禁止优步》。
④ 1937 年，纽约市将黄色出租车的车牌数量限制在 16 900 个，然而现在还只签发了大约 13 500 个牌照。
⑤ 津加莱斯，《为人民的资本主义》，第 4 页。

研究一番政治游说的战场后我们会发现，事实似乎的确如此。人们常常能听到这种说法，裙带关系在西方经济中占有重要的一席之地，而且也许这种情况持续已久。单单在美国，每年对企业的补贴就要超过 700 亿美元。[①] 而企业从政治体制那里能得到的利润最丰厚的特权或收益并非纳税者的钱。这是因为监管导致了更大规模的企业间以及从消费者到企业的金钱再分配。布鲁塞尔和华盛顿特区这两个西方的游说中心，近年来在各自国家和地区的人均收入增速都是最快的。这并不出人意料。如果法规对于商业活动的重要性进一步增加，说客获得的奖赏会极其丰厚。

监管和政治浪漫主义

Uber 的经历反映出法规和创新的方方面面，反映出创新的政治意识是如何与现实情况脱节的。联合国开发计划署前负责人曾发问："Uber 是民主的威胁吗？"他似乎没意识到自己提的问题有多荒唐。[②] 然而他想表达的观点很常见：Uber 一进入市场就会摧毁既成规模的企业，迫使它的竞争对手要么站出来面对挑战，要么不得不裁员。这并不可悲，对民主亦非威胁，而是创新和富有活力的资本主义的实质：通过引起更激烈的竞争或者让缺乏竞争力的企业被历史淘汰，从而扫清生产力低下的行为。

对 Uber 的政治抵制揭示出监管的一个陈腐却常被忽视的特点：管控下的市场与创新格格不入，也缺乏与创新竞争的野心。Uber 的经历就是一个生动的例子：监管是如何有意或无意地维护某一种特定的市场行为，针对有竞争性的创新设置阻碍——哪怕监管宽松温和。比如，监管倾向于提高准入门槛，

---

① 托马斯，《投资激励和全球资本竞争》。
② 德维希，《优步是对民主的威胁吗？》。

原因很简单：规模较小的新加入者的每个员工或销售货品单位的成本高于现存的公司组织。经济和社会法规都有这种作用。例如据经济合作与发展组织的一项调查估计，若公司员工少于 20 人，每个员工的年均监管成本约为雇员数 50-499 人的公司的 9 倍。[1]

更为严厉的监管则通过保护投资者和劳工免于竞争，包括来自创新的竞争，从而让现有市场维持原样。这类法规并非有意扰乱竞争，因为监管常常是为了解决当前的经济问题，而非预测未来会怎样发展。此外，法规大多遵循经济学家曼瑟尔·奥尔森所描述的"集体行动的逻辑"。奥尔森在一本影响广泛的书中写到，不要考虑监管的成本；如果成本可以被分摊，利润都集中流向一个小群体，那么监管的政治化进程往往会加重监管而并非减轻。[2] 而且，它几乎总能使现有的企业获利，代价却是牺牲未来的竞争者。

受监管干扰的市场把创新变为一种政治选择，而非一种商业或市场选择。创新随着监管的风向发展，而非遵循商业或科技逻辑。敢于违抗政治协议的公司，最后往往会遇上麻烦。也许它们无法及时得到上市许可；也许它们会突然面临从天而降的新的监管。某一项创新能否进行宣传都是未知数的话，就会增加创新的成本，让创新者不得不在政治游说上投资。

公司偶尔也可能克服政策和法规阻力。Uber 曾成功阻止了纽约市针对其扩张的法规，虽然这场胜利只是昙花一现，他们请到了政治战略家大卫·普劳夫，还发动了一场声势浩大的反对城市监管机构的线上活动。然而，花费时间、金钱，说尽好话游说监管机构这种行为，常常是惩罚性的，尤其是如果既成规模的企业也在另一端角力，游说结果的不确定性极高。

---

[1] 经济合作与发展组织，《企业对官僚作风的看法》。
[2] 奥尔森，《集体行动的逻辑》。

因此，投资者和创新者会选择其他更为安全的方法。毕竟，如果为进入创新市场打造政治空间必须聘请如普劳夫之辈的精英的话——他可是奥巴马总统于 2008 年传奇般胜选的幕后核心——那么，大多数公司不会考虑如此大费周章。

有趣的是，将监管视作有竞争力创新的障碍的这种观点，与西方经济中创新一出现就会席卷市场的传统看法全然相反。科技乐观主义者和悲观主义者似乎均认为，现有法规会批准激进的、有竞争力的创新，市场会迅速天翻地覆。这是典型的计划机器式思维，尤其是其包含的技术决定论，以及忽略创新能否促进市场革新的诸多关键性因素。如此看来，无论刚刚出现的创新对竞争有何影响，都会为监管机构和政客所欣然接受，让顾客能及时地、不受干扰地接触到它。因此市场会自然而然地在创新的基础上繁荣发展；创新不会受到政策准入门槛阻拦，可以迅速横扫多个市场。典型的计划机器式思维坚持认为，哪怕起初会遭到一些抵制，科技也必然战胜政治。在创新和现有政策或市场等级制度的战役中，获胜方总会是创新。

这是浪漫主义视角下的政治，而许多科技类时评员都对此深信不疑。政治运作的本质在于为人民谋求更多福祉，这种看法是有道理的，虽然日常政治似乎大多目光短浅且颇为悲观，但从长远来看情况还是会有所改观。换句话说，从政者一旦断绝了其他可能性，往往便会采取正确措施。因此如果放眼未来，科技的确会赢过政治。这个结论对知识常常也成立。世界思想史经过简化后，其情节大抵不过是围绕新发现和旧教条的斗争，前者往往会胜过后者，并非立即胜利、并非短期内得胜，甚至中期都不一定能赢，但最后新发现常常真的会获胜。

然而，正如约翰·梅纳德·凯恩斯所说，我们总会死去。比起研究当代政治经济，政治浪漫主义更适合思想史学家。趣说英国历史的《1066 年以来的那些事》一书中对丹麦人的评价并不适合形容经济政策：经济政策可做不到"既正确又浪漫"[①]。创新被拖延就等于被拒绝。通过某一特定创新改变市场的机会一旦受阻，或许未来它也不会再变成新机会重新出现。市场和创新不会按照某种现成的模式发展，但很明显政策和法规成了创新的障碍。尽管培育创新乃老生常谈，但监管部门和政府机构并不会无条件地对创新张开怀抱，创新走向市场的政治进程往往极为漫长。

如果创新对现有法规秩序构成挑战，政治往往会更看重法规的专横武断以及创新成功的不可预测。想想罗马帝国的皇帝提比略。他闻名天下并非凭借臣民的爱戴，而是因为这位将军征战欧洲后聚集了一大笔财富。他所提倡的价值贮藏手段是贮藏金子。有一天，一名金匠为皇帝展示他通过复杂化学反应得到的创新——铝，想借此讨好皇帝，但提比略并没正确认识到这是一个绝佳的投资机会：两千年后，铝会变成世界上最重要的金属之一。恰恰相反，皇帝害怕这种像银子一样的新金属会让金子贬值。"因此，皇帝没有像金匠盼望的那样赏赐他，而是下令砍掉他的头。"[②]老普林尼在《自然史》中这样回忆道。

政策变幻莫测，而且纵观历史，从政者和监管机构拖慢而非加快了创新和市场剧变的进程。"对创造性破坏的恐惧往往是反对广纳性经济和政治制度的根源。"德隆·阿西莫格鲁和詹姆斯·罗宾逊观察总结道。[③]现如今，创新者介绍新科技走向市场时不会再被皇帝斩首，但统治者依然冥顽不化。

比如，亚马逊的杰夫·贝佐斯推出新的"飞行器"，即新的快递无人机原型机之后，不到一周时间美国政府就将其禁飞，因为没有监管无人机的商业立法。联邦飞行管理局已经开始拟定商业无人机飞行器的规定，但是落后于预定时间。一年后亚马逊获得了特别许可，但等到那时他们早已转而研发更

---

① 塞拉、耶特曼，《1066 年以来的那些事》。
② 这则逸事摘自戴曼迪斯、科特勒的《富足》。
③ 阿西莫格鲁、罗宾逊，《国家为什么会失败》。

先进的无人机设备了。[1]

还有一个移动科技的创新的事例。现代科技发明家的兴奋感源自"移动正在蚕食世界"。无可辩驳的是，互联网从电脑转到智能手机带来了诸多改变；但这并不算是快速发展。赞美当今技术变化的人几乎不曾发问，移动科技获得今日地位之路为何如此漫长，毕竟早在1973年移动电话就已经完成了第一次通话。[2] 也许他们被各种炫酷的新应用蒙蔽了双眼，忘记了移动科技的发展速度在许多国家，都遭到了政府的抵制而放缓了。有一些政府曾长期禁止用手机，因为手机对当地的固定电话垄断企业形成冲击。如今，瑞典有全球顶尖的世界的联通度，但在我们成长的20世纪80年代，拥有一部无线电话是违法的，其实长久以来所有电话、所有设备都是国有电信垄断企业的财产。被查到私有固话设备就要面临罚款。

埃隆·马斯克的电动汽车企业特斯拉被美国几个州拒之门外，因为它采取直销的销售模式。例如新泽西州在2014年撤销了特斯拉的无中间商经营许可，如果这家企业想继续在"花园之州"销售汽车，就不得不采用特许经销模式。[3] 类似的例子还有在线民宿出租平台爱彼迎，它在圣莫尼卡和巴塞罗那等城市被禁或屡遭罚款。[4] 柏林和纽约等其他城市的政府部门，施加新法规或旧法规，严重限制了爱彼迎等在线出租床位或整间房屋的平台。[5] 创新者若想夺得市场，往往不得不违反法规。

---

① 唐斯，《更少、更快、更智能》。
② 古德温，《手机的历史》。
③ 罗杰斯、拉姆齐，《特斯拉停止在新泽西销售电动汽车》。
④ 莱波尔，《圣莫尼卡会如何执行爱彼迎禁令》。
⑤ 科德韦尔，《爱彼迎的法律问题》。

监管的时间成本和金钱成本

如果在监管不那么严格的行业领域，例如汽车销售和网络服务，监管对创新的阻碍都如此强大，那可想而知，监管对能源、制药、神经科学、医学技术以及其他规定更复杂的领域影响力有多大。投资人彼得·蒂尔对比了这两类监管程度不同的领域，以及各种监管是如何结出不同的创新果实。在"虚拟的比特世界"，监管曾经有段时间"相当宽松"，而"现实的原子世界"则一直被压在监管的五指山下。这种差异可以解释为何在过去数十年中软件方面的创新远多于实体方面的创新。人们能够正确评价现代软件科技的进步，但几乎没有人发问，为何技术发展的速度比这一领域其他方面快得多。毕竟，相当一部分科技进步在"虚拟的比特世界"中的经济回报微乎其微，而且说实话大部分都是无价值的东西。经济学家亚历克斯·塔巴罗克道破了重点："Yo 是一款智能手机应用，MelaFind 是一款医学设备，Yo 发了一条无意义的消息：'Yo！'MelaFind 告诉您，'做这项活组织检查，别做那项活组织检查'。MelaFind 能救命，Yo 不能。你猜哪家企业把产品交到用户手中更容易？唉……"[1]

智能手机应用推送无意义消息根本无须监管，但是医学设备不一样。但创新者约瑟夫·戈夫在他的卡夫卡式怪诞的经历中记载了 MelaFind 的故事，他们努力让产品通过审批走向市场，但压在创新者身上的法规阻止了他们创新。[2] 因此，西方经济想推进创新前沿或者提高低生产力增长水平却问题重重，这并不令人意外。我们创造了大量的、无益于培养提高生产力的习惯的工具和技术，而真正能影响经济、创造更多竞争和经济革新的根本性创新却寥寥无几。

---

① 塔巴罗克，《创新崩溃》书评。
② 戈夫，《创新崩溃》。

也许正是因为这个原因，过去 10 年发明的创新对于休闲娱乐的影响，多于其对增加劳动专业能力的贡献。比如，蓬勃发展的手机应用在我们私生活领域的前景，似乎比在提升我们生产力领域的前景更好。不同于家务应用快速普及的那个时期，现在我们在休闲时使用的新科技不是为了解放人们，帮人们把注意力集中在专业领域或提高工作效率。

经济学家约翰·凯的观点与之相似，但他是从另一个角度出发。他认为，"过去 10 年的科技进步似乎极大地提高了做家务的效率，而对工作却并不是这样"[①]。部分原因是因为监管。不难看出，为何监管在决定创新的方向或领域时举足轻重。它会影响公司董事会和融资方对于创新投资的决定，假如一项有发展前途的创新有与监管对立乃至被扼杀的风险，那么就根本不会有人投资了。

这种自然的反应也可以解释最近剧烈变化的行业内的创新模式。数码世界的投资者和创新者说创新有一种"离岸"模式：创新会流向新技术商业化监管风险更小的产品。"如果有个身在德国的人想出了一个绝妙的网络广告的点子，我会马上结束对话。我没那么傻。"旧金山湾区一位风险投资人如是说，他专攻欧洲领域而且十分了解德国监管网络广告的奇怪方式。[②]

之前 MelaFind 的例子说明，医疗保健领域的法规不仅强烈影响创新的方向，还左右创新传播的速度。其他投资者和企业也是如此。比方说，谷歌的谢尔盖·布林在谈及医疗保健行业时说："干这一行很痛苦……在美国监管负担太过沉重，我觉得许多企业会因此望而却步。"[③]

道理简单易懂。只需想想一种新药或医疗设备经过美国食品和药物管理局或者世界其他国家的类似机构审批流程的开销，有时还要考虑到时间，我

---

① 凯，《现代家庭中隐藏的生产力奇迹》。
② 埃里克森，《欧盟的互联网创业政策》。
③ 塔巴罗克，《创新崩溃》书评。

们就能明白其中的原因了。开销几乎一直在上涨，而且比通货膨胀率快得多。几年前，塔夫茨药物研发中心的学者发现，研发一种新型的、获得食品和药物管理局批准的药物的开销在1975—2005年间上涨了13倍。[①]在2005年前后，研发药物的开销一般在13亿美元左右。

还有声音质疑，这一数字实际上应该更高甚至高得多。近来，塔夫茨中心的学者称，研发一种获批的处方药的平均开销已经上涨至约26亿美元。[②]《科学》杂志作者马修·赫珀研究了制药行业15年的企业研发支出，并将其与药物批准进行比较，他认为这一数字其实要高得多，超过40亿美元。[③]

研发成本上涨是多重因素综合的结果。其中之一是研发针对复杂病症的新药的成本不断上涨。另一个原因是监管开销，比如监管机构要求的临床试验的成本。例如学者艾维克·罗伊认为，第三期临床试验的研发成本显著上涨，而这部分的成本约等于普通获批药物研发总成本的90%。[④]这一成本激增是因为必须向食品和药物管理局提交的信息激增。

前文提到的塔夫茨中心的研究表明，1999—2005年，临床试验过程的时长增加了70%，临床试验人员的负担增加了67%。[⑤]特别在近几年，其他研究认为，成本提高并不是因为等待食品和药物管理局审批的时间，而要归因于临床试验的规模和复杂性。罗伊认为，食品和药物管理局批准体制的问题，不仅是因为与第三期临床试验相关的监管行为发生变动，还因为与治疗急性病、罕见病的药物相比，监管系统并不适用于治疗慢性病的新药。现行办法很少强调条件性批准，导致市场上受到商业性激励的药物少之又少，只有大

---

① 药物开发研究中心，《协议设计的复杂性不断增加》。
② 格拉博夫斯基、汉森，《开发新药的成本》。
③ 赫珀，《发明新药的惊人成本》。
④ 罗伊，《令人窒息的新疗法》。
⑤ 同①。

企业才承担得起药物第三期临床试验的经济风险。制药企业对这种发展做出了回应，有些企业削减研发资金并重新分配资源，将资源用于收购旗下有新兴药物通过第一道监管的小公司。这些企业缩小了自己的边界，简直成了监管体系的专家。

研究成本和法规复杂性算不上真正的科学，将新药引入市场的成本可能比上文引述的数字高或低。然而能确定的是，投资者和公司考虑到在市场上推出新药的复杂性在持续增加，以及不断增加的成本压制了对创新的投资。这种现象影响了大型制药公司，更重要的也许还在于，在医药领域的私募股权投资者，以及罗伊所说的规模较小的创新企业，无法负担这过程中既需要时间又需要海量资源的风险。它还会影响来不及取得药物许可的普通企业，这样一来在专利受到保护的药物市场竞争更加艰难。

医药设备方面的创新遭遇的问题与之类似。让一项创新进入市场所花的时间以及传播开所需的等待都更漫长了。一般来说，在美国通过市场审批的过程比欧洲长。但若想有效地进入欧洲的医疗市场——真正能够销售产品——也需要一段极其耗时的过程才能得到政府批准，得以在许多不同国家和地区进行偿付。与其他商品和服务相比，新的医疗设备和药物证明自身效用的方法无疑不尽相似，但监管批准过程所耗费的时间格外长，已然影响到创新与对经济的积极改进的传播。

《新英格兰医学期刊》中的一项研究比较了经历市场批准过程和偿付批准过程的设备的"上市时间"，传递出一个令人警醒的信息，尤其是对欧洲的患者来说。[1] 在美国，普通医疗科技的批准过程所花时间约为 21 个月；然而在德国，若考虑市场和偿付批准，同样的过程却要花上超过 70 个月，Stratos 的植入式心脏起搏器这类设备，在美国从向食品和药物管理局提出申请到收到

---

① 巴苏、哈森普拉格，《患者有权使用医疗设备》。

偿付批准，经历了 14 个月，而同样的过程在法国花了将近 40 个月，意大利监管机构耗时 70 个月才批准该产品进入市场。在意大利提出申请的时间比在美国早了 5 年，但美国患者更早用上了设备。

到头来受苦的是患者。就算科技能压倒政治，也不会一夜间发生。在我们看来，这才是西方所面临的真正的创新问题的一角。虽然很多法规理应出台，但政治的精神与创新的精神其实并不协调，与在颠覆性技术变革中加速推进的理念也并不相符。大多数时候，监管体系依然会延缓创新，而非促进：它们通过煽动法规的不确定性，推迟创新投入市场的时间，从而渐渐破坏了企业的创新。如果审批有可能将产品进入市场的时间拖延几年，那么便不可能促进对创新的投资。那些已经向此类创新项目倾注了资本的投资者则好像被困在死谷中。现在，投资者已经更加清楚风险何在，对风险早已避而远之。但投资者的反应往往会引起人们规避有竞争力的创新计划以及对其的投资。

放宽监管和新知传播

监管和放宽监管都改变了创新和经营方案的方向——在这一点上二者作用相同。美国和欧洲经历了 20 年的部分市场放宽监管，经济因此增长，也引导着企业的竞争能量流向更自由的市场。政策和商业均有这一趋势，产品市场监管指标在发达国家的指导作用非常明显。大体来看，现在的经济和商业法规与 40 年前相比，对市场准入的阻碍更小。在发达国家，如今对价格的控制已经大大弱化。获得市场准入许可对竞争的妨碍减少，而且被唯一一个巨头合法垄断的市场越来越少。交易和投资的障碍已经倒塌，若想将商品打入全球另一个地区的市场，现在比战后任何一个时代都更容易。如果我们只考虑市场监管的总体水平，现今应该是历史上最容易将创新推向全球市场的时代。经济合作与发展组织成员国产品市场监管平均指标参考图 6.1。

　　这是好现象。市场因为产品市场监管宽松已经变得极具活力，而且也将更多价值传递给顾客。以田纳西州的孟菲斯国际机场和航空运输的变化为例。孟菲斯算不上国际旅客中心，其年均旅客流量仅相当于达拉斯－沃思堡国际机场或芝加哥奥黑尔国际机场的一小部分，但如果你有机会去孟菲斯国际机场，应该先跳过机场购物，看一看位于该机场北部的联邦快递中心，也是联邦快递国内国际货运的"超级枢纽"。该中心占地面积约 139 万平方米，是一个令人叹为观止的分拣包裹的"母体"，还有 179 个喷气式飞机大门，每天有 150 万件包裹穿过联邦快递的孟菲斯基地。①

整体经济范围内的产品市场监管

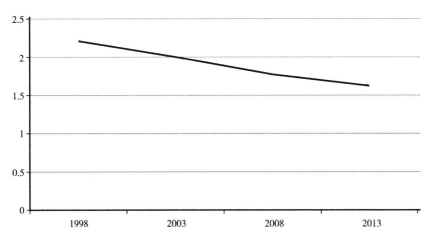

备注：产品市场监管的等级从 0 到 6，指标越低说明产品市场竞争的限制越少，每个结果的平均值基于该年经济合作与发展组织成员国数据
来源：经济合作与发展组织，《产品市场监管指标》，网址 http：//www.oecd.org/eco/growth/indicatorsofproductmarketregulationhomepage.htm#indicators；平均值由作者计算得出

图 6.1　经济合作与发展组织成员国产品市场监管平均指标

----

① 这一数字是 2010 年的数据，当时有一位作者参观了联邦快递中心。

从很多方面来说，联邦快递和航空货运服务的竞争、创新与监管息息相关。货运服务如今已经成为国内和国际贸易的核心部分，它的重要性还在随着网购人数上涨而增长，但整个航空运输业几十年来都在努力扩大业务量，进入更大的邮政和运输业市场。美国，在 1977 年迎来了这一重大转折时刻：许多与航空运输业相关的法规被废除。放松监管前，整个行业受到大量的将市场隔绝竞争的法规束缚。

美国民用航空局曾经严密管控市场。两位经济学家写道："放宽监管之前 20 年，民用航空局拒绝批准新货运公司的加入申请，也拒绝现有航空运输企业扩展新航线的申请，还限制运输飞机的型号。"[①]这种管理市场的方式无疑很奇怪，但开始放宽监管的时代来临之前，情况经常如此。条条框框存在的后果之一是，像联邦快递这样的航空运输公司无法启用更大型的飞机，不能提升货运量、降低成本。它们做计划时也无法将业务与实际需要相匹配，而使用航空运输服务的公司无法远离固定线路选址。对做这一行的人来说，好处是法规扼杀了竞争。

而放宽监管导致市场迅速扩张，使得运输市场更易接受创新和整体改变。这是经济的福音。物流行业用途广泛，其自身的进步直接影响到其他领域的创新和竞争。20 世纪 80 年代的物流革命是精益生产必不可少的元素，而精益生产是一种重要的过程创新，它要求准时交付生产的原材料。公司因物流革命获得了更灵活的选址和发展方案，接触客户的方式也有了更多选择。

放宽市场监管加速了新科技的传播，使得公司更容易将创新引向市场，用户接受起来也更容易。[②]加之产品市场监管的变化降低了公司运用市场支配力的限度，如利用先发优势，限制创新竞争者或制约市场防止后来者进入

---

① 巴顿、克里斯滕森，《释放创新》。
② 科明、霍布金，《技术扩散和战后发展》。

等。[①] 即使是在最近全球化阶段变得更加集中的市场中，放松监管带来的竞争精神一直得到保持，并继续限制先发优势。

但与此同时，另一方面是知识淘汰率——新知识或创新产品过时的速率——也迅猛增长，意味着公司利用过去的创新控制市场的能力已经减弱。经济学家测算过知识淘汰的速度，通过研究某项专利失去引用权（专利在其他专利申请中被引用的频率）的次数，他们发现在 20 世纪初期，年均知识淘汰率稳定在 2%～3%。[②] 等到 20 世纪 80 年代后期已经上升到 10%～12%，而且过去几十年间这个比率依然持续上涨。与这种发展态势同步出现的，是快速上涨的专利申请数和获批数，而且它指示了新知识的流向：知识淘汰率越高，新知识的传播程度就越高。倘若市场上没有新知识出现，那么知识便不会过时。市场改革大大提高了知识淘汰率。

经济学家兼知识传播学者埃德温·曼斯菲尔德于 1985 年在对工业技术的研究中发现，70% 的产品创新在出现 12 个月后，竞争对手就已经能够深入了解了。[③] 这一过程现在要快得多。在后来的研究中，几位经济学家发现，专利的经济寿命远比其适用年限短。比如让·兰乔在一项研究中总结到，超过一半的电脑专利，无论是否商业化，从申请日期算起 10 年内，都会变得一文不值。[④] 这种淘汰率也大致适用于电脑市场。信息与通信技术资本的贬值速率很快。

威廉·鲍莫尔是一位学识渊博的经济学家，他向人们展示了高度依赖创新的产品过时有多快。比如电脑新型号刚刚出现在零售店时，它的产量便已

---

① 阿加瓦尔、戈特，《先发优势》。
② 贾菲、特拉滕伯格，《专利、引用和创新》。
③ 曼斯菲尔德，《新工业技术泄露的速度有多快？》。
④ 兰乔，《侵权阴影下的专利保护》。

经减少。制造商已经在计划如何让更先进的型号面市。[①] 经济学家迭戈·科明和巴特·霍布金主持了一项广布全国、横跨两个世纪的研究，该研究最近发现，虽然新科技平均需要 45 年时间才能被接纳，但越是最近的技术就越快被接纳。[②] 蒸汽船和发动机船从发明到样品试运行的时间间隔为 120 年，汽车约 40 年，而个人电脑不到 20 年。

这些例子都说明，过去 40 年中出现的经济类型，以及西方经济市场新出现的部分开放对于特殊模式的竞争和经济复兴的贡献有多大。传播率提高了，而国际商业战略的很大一部分基础源自在一个总是加速的世界中抓住商机。

放宽监管和资源再分配

但是除传播之外，市场改革对创新的刺激没那么明显。市场改革为保证市场具有一贯的可竞争性提供了足够好的条件，这一点也并不明显。[③] 放宽监管在某些方面所发挥的作用很大，就像联邦快递的例子。过去数十年内电信行业的自由化，证实了产品市场放松监管能够大大改善制度环境，刺激这一行业不断创新。放松监管掀起了一拨市场中的竞争威胁，主要是让占主导地位的"老"企业和市场接受来自外部的竞争。然而好景不长，无论是生产力发展的激增，还是放宽监管后某些市场出现的有所提高的行业效益不久后便停滞了。因市场或产业组织改变而迅速增长的经济效益在一定程度上只是昙花一现。

曾经的放宽监管对市场效率依然有着积极影响，但它也没能让市场习惯

---

① 鲍莫尔，《创新：经济增长的奇迹》。
② 科明、霍比恩，《技术扩散的探索》。
③ 阿诺德、尼科莱蒂、斯卡佩塔，《监管、资源再分配和生产力增长》。

竞争。在前几章中所列举的证据表明，传播刺激了市场的缓慢变化以及渐进式创新，放宽监管帮助企业从归属地和功能上对接市场，从而取得更规模化也更专业化的利润。这样带来了显著的经济增长，但也会出现边际收益递减的情况。

经济组织上的改变可能会给某一经济体整体带来深远影响，但更普遍的情况是，它们刺激着生产者和消费者重新配置劳动力、资本和消费能力，过去几十年市场改革的结果即是如此。放宽监管的风潮对每一行业的影响并不平均。这一路走来，经济被打上了监管的烙印，而不是反映着生产者和消费者的自然变化。改革总体上促使公司将精力集中于水平层面的扩张规模和垂直层面的专业化。或者用彼得·蒂尔的数字比喻：公司被动受到刺激并非"从 0 到 1"，而是"从 1 到 n"。[①] 不只是经济结构改变——从生产制造到服务——产品市场改革重新调整了公司竞争的方式，以及他们对可竞争创新的重视程度。

这种商业模式在宏观经济层面也很明显。在这里笔者要举全球化重新分配生产和增长的资源的例子。1995 年，平面电视在德国的零售价与一次髋关节置换手术的费用大致相等，10 年后二者的相对价格有了惊人的变化。德国人做一次髋关节置换手术的费用可以换 6 台平面电视，5 年后这个数字变成了10 台。不过，消费者购买平面电视或有类似降价趋势的其他电器的总消费额，比花在髋关节置换手术上的总消费额增长得迅速。

上述情况很好地佐证了所谓的"鲍莫尔病"，威廉·鲍莫尔敏锐地观察到，生产力较低的行业中的劳动力成本增长快于生产力发展，因为其成本随着高生产力行业的薪水增长而增长。然而，还有另一重动态因素。平面电视的价格下降，是因为市场放松监管的不平等覆盖，导致竞争和生产力

---

① 蒂尔、马斯特斯，《从 0 到 1》。

发生相对变化。回到这个例子中，髋关节置换手术的成本也上升了，因为德国的医疗服务面临的影响因素不同。无法否认的是，平面电视和髋关节置换手术价格变化趋势的差异，反映出过去有监管改革的市场和无监管改革的市场的运作情况。必要条件是该行业可交易，其他行业不是，它们在价格、生产力和生产方面的相对表现是由它们所属的两种不同的经济组织决定的。

这种差别很重要，尤其是对西方，因为西方经济总体上更加依赖服务，尤其是不可交易的服务。服务都受制于低竞争力、高门槛以及生产力增长停滞的模式中，它们拖累了整体经济，包括更具活力也更愿意接受竞争的行业。经历过生产力最快增长的行业，交易性最强。

今天的竞争结构从很多角度来说都已经固定下来。竞争能一如既往地带来进步，但速度与之前不同。但是，竞争的固定结构也会影响到经济体的传播速率，甚至是那些大众普遍认为会迅速接纳科技的行业。

举一个互联网和网上服务的例子。头条新闻数不胜数，这便支持了以下观点：创新出现的速度加快了，人们获取和使用产品的速度也更快。比如，两位牛津经济学家称，热门手机游戏《愤怒的小鸟》在 35 天内就达成了电话 75 年才取得的成就：吸引 5000 万用户。[1] 就算用比这款游戏对经济更有用的东西做比较，情况也基本相同：一切都越来越快。广播电台花了 38 年时间才积累了 5000 万用户，之后电视出现，并用 18 年超越这个数字。然而互联网仅用了 4 年。一位《福布斯》杂志的作者通俗地解释了加速传播这个问题：跨平台即时通信服务应用 WhatsApp 仅用 6 年就做到了基督教花了 19 个世纪才完成的，即吸引超过 6 亿信徒。[2]

---

① 弗雷、奥斯本，《工作中的技术：创新和就业的未来》。
② 安德斯，《WhatsApp 的用户增长超过了基督教在 19 世纪初的传播速度》。

虽然有很多人支持传播加速的观点，至少在数字世界是这样，但是上一段提到的事实都是有误导性的，无法反映其在经济中传播的真实速度。真正的、重要的创新若要深刻影响经济、被广泛接受，往往需要时间。一项创新的经济影响越大，就需要有越多的旧资本退出，为新科技和新资本让路。随着投资水平降低，过去 10 年内创新的传播并没有加速，对经济也并未产生比之前更大的影响。公司和经济体越是发达，尤其是因为高度专业化，让创新被人接受的障碍就越难以逾越。

创新有时会被中止，因为市场和公司效率很高。亚历山大·格申克龙曾说，经济落后的社会工业化更快，因为阻碍创新的沉没资本少。[1] 与之类似的推动力有时会定义现代市场，令那些竞争力较弱、资本积累较薄弱的国家能更迅速地接受新科技。非洲的手机银行就是一个例证：它的普及率比世界其他地区都高，因为非洲传统形态的银行业不发达、竞争力较弱，市场现有资本不愿保护它。[2]

由此可以预见，当今具有突破性的重要创新需要时间才能在有沉没成本的经济体中传播。实际上，牛津经济学家将互联网的传播比作野火燎原未必准确。[3] 虽然互联网在短短几年时间内就取得了广播电台将近 40 年才取得的成绩，这听起来似乎很了不起，但这种比较忽略了一个事实：新科技应该更快达到某种体量标准，因为现在消费者基数要大得多；毕竟从广播面世到互联网出现这中间人口大幅增长、经济充分发展。如果控制人口相关的变量，甚至可以认为互联网传播的时间比广播和电视更久。[4]

也许这个结论未必正确。没有哪种方法能够精确测量技术被采纳的速度。

---

① 格申克龙，《经济落后的历史透析》。
② 布朗，《世界上使用移动银行业务最多的地方是非洲》。
③ 阿佩尔，《5000 万用户》。
④ 汉尼米尔，《互联网式夸张》。

最近几年有许多网上服务迅速传播。它们确实受益于之前使得市场准入的门槛降低的市场改革，事实是过去20年的数码发展大多已经进入了监管较为宽松的领域。而且，经济对技术改变的影响没有那么深。仍然存在显著障碍的不仅是创新，还有通过适应和模仿来扩散创新的过程。如果放宽监管的时代没有降低这些障碍，那么想想看监管干涉又开始滋长的后果。

放宽监管的风潮过后

西方经济改革随着千禧年到来而结束。市场改革不再能像20世纪八九十年代那样为经济提供动力。其实，不仅市场改革陷入停滞，监管机构在某些方面也故态复萌。经济对监管的影响越来越大，不只因为经济法规的约束性又增强了。产业政策又再次流行起来，西方国家往特定行业撒钱，意图很明显：直接赋予它们与外国对手竞争的优势。其他形式的监管变得过于细致，直接指导某种具体的行为，增加新的监管开销，一家公司需要掌握的茫茫法规数量就足以吓倒企业家。在美国这个神话般的自由资本主义榜样国度，许多州禁止销售无商业许可证的自制面包。[1] 从2008年到2015年美国施行了将近900部限制对外贸易的法案。[2]

图6.2列举了菲沙研究所得出的在世界经济自由度排名中的监管绩效数据，证实了所列出的几个西方国家有"法规重获流行"的趋势。从20世纪70年代末到21世纪初，这些国家大都减少或取消了信用、劳工和企业的经济监管，导致了自由度的升高，但在过去10至15年，欧洲的法规又日益严格，尽管美国的指数近年有所回升。这一趋势的产生原因不是经济危机，新的经

---

[1]《芝加哥论坛报》之《威斯康星州妇女挑战禁令》。

[2] 该数字来自全球贸易预警数据库，http://www.globaltradealert.Org。

济法规是为了应对经济危机。早在经济危机开始前几年，法规自由度就开始降低，而且涉猎的领域远不限于经济。

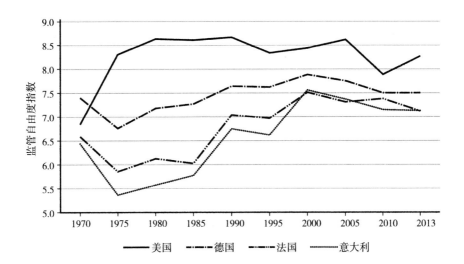

备注：指数是指总体指数中第 5 部分，"监管"。指数越高说明法规自由度越高
来源：格瓦尼、劳森、哈尔，《2015 年世界经济自由年度报告》

图 6.2　部分西方经济体监管自由度指数

　　监管贸易壁垒也有类似的趋势，即使无法获取较早时期的数据。监管贸易壁垒不同于关税。西方经济体的关税太低，不足以影响竞争，而且因为世贸组织的协定，提高关税必然引起政治摩擦和法律争端。然而提升监管壁垒容易得多，它已成为当今欧洲和美国贸易保护的主要形式。截至千禧年之前，西方的信用、劳工和企业监管指数连同经济表现都有所改善。从那以后就出现了无比清晰的加强对贸易的管控限制的趋势。

　　与之相似，西方经济体加强了对劳工的保护。这一趋势不是因为就业保护法。经济合作与发展组织的统计数据表明，过去 40 年间该项法律的变化不大。

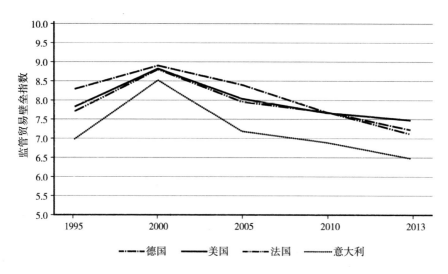

备注：指数为"监管贸易壁垒"的总和中的一部分，包括贸易的非关税壁垒以及进出口成本，指数越高说明贸易越自由

来源：格瓦尼、劳森、哈尔，《2015 年世界经济自由年度报告》

图 6.3　部分西方经济体的贸易壁垒阻拦国际贸易的指数

　　劳工保护的恶性趋势不如说是行业协会的回归——要求执业许可的工作不断增加。图 6.4 表明了美国的这一趋势。数几十年来国家执业许可种类数量稳定增长，而现在美国 1/4 的工人都必须持照上岗。如果再加上需要某种证书的工作，这个比例能达到将近 40%。欧洲也一样。单单是欧洲的服务业就有 800 项职业标准[1]；考虑经济整体，欧盟有超过 5000 种受监管的职业。[2]

　　但其实真正需要执业许可或监管标准的工作并没有那么多。医师和律师必须持有反映技能水平的执业许可，这是另一码事。不过，这些职业 50 年前就需要执业许可了。执业许可近几十年来的增长，在很大程度上反映出过度

---

① 维特尔，《20 年后的单一欧洲市场》，第 14 页。

② 欧洲委员会，《单一市场升级》，注 19。

监管的欲望，以及旨在保护职业免于竞争的、不断膨胀的野心。西方已经有了自己的"执照统治"，即印度的统制式监管。

来看几个例子。如果想在佛罗里达州做室内设计师，要先上 4 年大学才有资格申请执业许可。佛罗里达州有自己的建筑和室内设计委员会，它阻止了美国其他州的室内设计师进入该州。2011 年，州立法机关曾提议解除对室内设计行业的监管，未能成功，有人称这次改革会害死州内的 8.8 万人，因为无照设计师会用传播疾病的布料。

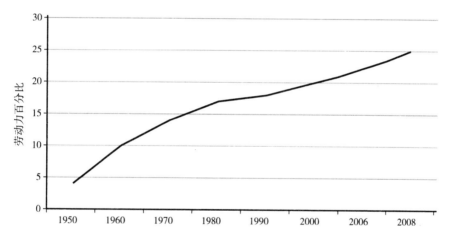

来源：白宫，《执业许可：政策制定者的参考框架》17

图 6.4 美国拥有国家执业许可的工人比例

几年前，得克萨斯州出台法律，所有需要接触数据的电脑修理技师都需考取私人侦探执照才能继续修理工作。路易斯安那州的入殓师和殡仪员委员会下令，无照的棺材工匠不得继续从业。如果有志成为一名亚拉巴马州的美甲师，要先接受 750 小时培训再考试。在犹他州，一位有着 23 年经验的非洲的编辫师不得不关店，因为该州的美容师、美发师、美体师以及美甲师执业许可委员会禁止她无照从业。[①]

执业许可是一种针对竞争的市场限制。它拖延了创新的传播，因为人们跨国或跨州工作会受阻。[②] 执业许可还影响到创新以及公司对创新的计划。因为执业许可赋予监管者极大的灵活性，决定什么是签发执照的条件，它们抬高了创新面前的障碍，使创新难以得到理解，尤其是如果创新不按套路出牌。不断增加的企业和贸易监管限制刺激着创新者和经营者重新部署投资和创新方案，与此同时，执业许可和标准激增，将市场可竞争性推入"只许卖给别人不许在自己地盘消化"的行业。按照目前的趋势，未来几十年内无须这种必要条件的行业将所剩无几。

企业融资、创新和监管

企业监管将继续加强，金融监管更是如此。经济危机后，西方经济体一直在提高金融领域的监管水平，随着新法规不断生效，监管自由亦将不断萎缩。也许金融领域正需要更多监管，但新旧法规有明显的副作用。其中之一就是它们会强化金融市场与实体经济的脱节。新金融法规加上税收政策以及其他法规，使得资本市场及其产品同质化更加严重。法规迫使资本市场更加远离那些有野心投资长期项目的企业。更大份额的资本都投给了类似的对象，追逐相同种类的目标。

这种发展趋势由来已久，而且它是我们在第三章中提过的灰色资本主义的一部分。资本市场对于企业投资的作用在过去几十年中已经改变，在过去20年间尤其如此。规模可观的现代公司在资本市场上为自己筹集资金不成问

---

① 这些例子来自《经济学人》——"愚人的规则"。
② 克莱纳，《职业许可政策改革》。

题，但可用资金与长期资本之间的性质差异越来越大。现在公司主要的资金来源是债券而不是股权，而长期以来，税制使得发行债券比发行股权更有优势。公司依然可以利用长期债券融资的各种资源，但它们的资金结构已经逐渐变为短期债券。而随着这种发展趋势，资本绩效需求反映了流动形式的债券以及持股时间更短的人的更重要性。

现代资本市场存在一种悖论，部分要归因于监管。"储蓄过剩"或不断增长的资本过剩驱逐投资，公司长期投资的资金渐渐被削减，这不仅仅是由于投资者要求更高的短期回报。近几十年金融发展存在一个有趣的规律：虽然金融系统中的杠杆和资产负债表增加，而且一再增加，但在企业领域的长期投资和创新减少了。投资者越发倾向于将钱投到生命周期更短的项目中。[1]虽然现代企业金融理论的一些分支并不认可，但非常明显的是，对外部资本的更加依赖改变了多种公司内部投资的相对价格。如果投资短期项目比长期的更容易，公司受到这样的物质激励，就会投资前者。

政客助长了这一趋势，不只是通过税收优惠、鼓励用债权替代股份。企业管理和资本市场领域的法规越来越试图让投资行为变得可预测。其结果是资源被重新分配，旨在让投资遵循某种政治模式的法规将不确定性较高的投资处于不利位置。后经济危机时代各种金融法规激增，不确定性也一同增长。指导投资公司的法规变得复杂得多。多德－弗兰克法案及欧盟或其他地区的一系列类似法案，成功地让本就极为复杂的金融法规变得更复杂。历史将会证明，这些新法规是否能让金融系统稳定，但这些法规已经加剧了对可预测性的需求，减弱了大家应对长期的不稳定性或不确定性的意愿。不确定性就是无法与现在这样的法规结合，而越发依靠资本市场投资的行业领域必然减少不确定性。

---

① 阿尔梅达、坎佩洛、魏斯巴赫，《企业财务和投资政策》。

而且，法规越来越复杂，提高了进入资本市场的门槛。这一趋势在过去几十年间都很明显，因为政府暗中提供给银行的"卖出选择权"——"你破产我们就救助你"——重新分配了不同经济领域的资金，导致金融过快增长。[1] 但现在的这一流程，需要过于指令性的监管和合规操作，在金融的各个层面上都需要更多的风险管控。换句话说，金融法规推高了资本成本，而且一旦新规定生效还会继续推高。监管的复杂性也会使得市场更集中于金融领域的特定几个部门。法规让更大规模的公司获益，小众的特殊领域参与者的市场已缩水，而这些参与者代表着一种不同于市场标准的资产管理。

银行和其他金融企业在这一发展趋势中也有责任，针对法规复杂性，它们的反应是让产品标准化以及迫使整个市场行为一致。这也是法规的预期效果：监管者希望金融参与者投资和应对新信息的方式高度同质化。换言之，繁杂的金融法规的后果之一是灰色资本主义的结构更加牢固，标准化导致集中和产品差异减少。紧随经济危机出现的指导投资基金和资产管理等相关法规将会像银行法规一样，在资本市场中永远存在，为金融以外的经济部门带来一些不利后果。就像多德－弗兰克法案一样，制约投资经理或保险公司及其资本管理等新法规，会将投资标准化、商品化。这造成了基金经理越发倾向于跟随市场总趋势和信用评级机构的评价，而这些也受到标准化和商品化的调控。法规自称会促进竞争，但他们寻求的竞争是基于一个低利率、低传播度、高体量、商品化的资本市场。[2]

这种资本市场的特点是中介越发重要，必然影响到公司在标准资本市场上为创新募集长期投资基金的能力。[3] 现代金融存在一种短期主义，而所有人都应该关注灰色资本主义对创新的外部和内部资金的改变。投资模式不断改

---

[1] 凯利、拉斯蒂格、范尼乌韦伯格，《牵一发而动全身》。

[2] 安永，《金融工具的世界更复杂》。

[3] 参阅《凯的评论》中的分析。

变，切断了经济增长的潜力。[1]有人称现实生活受其影响更大，甚至关乎生死。

举一个癌症研究和企业创新的例子。企业医学研究的总趋势之一，一直是降低临床试验的风险，尤其是前文提到的第三期试验。再加上从发现到创新有一段很长的时间差，从创新到商业化亦是如此，各种因素刺激公司将对创新的投资集中于可以在短期内商业化的产品以及要求较低的临床试验上。这些考虑，加上资金的不确定性，再加上专利系统无法有效区别创新究竟需要长期还是短期的专利保护，企业对癌症研究的投资逐渐被引导至青睐短期机会、减少长期风险的方向。[2]

这种资本分配终会影响到治愈癌症的能力。安全保险、较为保守，而且（从财务上来讲）流动性更强的癌症创新往往与晚期阶段的疗法而非早期的相关。然而要在与癌症的战争中取胜，必须改进的恰恰是早期阶段的疗法。而要改进早期疗法，就必须投入比现在多得多的资本，并且降低创新面市后获利的不确定性。

将癌症研究进展过于缓慢的责任全部推给资本市场法规，并不公平。但它们必须为公司募得资金方法的总体转变以及募集资金的目的承担一部分责任。加上追求更大规模商业管制的大环境，企业更加不愿实验和大规模创新。20 年来法规的大环境有所改善。然而，这一趋势并非无所不包。实际上，放宽监管的风潮仅在个别领域有体系上的重要性。它忽略了关键领域，比如劳工改革以及土地和住房，这些对于改进的速度至关重要。这种片面的，或者说残缺的市场自由化，决定了公司的类型和主宰几十年的经济增长的形式，导致了金融危机。资本家的能量流向自由化的市场，强调贸易和活期账户的自由化，刺激贸易和专业化。同样重要的是，有选择性的自由化改变了行业

---

① 霍尔丹、戴维斯，《短与长》。
② 布迪斯、罗因、威廉姆斯，《公司对于长期研究是否投资不足？》。

间的相对绩效,将商业活动引向开放的领域而不是封闭的领域。

在过去的 15 年间,政客又开始青睐增加而非减少法规。这一趋势不会颠倒,也不只关乎经济监管。也是在这 15 年间,另一组法规——非经济性法规显著增长。它们迅猛增长,却与经济法规一样甚至在更大程度上阻碍了创新策略。我们接下来就要谈这个问题。

第七章
扼杀前沿创新

要利用合理的法律提高我们的物质条件很难，但是用不合理的法律毁掉它却很容易。

——西奥多·罗斯福，在普罗维登斯罗得岛的演讲[1]

这次不太热也不太冷了，刚刚好。

——《金发姑娘和三只熊》

这已经成了战胜邪恶企业利益的经典案例。2015 年 5 月，欧洲议会最终投票解决了一个争议极大的法规漏洞，这个漏洞使企业得以继续在生产中使用化学元素镉。镉是一种过渡金属，一般在照明、陈列照明中使用，但它具有毒性。事实上，它有致癌性，这直接致使了许多工人因为接触这种化学元素过多而罹患镉肺癌。所以镉的使用一直都被严格控制着——特别情况除外，

---

① 西奥多·罗斯福，《企业控制》。

187

当时的投票在欧盟代表眼里，还是走在更好、更完整地保护健康与环境之路上的。结果不言自明：欧洲议会投票以 618 票对 33 票否决了继续准许使用镉特权的提案。[1]

但这真是走向健康与环保之路上的一场史诗之战吗？虽然有些企业希望延长镉使用特权，但其他企业——那些生产竞争性产品的企业——其实倒希望禁止这些特许。而且投票的结果对健康和环保其实也并没有太大帮助，因为它的主要替代品也没有安全多少。令人惊讶的是，欧洲议会投票的结果并没有最终结束这种特权的使用。事实上，欧洲议会在自己的决议中也规定了，镉并未被禁止使用，虽然它投票的目的是禁止特许权。最终的结果是重新进行对镉安全评估，并且希望评估结果是应该禁止使用镉。

这种法规制定的方式极具迷惑性，尤其是欧洲委员会已经在提议延长特许权之前，邀请了多位环境和工程学专家专门做了安全评估。而且事实是，他们也建议延期特许权，只要在限制性条款中声明这只是短期性延期，以期几年后能找到替代性的不含镉材料。[2]实际上，议员们否决了科学的安全评估，又重新进行评估，其实根本不清楚第一次评估的问题究竟出在哪里，除了只是明显无法接受它的结果以外。布鲁塞尔的游说家们，却很喜欢这个结果，因为这次投票打响了又一拨游说战的第一枪。

镉案例背后还有一个更长的故事，讲述了立法者和监管者的行为是如何导致了政策不稳定性——而且之后更必然的，扼杀创新。时间对任何商业都至关重要，对正打算发布新创意的公司来说尤为如此。在镉案例中，在现有特许权下正在使用这种化学元素的企业，无法确定它们的产品在未来几年中是否能在市场中流通。也许这件事本身影响很小，是孤立的，也是无心的；

---

[1] 欧洲议会，2015 年 5 月 20 日的决议。

[2] 根施等，《援助委员会》。

还是企业制定有关创新的决策时要考虑的一小方面——前提是企业真的会考虑。但事实并非如此，不管是这个案例，还是广义上所有法规制定。法规的制定通常出于好意，也并非怨念的产物。大多法规的意图和效果都并不严苛。然而，当这二者结合，却会放大不确定性，影响在重大创新上的投资。

过去10年左右的许多规章法规，都增加了复杂性，而没有带来简化，所以也就带来了不同程度上的恶性影响。这些法规一般都是所谓的"预防性法规"，或者一些意图、宗旨模糊不明的法规。这类法规的意图并不明确，其后果也无法预测。受到其影响的人，也无法理解这类法规的性质。因为导致产生了这类法规的监管法规通常比较迟钝，所以也很难为这类法规的精确目的起到导向作用。预防性法规不是经济法规，因为这些法规应对的是监管工具，而非传统经济工具。它们通常通过各种不同形式的社会规范，比如环保、消费者安全等，体现着防范性质。

不确定性是复杂法规带来的最大问题。通常，法规有很多不同的构建方式，最近的法规却趋向于模糊，而非明确。这些法规影响了创新，因为它们强迫企业进行更加趋向于风险规避、更加谨慎的创新行为，创造了一种建立以获得行政许可为导向的创新文化。法规在现存和未来产品之间的位置并不中立：它产生了改进现存产品、生产多样产品、为市场提供更多服务的阻力。法规成了一种存在却无法理解的事物，最终，成了一种创新破坏力。

商业领域的反应完全在意料之中，不是减少了创新支出，就是进行了迎合法规需求的重新配置。复杂法规助长了企业管理中的管理主义心态——抑制了对激进创新的欲望。就像企业管理层，监管者喜欢的是可预测企业和符合政治模式的改革创新。在他们眼里，创新不能太热也不能太冷，适宜最好，就如《金发姑娘和三只熊》里提出的原则。但那并不是创新。当法规的成本和风险超出了企业能承受的范围，或者其起效周期过长，自然也就会为了避免长期的过度监管而偏离最初方向。

预防性法规

预防性法规通常会使法规复杂化——也就增加了创新的风险——因为这种法规的定义就规定了它的意图一定是模糊不清的。它们不是针对已知问题，而是针对未知，或者可能出现的问题的解决方案。拿化工业举例。根据欧盟工会组织的一次影响调查，化工业最显著的一次改革——对所有使用中的化工制品进行强制注册、检验和授权——分散了创新上的资金投入，增加了新化工制品创新的销售时长，导致了 10 多年的监管不明晰状态。[①] 欧盟化工业更进一步，宣布这条法规不仅从设想上就是错误的，而且最终导致了创新性竞争的流失，因为它导致生产从欧洲转移到了世界其他地方。

这种断言是否准确还有待验证，但有一点很明确，那就是法规的复杂和不确定性绝对是欧盟预防性法规的直接产物。这种法规是无法适配鼓励创新和实验的企业文化的。有业界领袖表示："第一反应是考虑产品的风险而非收益。"这导致"技术进步几乎成为不可能"。[②] 预防性法规转移了举证责任，因为它要求生产者证明一个产品是无害的。哈佛教授凯斯·桑斯坦称之为"真正的麻痹"[③]。科学作家罗纬尔德·贝里总结道："一切新事物在被证明清白前都有了罪。"[④]

证伪不仅只是哲学上的难题。预防性法规催生了一个不可预测的法规文化。很难知道需要做什么，才能不受法规和审批流程的制约。这就需要成本和时间。当法规含混不清时，监管者在对某产品是否安全的判断上就有了弹性。预防原则抹去了本该为法规的执行指引方向的科学精神，还增加了巨大

---

① 战略评估服务中心，《临时评估》。
② 德克斯，《欧洲为什么在创新上落后》。
③ 桑斯坦，《超出预防原则》。
④ 贝里，《预防故事》。

的创新成本。

另一个典型例子是纳米材料。纳米材料前景很好，尤其对于欧洲和那里的大型工业企业来说。然而，欧盟当局还没有出台相关调节策略，当局称虽然"纳米材料本身不危险"，但这种风险的存在使他们无法直接全方面开放许可。[①] 又是这样，看起来也许没什么危害，但纳米材料的创新受到了影响。这种监管模式意味着，每一种材料都必须通过针对性审核授权。每当有新的纳米材料被发明或者申请许可，都有相应法规需要出台。

这种监管自由裁量权激发了更深层的不确定性，因为它让审批流程的政治化更上一层楼，有时甚至致使已经经过科学证明，确实无害的创新的许可申请也遭到了延误。转基因土豆就是个很好的例证，这纯粹是欧盟监管体制历史上的一个大污点。欧洲食品安全局 2015 年核准了使用转基因土豆生产特定的马铃薯淀粉。尽管当局的核准表示它对环境和人类健康没有伤害，这个创新产品最终也并没有得到市场的认可。[②] 申请方，德国化学公司巴斯夫，自然认为自己受到了不公正待遇，并最终于 2008 年向欧洲法院递交了起诉书，声明当局刻意回避了批准与否应该在出具科学评估结果后多久公布这条规定。欧洲委员会出于对转基因农作物的普遍不接受带来的巨大压力，并没有直接核准，而是于 2009 年再次进行了又一次评估，也许是希望能出现不同结果，或者能借新评估结果压制反对意见。欧洲食品安全局再次声明了转基因土豆的安全性，并于 2010 年得到了最终结果，此时距离申请在欧洲种植、使用转基因土豆已经有 5 年之久。这是欧盟史上第二次通过转基因农作物的申请。

然而事实是，它最终未能实现。有几个欧盟成员国也向法院提出了抗议，其理由是欧盟委员会违反了同一条相关许可或者否决的条例。由匈牙利带头

---

① 欧洲委员会，《纳米材料》。

② 瑞贝桑德拉坦娜，《欧盟法院撤销转基因马铃薯的批准文件》。

的几个成员国并非要证明转基因农作物有危险性，也并非想证明欧洲食品安全局在对这种农作物的多次科学评估的事上犯了错误。匈牙利翻出了一条久远的、对他们的提请有利的、相关批准决定的可用科学依据进行抗辩，却不管这让整个流程变得多么荒谬、怪诞。

因为欧洲食品安全局对转基因土豆进行了第二次评估，匈牙利称，欧盟的核准应该基于第二次评估结果而非第一次。虽然两次评估都声明该产品无害，2013 年 12 月欧盟常设法院却判决支持起诉，宣布了许可无效。然而从实用目的上来看，本案在法庭判决前就已经结束了。因为遭到强烈反对，巴斯夫已于 2012 年撤销了提交的转基因农作物申请。接着巴斯夫结束了相关基因改造生物的所有研究，彻底退出了欧洲市场。[①]

这也很好理解。对转基因技术，或者我们所谓的"科学怪食品"的反对声音很大，也很有力，还有许多既得利益者支持。这些都更证明了本案需要更加简单清晰的法规。法规为决定某企业是否服从约束的监管者或者政客提供的自由裁量权成倍地增加了不确定性。当法规加入了预防性策略的原则，创新者也就基本不可能清楚到底需要做什么才能得到所需许可了。这种法规只能促使企业将投资从创新上分散出去。这也就是为什么法规——除了产生了减少产品市场约束的大趋势外——成了创新领域日益增长的阻力之一，而且也是越来越多的企业开始畏惧创新实验的原因。

转基因土豆就是一个企业因为不确定性法规分散了创新投资的典例。现在说回镉的案例，我们发现了相似的反应——而这次也同样耽误了新技术的产生。镉无疑十分危险，如果你就住在一个让这种元素污染着水源和土地的镉工厂附近，那也许你应该给艾琳·布劳克维奇打个电话。但如果只是少量用于隔离的固体材料，监管机构并不会将其认定为危险。而且，对纳米材料

---

① 邓莫尔，《孟山都公司撤回向欧盟递交的批准请求》。

创新的商品化来说很重要的一点是，没有机构认定生产量子点有危险，量子点是一种前景光明的新兴纳米材料，现在用于制造一个恐怕堪称世界上最受青睐的产品：显示器。

哪怕商家的促销台词只信一半，量子点也是个很棒的技术。它能产生更高效的照明产品，大幅减少显示器的能量和光损耗。这将为家用和办公室节省许多电费，还能为我们这些每天对着屏幕工作数小时的上班族提供更好的工作环境。量子点显示器有更高的图像质量，不需要 LED 显示器的蓝光滤光器、比 OLED 显示器的光耗更小，而且还增加了额外的量化维度。但它能应用的领域其实远不止简单的消费性电子产品。

2015 年上半年的消费性电子产品协会年会上，一款量子点霓虹灯管在内华达沙漠投入使用，出乎之前以此打趣的人们的意料，它并非为了装点拉斯维加斯，而是为了证明在太空中能观测到它。[1] 有人说量子点太阳能电池很可能超越光伏技术[2]，美国宇航局称，它对能量的高利用率让它拥有了为外太空探索供能的可能。[3]

量子点技术中对镉的使用几乎都在玻璃或塑料的包裹中，所以监管机构才允许了这种使用。只要工作场所在生产中减少潜在照射，而且电子废弃物处理系统能解决废旧屏幕中的镉（和其他有毒物质），量子点中镉的风险就能被控制。然而欧洲议会却并未被说服。它的解决方式只是声明镉是可代替的，所以在量子点带来的潜在收益中，镉并非必要的。说好听点，这个说法很勇敢，而这种技术的开发方并不喜欢这种说法。事实上，所有生产、使用量子点的企业中除一家特例（它也建议取消特许权）之外，都断言要实现纳米材料的光能低耗，镉绝对是必需的——而且，唯一可行的镉代替品是铟，这种

---

① 莫伊尼汉，《什么是量子点》。
② 艾哈迈德，《量子点》。
③ 美国宇航局，"高效量子点 III-V 热光电电池"。

化学元素同样危险。

这件事告诉了我们什么？量子点能否冲击电子工业还未可知；未来的欧洲能否出现含镉量子点显示器也未可知。但对欧洲的消费者和生产者来说，因为这种模糊的规范不确定性，要在这方面投入有效投资短期内是不会实现了。这是最显而易见的结论。监管的不确定性带来的最可怕结果，通常是延缓创新进程，降低创新投资。不确定性会影响创新者的上市时机、发明者和开发商打动消费者的能力，这很关键，因为利益一般都能推动延续性创新。重要的是，它还将影响到消费者，因为他们并不了解新技术能带来的利益。总体上，它将阻止一个经济体中的所有人进行更加智慧的行为。

规范不确定性还将导致创新的商业不确定性。虽然还是有些投资者和发明者没有完全被规范不确定性阻挡，甚至在其中看到了商机，但在大多数人眼里，不确定性都是一种成本，而且是一种伴随着风险的成本。就拿哈佛学者阿里尔·多拉·斯特恩的研究来说，他发现医疗设备的前沿创新领域，漫长的核准手续能导致一款创新的预期总收益减少 8%。[1] 听起来也许不多，但这对一款创新来说，往往是关乎成败的区别。

大多数企业的董事会或者企业管理层在监管不确定性过大，或者获得监管核准的成本存在过高风险时，都会干预创新进程。在目前的欧洲监管格局下，基因改造生物领域能获得的投资相当少，原因很简单，那就是欧洲的基因改造生物领域规范过于复杂，以至于就算一款产品的安全评估通过，也没有人敢断定它在欧洲就一定有市场。当某一分支无法进行创新，受到影响的将是整个生物技术领域。不是只有巴斯夫撤出了自己在欧洲的研究业务并撤销了监管许可的申请，其他同领域的企业，比如孟山都公司，也感受到了这一讯息。同样地，欧洲对页岩气和可再生能源的投资大幅降

---

① 斯特恩，《不确定性监管下的创新》。

低，也是许多国家的监管体制，让公司无法对该领域在未来存在的商机进行预判造成的。

规范之间的矛盾

许多领域的规范已经复杂到了可怕的程度，以至于单单理解什么可以做、什么不可以做都需要相当大的投入。但造成复杂性的原因不仅是设计缺陷。当规范的数量过于庞大，就没人能全盘把控规范之间的关系；这将导致经常出现监管条例之间存在重叠、其规定互相冲突的情况。经济学家将这种现象称为"规范累积"，其定义是"既是反应性监管结构的过程，同时又是其结果"[1]。换句话说，随着通过的监管条例的数量增多，这些条例将不可避免地以我们无法预见的方式互相作用。而众多条例结合在一起，难免出现重叠或冲突，变成了企业管理的首要关注点，甚至还会影响企业追求创新的意愿和能力。

2013 年发生一起曝光度极高的规范冲突案例，当时欧洲发现德国和法国在竞争梅赛德斯·奔驰的市场。《金融时报》报道当夏"数千辆赫赫有名的梅赛德斯·奔驰在法国陷入了滞销，因为上个月巴黎拒绝通过 4 款新车型的登记手续，因为这 4 款车型的空调系统中包含一种出于环保原因，已被欧盟禁止使用的制冷剂"[2]。不出意外，梅赛德斯·奔驰当然是对法国这一决定强烈抗议，称这条禁令将严重伤害他们在法国的销售。而且他们进一步表示，法国政府禁止梅赛德斯·奔驰新车型的销售还有其出于私心的目的：这其实是针对法国疲软的汽车企业的贸易保护措施。虽然究竟何时取消使用该种制冷剂完全由官方决定　，但这决定也确实是在公正地履行着一条成文法。另外，德

---

① 曼德尔、卡鲁，《监管改进委员会》。
② 卡内基、弗伊，《法国禁止奔驰汽车》。

增长陷阱

国当局却并没有禁止这种制冷剂的使用，因为替代品极度易燃。他们的决定也是基于法律，允许企业选择使用更安全的产品也是对法律的公正践行。本案例的问题不在于对错，而在于法规之间存在的冲突。

这已经不是第一次出现不同法律相互冲突的问题了。最新出台的法规让整个监管体制结构变得更加规范而颗粒化。迈克尔·曼德尔和黛安娜·G.卡鲁，在对规范累积的研究中使用的说明案例，就是美国长达275条的《绿色建筑规范》和其能源政策与节约法案之间，因为对节能家电所采用的不同标准引发的矛盾：

华盛顿州和新墨西哥州的阿尔伯克基的两大诉讼案件，在相关电器节能的建筑规范的合法性上做出了相反判决。两个案件中，当地暖通空调（暖气、通风和空调设施）行业协会都以能源政策与节约法案为依据提出了诉讼。2012年在华盛顿州，法庭支持了建筑规范，因为建筑规范的用语并未要求建筑商使用更加节能的电器。然而在阿尔伯克基，法庭却于2008年禁用了当地的《绿色建筑规范》，其依据是能源政策与节约法案相对建筑规范有先占原则。2012年的修订说明作为一个更宽松的全国性建筑规范代替品的绿色规范完全失去了效用。

上面这段话描述的是不加控制的大规模监管累积效应——这种过度增长还没有得到经济监管条例增长所得到的那种关注，因为对这个领域的监控还相对较少。而那些监控着这个领域的人，大多不认为过去的10年，监管出现了显著的放松。1997—2012年，帕特里克·麦克劳克林和理查德·威廉姆斯的研究表明，美国联邦法规条例总数一年增加了1.2万条。[①]麦克劳克林和乌巴德利根据文本分析结果发现，经济领域整体都出现了累积和扩散效应。令人惊奇的是，

---

① 麦克劳克林、威廉姆斯，《监管累积的后果》。

他们发现没有一个领域在禁令和监管条例数量上有降低趋势。[①]

规范的累积导致了复杂的监管环境，致使理解监管条例的意图，以及明确各个监管条例是否兼容都更加困难。这样的监管体制，会导致企业面对创新和商业计划时犹疑不前。这不一定会完全遏止创新，但绝对会导致其出现延缓，而且会导致投入创新的资源再分配。

如果自动驾驶车辆真的发挥了应有的潜能，而非把自己局限在新兴出行工具这一定位中，更不能变成汽车领域又一项前景光明，却最终失败的技术，[②]当局就需要限制、修正许多现行管控市场和技术的政策。[③]就算制造商和媒体不停宣传智能汽车将很快占领道路，现实却并非如此。市场要进化，最重要的是监管、立法和执法方的本能，而不是我们通常误以为的关键技术或者汽车质量。

与智能汽车相关的多项规范之间的协同作用很容易被打破，致使这些条例大多未能发挥其应该起到的作用。许多国家中，需要规范和法律创新来专门应对这种基本法律规范在处理具体案件时产生的归责问题带来的可能影响。或者，换句话说，如果无人驾驶汽车撞毁，或者引发了车祸，该由谁承担责任——是车主还是生产者，或者也许应该是指导它自动驾驶的软件的制造商？有企业正在尝试不同解决方案，但这个问题目前争议仍旧很大。如美国两位运输业领军专家明确表示："阻止司机和企业尽快采用自动驾驶技术的最大障碍，就在于政府能否谨慎而迅速地采取措施，着手解决其中的一些重要问题，包括事故责任归属问题、保险问题和安全规范。"[④]然而谨慎而迅速的措施，却并非属于西方监管体制和政策制定者的标签。

---

① 乌巴德利、麦克劳克林，《Regdata：特定行业规程的数据库》。
② 安德森等，《自主汽车技术》。
③ 蒂勒、哈格曼，《移除智能汽车的路障》。
④ 温斯顿、曼宁，《增加技术投入以提高公路性能》。

繁复规范管控下的投资再分配

没人能准确估计规范不确定性对创新投资造成的损害。经济调查一直明确显示，政策不确定性从整体上降低了经济产量。[①] 很高的不确定性对经济动脉——企业投资的阻碍是非常直观可见的。任何面对政策、规范不确定性的商业都将趋向于更高的防御性和谨慎态度，有些情况下甚至会导致企业完全进入投资停滞。学术研究指出：学者们对不确定性影响的研究明确表明了它对企业投资的再分配和企业对创新投资意愿的巨大影响。

政策不确定性和规范不确定性还是有一定区别的，虽然这二者总是形影不离。政策不确定性涵盖的是更大范围的政府干预经济的手段，比如税收。不过二者都有抑制投资的效果——而且这种效果还不是如一般人所想象的那样微不足道。学者们已经大体上量化了政策不确定性的影响，其结论是，大萧条期间1/3的资本投资下降都是政策不确定性引起的，而非市场不确定性引起的。[②] 考虑到2007—2009年资本投资的下降总额，这个比例其实十分可怕。但这也充分体现了这种情况下，企业普遍会因为政策不确定性程度过高，而停止进一步的商业投资。只看宏观的政策不确定性，就已经不容小觑。大部分经济实时分析评论员都预言，在经济衰退、信用崩溃后，接踵而来的将是大萧条式的、针锋相对的贸易保护主义和规范海啸。这种政策将直接影响到商业发展。加上监管体制所谓的"正常增长"，就很容易理解，为什么说不确定性已经成了资本主义的极大阻碍。

结果证实了第二章讨论过的观点，投资增长确实出现了整体下降的趋势，并且证明，政策不确定性也从某种程度上解释了为什么企业更愿意积累现金

---

① 罗德里克，《政策的不确定性和私人投资》；哈塞特、梅特卡夫，《不确定性税收政策下的投资》。
② 居伦、伊翁，《政策不确定性与企业投资》。

资产，而不愿意在过剩流动性上进一步投资。单凭市场不确定性这一个因素，就足以驱动企业高管推迟投资、积累流动资金，好在下一次信用危机或者需求、利润短期骤降时，维持公司的运转。规范不确定性增加了企业囤积资金，而非将资金用于投资的倾向性。现在面对双重不确定性，也就可以理解企业的自然反应构成了投资、生产和产出趋缓的原因。

　　另一群来自斯坦福和芝加哥大学的经济学者也得出了同样的结论。他们引入一个新指数，以便更好地理解政策不确定性的发展。利用指数分析，他们发现了政策不确定性和经济现象之间存在着许多密切联系。比如，他们就提出，过去几年来总体上的政策不确定性阻碍了美国经济的复苏，最明显的就是导致总投资额降低了大概 6%。[①] 鉴于导致华盛顿特区陷入停滞的种种政治混乱因素，比如财政政策、债务限额、医疗保健等问题，这个结果其实并不算完全出乎意料。虽然导致短期趋势和波动的可能有诸多因素，但还是有理由认为政府重要法案的不确定性对企业董事会议上的诸多决定有不可忽略的重大影响。不过从长期效果来看，很明显政治系统的不确定性是影响着企业的商业计划的。图中的指数显示，从长期来看，美国的经济政策不确定性存在着增长的趋势（参考图 7.1）。除了 20 世纪 90 年代出现过下降外，自 20 世纪 70 年代起，美国的政策不确定性一直处于稳定增长的状态。

　　不确定性不仅导致了经济发展的延缓，久而久之，它带来的伤害还在于改变了商业投资的结构，导致投资从开发和创新上的流失。经济学家发现不确定性对不可逆投资的抑制作用尤其大，而不可逆投资，比如创新，一般都是长期性投资。自然，当投资面对的未来结果不可预知，通常企业都会选择暂停，等待得到关于未来和收益率的更多信息再做决定，而这种效应，研究

---

① 贝克、布鲁姆、戴维斯，《经济政策的不确定性是否阻碍了经济复苏？》；贝克、布鲁姆、戴维斯，《政策的不确定性阻碍了经济复苏》。

显示，在沉没成本较高的领域尤其明显。[1]

　　这点我们已经讨论过了：高沉没成本对企业计划的影响很大，而且在这里，会导致企业对不确定性投资表现出异常的谨慎态度。它将改变企业行为，尤其体现在企业的资金分配上，并且会损害整个经济体的生产能力。[2]规范影响着企业的资源分配[3]，而且在潜能较高的前沿科技领域，比如能源和医疗保健等，监管甚至是该领域发展方向和企业进展速度的决定性因素。换句话说，政府能掌控企业在各个领域的资源分配，掌控企业关于投资更多或者少产的目标的决定。

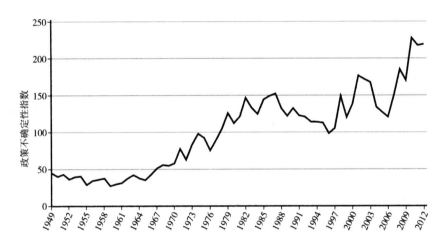

来源：贝克等，"美国政策不确定性自 20 世纪 60 年代的增长原因"图 1

图 7.1　美国的经济政策不确定性

　　被影响的不只是大型、全球性公司，事实上，波及的公司很多，而且有些非跨国企业，也因为规范受到了不小的冲击。对于有潜力开发、销售有挑战力的新技术的初创或者小型公司，规范不确定性的冲击有时甚至能导致技

---

① 居伦、伊翁，《政策不确定性与企业投资》。
② 可参阅巴特尔曼、霍蒂万格、斯卡佩塔的《生产力的跨国差异》。
③ 格林斯通、利斯特、西弗森，《环境规制的影响》。

术开发的全面停滞。它们没有能投入创新的内部资金市场，一般都需要完全依赖外部投资。所有尝试过找投资者募集资金的小规模创新者都了解，要钱是件很低声下气的事。但当风险不再只包含市场、技术风险，还加上了监管风险后，这件事也就不再是低声下气，而是变成耻辱了。外界投资人一般不具备理解针对某个具体创新的众多监管风险之间的细微差别的能力的。就算他们决定投资，本来属于开发、推广创新的资金，流向了评估监管和法律的不确定性，已经造成了一定的损失。

　　这并不是一个非黑即白的问题，也不是所有规范都会损害资本分配或者对创新投资的趋向。事实上，有时监管还能促进创新。但这是否出于规范本身的意图不得而知，但比如，就有许多企业为了顺应新规范而选择了创新。企业还会为了规避监管选择创新，而这种创新搅乱了市场的事例也屡见不鲜。[①] 规范还能设立以决定是否应该允许创新产品进入市场降低不确定性的标准。如果规范设定的标准可行，在没有达标或者没有及时达标时也不会落入苛政的范围，那么这种制度的效果就更好。

　　以美国 20 世纪 70 年代颁布的为提高汽车的环保标准的规范为例，多位学者都发现，这些规范刺激了美国汽车公司出现了更多创新行为，而且促使它们将研究与开发部门的投入从"开发"更多地转移到了"研究"。[②] 年度新车型越来越少，就是为了将资源更多地投入到能提高燃油效率的创新中。这是好事；这种资源分配更科学，因为它刺激的是真正的创新。

　　然而，规范的作用还是有限的，本案例中也是一样。这些规范的效果并没有延续很久，而且导致了创新这种停停走走的模式的其中一个重要因素就

---

① 哥莱克、赫格尔、弗农，《医药研发支出和价格管制的威胁》阐述了制药等高度创新行业的研发支出如何因为价格管制而发生扭曲。

② 可参阅阿特金森、加纳的《将监管视为产业政策》；热拉尔、拉夫的《实施技术强制政策》。

是不确定性。最终，企业创新和投入创新的意愿都是暂时的。燃油效率修订案不仅成本很高，而且根本不可能实现，至少在它给出的时间限定内无法实现。之后美国当局不得不延迟该法令的推行，尤其是针对催化转化器这一案例。而达标后，美国汽车公司的创新活动就出现了明显下降，各个公司都降低了研究与开发部门的投入。

本案例指出了规范对象产生变化的后果。该领域的大多经济学研究都表明，经常变动要求的规范对创新会产生消极影响。毋庸置疑，当经常变动要求的规范的实施十分严格，不给企业适应、满足要求的弹性时，这种消极作用就更加强烈。更糟的是，如果满足监管要求的条件要求太高，规范对象的变动甚至可能彻底打消企业创新的意愿。[1] 这是最糟糕的不良规范了，规范对象的变动有一定弹性，也一样会产生创新抑制因素。导致这种现象的部分原因是，这种制度带来了长期上的不确定性，企业无法确定从长期来看，是否能收回创新成本。如果企业提前知道达到监管要求后，监管要求就会发生变更，就会降低企业进军该领域的意愿，或者会让企业产生选择代替性机遇的倾向。这当然就会导致企业将投资从大型的、改变市场的创新上转出，转而投入小型的增值创新——也就是从未知转向已知。这恐怕算是规范能产生的最大损害效果，因为它使企业的创新活动方向偏离了提升企业和经济生产力的创新方向。

规范是很精妙的，而且规范逐渐提高标准也是有合理原因的。监管程序也是一个学习过程，和所有的学习过程一样，监管者也会受到不断增长的知识的影响。结论不是监管者应该放弃监管，而是规范中的确存在污染创新环境的监管形式。在改进监管程序中，监管者一定要避免制定复杂或模糊的监管条例。他们需要更明确，而不是更不确定的规范。

---

① 可参阅普里格的《监管延迟和产品创新的时机》。

繁复规范管控下的绿色能源

阻碍创新的规范，一般更多地出现在能将技术推向前沿的关键领域，还有能提高生产力、促进经济增长的领域。问题的关键不在于这些领域相对其他领域面对的经济监管更多，就算是能源或者医疗保健领域也是一样。更大的问题在于，数量惊人的新规范刚好满足了能够彻底阻碍大规模、影响重大创新的全部特征。

这种规范对创新的阻碍并非只是副作用，而是设置规范的目的之一。制药业创新的成本增加，也是因为临床试验复杂、顽固的标准，让制药业降低了向需要的患者提供药物的优先级，而将控制风险当成了第一要务。这是政治性选择，不是药物本身决定的。预防性规范通常要求诸如化工业这种领域的潜在创新者进行证伪，这通常是由政治性推测导致的。同样地，基因改造生物创新已经无法进入欧洲市场，是因为有重量级政客希望如此，哪怕这项创新其实完全符合规范。

不幸的是，没有迹象表明监管者和最终掌控监管行为的政客们，打算改变自己的一贯行径。情况正越来越糟，规范也正在逐渐成为产业政策的一部分。社会规范现在已经成了权谋政治家为了对其有利的特定行业而牺牲其他部分的、瓜分市场的方式之一。像能源这样的领域，对经济和地球环保都十分重要。不仅仅是复杂、严苛的规范腐蚀着创新的意愿。而这些规范制定的目的，正是将市场的收益导向政治地位高的人群。

未来前途光明的领域，比如可再生能源，本该由贸易和技术引导，现在却在一系列监管制度的掌控下。如果市场和监管制度的要求没有这么复杂而模糊，西方世界的经济也不会如此惨淡。欧洲的生物燃料就是个很好的案例。自从 21 世纪初期，欧洲各个国家和欧盟机构一直努力在运输业推广可再生能源的使用。为了用生物燃料代替化石燃料，它们投入了相当多的人力、物力、财力资源。① 化石燃料的税捐出现了大幅提升，同时生物燃料的生产者也都分到了相应补贴，以被激励继续投资和推广。然而，这些鼓励措施并没有效果。几年之后，当革新最初的热潮过去，欧洲当局不得不重新整改关于生物燃料的生产和消耗的相关规范，并想借此为市场做出更加明确的导向。然而，因为新规范产生的复杂和不确定性，也因为他们想借新规范扶助某几家特定公司的失败企图，最终给欧洲的生物燃料领域带来了毁灭性的打击。

欧洲的监管者希望生物燃料能从生产和质量两方面提高，因此诞生的新规范选择了直接作用于供给方面的措施，而没有从需求刺激方面入手。也许他们的初衷是好的，但是当政治机器开始加速时，欧洲的政治家和欧盟的监管者却没有准备好限制措施。产业的野心也控制了监管程序，一开始还只是为绿化欧洲能源使用领域提出的概念，突然成了推进产业政策计划的一部分。看到了挟持生物燃料政策的机会的人，想释放欧洲生物能源的生产者，以及他们的主要原料（油菜花）生产者肩上的竞争压力。可以想见，首当其冲的就是使用不同原料生产廉价生物燃料的外国生产商。他们本来就占下风，因为欧洲那些同时生产原料和生物燃料的生产商还有政府津贴可拿。然而这些支持还不足以给欧洲生产商足够的竞争力。哪怕欧洲产业为了确保盈利的投资，也做不到。投入少得可怜的精炼厂在全速运作，但是欧洲产业在高资本投入中陷得越深，外国生产商的竞争优势也就越大。

结党营私的本能起了作用，欧洲生产商开始通过游说争取推行有利于自己的规范。本来就与产业利益密不可分的政客和油菜籽种植业者，没能抵抗住向绿色经济提供额外援助的诱惑。他们很谨慎地避免着使用传统的以邻为壑的贸易保护政策，也因为这个原因，政客们创造出了一套复杂到大家都认为没人会注意，更不要说进行监管的规范。因为贸易和贸易保护政策在国际

---

① 这部分借鉴了埃里克森的《欧盟生物燃料改革》和《崛起趋势》。

协定中是有明确规定的，所以欧盟也不能任意提高关税，还用传统方式进行贸易保护。欧洲需要找到一个可以向当地生产商秘密地操控贸易、重新进行市场分配的规范。这场扭曲的规范操控最终创造出了一个复杂到没有人能理解该如何遵守的规范。

其中一条新的规范在传统燃料和生物燃料应该如何混合才能得到市场核准上给出了明确规定。但是，这条规范并没有统一欧洲生产生物燃料和进行混合的不同方式，因此这相当于间接保护了当地企业，帮助它们抵御了来自其他欧洲生产商的竞争。另一条规范规定，在决定某燃料是否可以在欧洲没有限制、公平交易时，不仅需要考虑生物燃料本身，还要考虑到生产该燃料的方式。不出意外，这种规范的复杂性在实施中更是变本加厉。大多数时候，生物燃料都需要通过国家认证，但这种认证也存在相互矛盾的形式，监管者在应该使用哪一种上也无法达成一致。虽然一开始这种弹性大受欢迎，因为它使得许多生产商得到了生产许可，得以进入市场，但很快，它就成了监管规范不确定性的源头，致使了各个市场出现了分离。国家市场没有遇到多少竞争，也没有被迫做出什么改变，因为没有人真的知道哪种生物燃料可以进行贸易，也不知道到底需要什么认证才能在其他欧洲国家销售生物燃料。当寻求贸易保护的生产商干预国家规范时——比如西班牙规范要求制造用以和传统燃料混合的生物燃料必须使用特定产地的原料——生物燃料交易市场也就岌岌可危了。

幸运的是，它并没有崩溃——但不幸的是，监管者也没有停止对那些真正想要在提高生物燃料的环境质量上投资的人的迫害。几年后，新一轮改革又开始了，而这次是以利用规范的衍生效应干预生物燃料生产方式为目的的改革。于是欧洲当局在生物燃料规范中引入了所谓的间接土地使用效应。说好听点，这条规范的概念比较晦涩。就算有专门的规范，也看不透它真正的意图。它隐含的目的倒是一目了然。如果生物燃料使用的能源作物的生产的增长，导致了新的土地被征用为耕地，以弥补原本用以种植被能源作物取代的粮食作物的土地，那么这种耕地开发带来的环境影响，也应该成为在判断这种能源作物是否应该被允许种植时需要考虑的因素之一。这一决定完全出自直觉，尤其现在出现了很多因为新土地被征用为耕地而对环境产生了负面环境的相关报道。

但是，规范最好不要依靠直觉。而且这条规范也有一个很基本的问题没有解决：这条规范约束的到底是什么？能源作物生产商应该怎么做才算符合法律规范？间接土地使用效应有可能真的存在，但在能源作物的生产过程中，既没有对这种效应的针对性观测，也没有相关措施可以控制。这还没有成真，但市场中的商品具有可代替性，而且如果部分农田用来种植能源作物，会怎样影响耕地开发变化还是无法预测的。虽然监管者和领导者提出了很多测量这种效应的办法，但没有一种很公正、透明，或者符合良性规范的基本要求。这些办法基本都很复杂、有投机性，而且完全没有确定性。企业根本无法判断自己的行为是否符合规范——唯一能确定的时刻就是被监管者判定已经违反规范之时。

当然结果也一如大家所料。复杂、迟钝的规范阻碍了生物燃料领域的投资和创新。虽然监管制度想努力营造更加绿色、健康的燃料，欧洲的消费者得到的依旧是简单的第一代生物燃料，不仅价格昂贵，而且对环境改善毫无助益。生物燃料的创新进程并没有完全停滞。但欧洲的生产商们——包括支持他们的政府——并没有往开发更加经济、环保的创新上继续投资，而是选择了更加安全、自保性的决定，将投入创新的小型投资转移到了改善现有产出上。对欧洲来说，生物燃料的创新承诺又离实现远了一大步。

繁复规范和经济增长

　　规范的复杂和不确定性带来的后果还会从企业向上，渗入整个经济。最终转化为的生产力增长很有限。决定一个经济体生产力的因素很多，其中有一些是个别企业无法通过对创新的投资而控制的。生产力中与商业的部分都表现出了疲软，而且并没有很明显的迹象表明创新就能改变这一事实。[1] 规范是发展疲软不容忽视的原因之一。

　　这件事监管方应该负责，因为是他们创造了过度复杂的规范，致使产生了某些领域规范的大范围不确定性。这些条件导致企业重置资源，将投入从前沿创新转移到了改善创新上。更糟的是，有时候它们甚至会完全撤出对创新的投入，把全部精力都放在现有产品的进一步开发上。扩散和模仿是自然的市场发展，企业让产品和市场适配可用技术的技能已经愈加精湛。[2] 但是，开发现存创新成果会导致收益降低，经济体的增长潜能也会因为创新不再为市场提供足够的更新动力而逐渐疲软。

　　当规范的限制过多，或者复杂到难以理解（更别说遵守了）时，企业就会变得谨慎。这不难理解：当条件不确定时，任何人都会变得更加谨慎。但就是这么简单的道理，西方国家的政客和监管者们也无法理解。他们让规范变成了创新风险的来源。这也从一方面解释了为什么这 10 年来，许多产业的创新进程和市场发展都止步不前。这完全是监管方一手造成的。

　　经济调查清楚地显示，规范干预导致的创新投资的转移对经济造成的影

---

[1] 达布拉 - 诺里斯等，《新常态》。
[2] 阿西莫格鲁、阿金翁、齐利波蒂，《与前沿、选择和经济增长的距离》。

响不容小觑。[①] 宏观层面，规范的扭曲降低了总的生产力增长，以及经济体维持高生产力增长的能力。它降低了企业进行创新实验的意愿和企业在实验上投入的资源。[②] 研发部门和创新策略能承担多少风险是企业自己决定的，而在前沿技术领域，规范的不确定性促使了企业产生了降低风险的倾向。

还有一种描述这种企业对规范不确定性的反应的方式，就是规范在企业方面助长了管理主义意识。虽然西方国家经济的规范大多很保守，但当下真正的问题是那些加剧了商业创新的不确定性，同时让企业的实验和创业精神式微的规范。所以说，规范影响的不仅仅是创新和生产力的总体表现，对微观层面的企业选择也有影响。[③] 比如，对负责运营企业的管理层的任用，还有管理层所需要的技巧都有影响。和所有其他市场一样，管理层的人力市场也会对特别的技能有更多奖励，过去 10 年来，获得奖励最多的管理层技能，从创新渐渐变成了企业管理主义。

---

① 拉纳辛哈，《政策扭曲的影响》；加布勒和波什克，《企业、扭曲和总生产率的实验》；达罗查、门德斯·塔瓦雷斯、雷斯图西亚，《政策扭曲和具有内生机构层级的生产力的总生产率》；巴塔查里亚、古纳、文图拉，《扭曲、内生管理技能和生产力的差异》；巴特尔曼、霍蒂万格、斯卡佩塔，《生产力的跨国差异》；雷斯图西亚、罗杰森，《政策扭曲和总生产率》。
② 加布勒、波什克，《企业、政策扭曲和总生产率的实验》。
③ 可参阅巴塔查里亚、古纳、文图拉的《扭曲、内生管理技能和生产力的差异》。

第八章
资本主义和机器人

你也会昏厥，大力的"泰坦"？真是丢脸。

你还要夸说你启发了人类精湛的知识？

你在他心里燃起了一种狂热的干渴，

这一种干渴连洪水狂澜也冲浇不灭。

——波西·比希·雪莱

《解放了的普罗米修斯》

西方资本主义并没有在创新和新观念的基础上繁荣起来，至少没有像它应该做或者能够做的那样。我们的问题不在于输入，也不在于科学家、发明家，或其他已经停止了探索未来和推动技术前沿脚步的人，因为随着世界各地的日益繁荣，追逐新知识、开发新技术的人空前多。相反，问题更多的是在于输出：我们目前的经济不再抚育推动增长进入更高发展轨道所必需的资本主义精神。当经济环境不适于发展的时候，即使是杰出的技术也无法支撑。

然而，并不是科技挫折主导了西方世界的现状，而是科技焦虑。当前，人们对创新的极大热情，孕育了一个令人不安的期望：他们认为西方经济开始了快速而激烈的技术转移，这将会由上至下地使人们丢掉工作，收入垮掉。出人意料地，这种观点竟然也从劳动合成谬论与零和博弈论的传统反对者那里得到了支持。上述观点称，工作岗位的数量是固定的，但是一部分工作岗位正在被机器人或者人工智能机器占有。长期以来，技术大师以及诸如"经济学人"一样的经济自由主义的大祭司一直在和这种历史谬论"眉来眼去"，他们预测新技术的出现将导致巨大的社会混乱。[①]

所以，计算机和数字革命的先驱者——几十年来一直被誉为西方繁荣的救世主——不再是万维网的向导，更像是西方的邪恶女巫。不断加快的技术改变本应促进经济增长、增加就业机会和西方国家的竞争力，然而几十年来，世界的经济增长一直不尽如人意。小幅度的经济增长也并不会带来多少就业机会，并不会提高人们的实得工资。如果上述阶段只是数字化革命发展前的热身准备，那么真正的创新表演即将开始时，我们难道不应该降低对经济发展的期待吗？

的确，反乌托邦情绪太强大了，连科技界既得利益的人们都在宣扬新的创新将怎样对就业劳动力产生毒害。谷歌的执行董事长埃里克·施密特认为"电脑和人类之间有一场比赛"[②]。他在达沃斯峰会上向听众传达这样的信息：新技术会以比自动化生产永远难以达到的力度消除就业。埃里克·施密特在硅谷的很多同行也在传播同样的信息。新型智能机器人和智能机器对于西方的工人们来说，就像可卡因一样无法抵抗，他们不停地翻转着手机和平板电脑，完全不能抗拒它们。但是，他们也明白，这些新技术最终会摧毁自己。

新机器时代的先知说，西方经济体不可避免地朝着技术摧毁就业的拐点

---

① 《经济学人》之《近在咫尺的威胁》。
② 盖普、沃特斯，《谷歌首席呼吁警惕信息技术带来的威胁》。

发展。这样高姿态的技术决定论令人生畏，这些先知想构建一个新社会，这个社会的迭代完全依赖计算能力的增长。过去的技术极限将会被颠覆；新一代的创新者，将用强大到不可思议的算法让劳动力成为历史，至少会让劳动力失业。现在的经济就是这样，就算没有创新至死，也会受到机器人和智能机器的极大冲击，很大一部分劳动力会变为被人剥削的数字无产阶级。

我们应该准备应对科技的闪电战吗？令人不安的事实在于，我们应该害怕创新的饥荒，而非创新的盛宴。新机器时代的论题从根本上反驳了我们对停滞不前的经济的看法，这种经济越来越没法自给自足。也许我们是一群不合群的人，但对我们来说，这个论题是乌托邦，而不是反乌托邦的未来愿景。永远不用担心新技术故事里那些强烈反对机械化或者自动化的勒德分子的调调，因为他们的异象中也包含了对改变规则的创新和传播的乐观的想法。它所展现的戏剧显示西方经济将会再次激发创新——已到中年的西方资本主义仍然可以撼动一切。

不幸的是，这个愿景跟规划机器的宏伟设想一样。这个论题依赖教科书一般的市场和企业，即新技术没有任何阻碍，一项发明成为创新，其间没有任何冲突摩擦。从实验室出来的新技术通往市场竞争力的这条道路是十分清晰的，尽管有可能不是那么直截了当。促进创新和新技术的推广，需要快速，迫使生产者、消费者和立法者工作得更有效率，但是西方经济在上述方面都已经衰弱了。鉴于西方资本主义的衰落，悬而未决的科技闪电战的论题更加容易让人困惑，而不是被说服。

我们不得不承认，很多广告上宣传的未来技术都没有给人们留下深刻的印象。毫无疑问，在大数据、物联网、机器智能、机器人等方面的许多未来新发明都应该受到赞扬，至少它们没有让屡次因科技而失望的一代人留下深刻的印象。这好比是旅途中下雨，令人扫兴，但对于紧随着阿波罗登月、观看斯坦利·库布里克的电影《2001：太空奥德赛》和《星际迷航》原初系列长大的一代人来说，这一切新技术、新发明似乎有点乏味。太空竞赛中发生了什么事情？人类尚不能殖民火星，反重力仍然是一个梦想，复杂事物的传送仍然只是个理论……《回到未来2》中，布朗医生的飞行汽车把自己和马蒂·麦克弗莱带到了2015年的10月21日，但今天的世界远没有电影中想象的那样令人激动，我们并没有开着飞行汽车出行，也没有家用聚变反应堆或悬浮板。到了20世纪90年代，当《星际迷航》里的未来主义优生学战争本应结束的时候，现实世界的人们却正在为一只叫多莉的克隆苏格兰羊而担忧。

创新正在发生，但却很少改变游戏规则——一些创新未来的迭代也不应该是固定或不可避免的。新技术仍需要对抗社会和经济中的阻力，也仍然需要成功的企业家来消除这些障碍，将新技术推向经济，然而这项工程还远远没有完成。新知识不会自动转化为创新，要想知道原因，看看下面的例子就能明白了。我们现在依然在燃烧有机物为工业提供能量、为汽车提供动力，法国工程师奥古斯丁在1869年完成了第一本关于太阳能的书；在随后的10年中，约翰·爱立信设计了由太阳能提供能量的发电机；威廉·莫里森在1890年设计了美国的第一辆电动汽车，它可以承载6个人，最高速度可达每小时约22千米[1]——比卡尔·本茨于1886年在德国驾驶的第一辆汽油汽车要快得多。[2]

为什么发展到那里就停滞不前了？我们目前仍然没有飞行汽车，但是在20世纪30年代已经开发研制了陆空两用的飞机。为什么我们没有找到治愈癌症的药剂？毕竟，癌症在公元前3000年就被发现了，这种疾病的基因起源在19世纪就被发现了。美国癌症协会，是世界上第一个对抗癌症的组织，成立于1913年，然而，100年后，还是有更多的人死于这种不治之症。同样，德

---

[1] 马杜卡，《时间线：电动汽车发展史》。
[2] 德弗里，《卡尔·本茨坐上第一辆汽车》

国医生阿洛伊斯·阿尔茨海默在 1906 年发现了以他的名字命名的疾病，但是我们到目前为止还没有了解这种疾病的诱因，更不用说如何有效地治疗它了。

大胆创新，对我们的生活和经济情况带来的改善是无止境的，但是现在预言的科技革命甚至还没开始推动创新。虽然自拍、游戏、八卦，甚至改善我们亲吻方式（是的，鼓励你亲吻智能手机的应用软件）等的应用软件层出不穷，但真正酷的东西目前还看不到轮廓。保罗·克鲁格曼将此称之为"没那么无聊"，表明大多数的新技术"更多的是好玩，而没有实际意义"，因此它不像媒体和技术研发者声称的那样能够振兴经济。[①] 这一观点很容易得到认同，就以手机游戏来说，其增长速度远远超过工业机器人。虽然一些观察人士可能会为"机器人时代到来了"而烦恼，但其实真正该担忧的，应该是工业机器人还没有被广泛使用。人们在为以后的服务领域和工业生产中将会越来越多地使用机器人而焦虑时，是不明白增长都是从较少量的绝对增长开始的，并且如果西方经济想要避免供应中断，那么增长速度还需要大幅度加快。西方人口老龄化正在加剧，对工业岗位感兴趣的年轻人又太少，这两点就导致了产业岗位的替代率不断下降。在欧洲，结构性劳动力短缺会在未来几十年加剧。在一些工业部门，已经出现技术工人短缺的现象了，因缺乏受过正确教育和培训的员工，导致产业无法扩张。

在运输行业同样存在着类似的期待和现实之间的失调。舆论加剧了人们认为智能车辆会让出租车和卡车司机大规模失业的担忧，但现实情况是，越来越多的专职司机都在努力获得出租车运营许可，这表明出租车司机的好日子可能不会马上结束。更能说明问题的是，美国货运协会声称眼下有 5 万名熟练司机的用工缺口。如果不阻止目前的趋势，美国在接下来的 8 年里将有

---

① 保罗·克鲁格曼，《嗤之以鼻》。

17.5万名卡车司机的用工缺口，部分原因是现在的工人正步入退休年龄。[①]那么科技预测和市场、现实之间为什么会存在这么大的差距呢?

可以说，新机器时代的先知对两件事情做出了错误的判断——这一章将解释原因。

首先，人与机器之间的关系是模棱两可的。这是一个循序渐进的进化过程，自18世纪晚期起，新机器并没有给社会造成"巨大的混乱"，相反，快速创新阶段往往带来就业和劳动报酬的提高。

其次，西方目前的僵化资本主义——包括其信奉的规定——不容易受到挑战市场的激进创新的影响。相信信奉技术闪电战的人所在经济体制能产生奇迹，就像长袜子皮皮一样，无法在没有相应生理机能的情况下突然举起一匹马。但对经济而言，创新，更多是调试，而不是创造——所以说我们这个时代的真正问题不在于哪些科技被创造出来，而是公司、市场和规定可以多快地传播创新。此外，没有人知道技术突破和创新的未来是怎样的，因此，未来的预测不应该从技术开始。未来预测的起点应该是今天的西方经济体，不幸的是，今天的西方经济处处显示出活力下降的迹象。

新机器时代

新机器时代，或者对当前技术的炒作——混杂了事实、虚构和对未来的假设。具有启发性的是，这种天花乱坠的宣传在经济大萧条时期和紧随其后的大面积失业时期，达到顶峰。正如历史上的其他低增长和高失业的时期，当下这个时代要求一个解释的呼声越来越高。回应结合了对新科技的迷恋以及对其后果的担忧。回到20世纪60年代，你也会发现类似的有关科技的论

---

① 美国货车运输协会，《美国货车运输协会最新报告显示合格的货车司机持续短缺》。

调：第二次世界大战的复苏周期已经结束，西方经济增长也开始放缓。和今天一样，罪魁祸首就是新技术，更具体地说，就是在工业生产中日益增多的自动化技术。

和现在一样，媒体铺天盖地报道着新技术夺走人们工作的恐怖故事。"谨防密尔沃基四轮驱动车"，《生活》杂志在 1963 年对其读者说，机器和计算机的发展达到了"让每个人都无法回头的地步，文章旁边是一幅幅描绘此创新带来严重后果的令人沮丧的图片：18 名工人站在全自动控制的四轮驱动车前面，创新的工业机器工具阴森地高耸于他们身后。据《生活》杂志说，这个机器可以完成 18 名工人的工作量。如此看来，工业劳动力的未来很可拍，因为没人知道有多少生产会被转移到诸如密尔沃基这样的自动化机器上。一个工会成员痛苦地说："每周的工作日不减少的话，60% 的人将会失业。"①

学者们源源不断的惨淡预期加剧了人们的焦虑情绪。其中，经济学家、社会学家和心理学家等向社会传达自动化时代的生活将充斥着失业、孤独和无意义的焦虑感。虽然不是每个人都对这种恐慌添油加醋，但许多人都对未来有着黯淡的预测。政治领导人担心随着具有无限生产能力的新机器正在一点点研制开发，未来社会对人工劳动力的需求会大大减少。数学家和动态编程之父理查德·贝尔曼在 1964 年说过一个结论：目前，技术进步意味着，现在只要 2% 的工作人口就可以生产出满足所有美国人所需要的产品。英国经济学家约翰·梅纳德·凯恩斯此前也表达了类似的观点，他认为技术发展将让人类有大量的空闲时间，因为西方人将只需要每周工作 15 个小时。② 理查德·贝尔曼更进一步预测，这种"2%"局面会在他写作开始的 25 年之内发生，更有可能在 10 年之内发生。③ 未来学家赫尔曼·卡恩——哈德逊研究所

① 艾克斯特，《我们能从过往对于自动化的焦虑中学到什么？》。
② 约翰·梅纳德·凯恩斯，《我们孙辈的经济可能性》。
③《生活》杂志，《停车顾问和冲浪教练可能会稳住经济增长》。

的创始人，也因激发库布里克创作《奇爱博士》这一人物而闻名世界，他也认为西方经济会朝着一周工作 4 天，一年休假 13 周的方向前进。[①]

当时的一切情况都被专家们视为非常严重，尤其是这个时代也开始支持"平庸即完蛋"的论点，认为任何"平均水平"的人都只能永远得到最低的经济预期。诺贝尔奖获得者乔治·汤姆森在 20 世纪 50 年代中期的一本书中表述了自己的一些想法，他曾问道"真正的蠢人将会怎么样？"和那些"勉强达到平均智商的人会怎样？"[②] 林登·约翰逊总统曾经非常担心，他组建了关于自动化和创新的蓝丝带委员会。一组独立学者，自称"特设委员会"，担心"三重革命"，担心新电脑时代会带着如同对自动化普罗米修斯般的渴望那样到来。他们争论道，自动化很有可能会摧毁美国的工业结构，从而导致像经济大萧条时期一样的大面积失业。[③]

然而，这些恐慌大多是没有根据的。10 年过后，经济改善了，恐惧减弱了，没有人记得人们当初是为什么恐慌。像以前的技术转移一样，自动化摧毁了原来的工作，但也同样创造了新的、更安全的、收入更高的工作。自动化的闪电战从未发生，整个自动化的过程持续了几十年，因为技术必须根据市场的组成、公司和除了机器替代劳动力的能力之外的其他几个方面进行调整。就像在工业革命阶段，自动化不会一露面就不战而胜，它会不断地改善，并根据经济、社会和创新的制度条件不断进行调整。

新机器时代的当代先知们也犯了同样的错误。他们只凭借今天看见的技术创新，而不是依照经济运作的规律，来评估未来创新的质量和发展速度。他们抱着这样的观念，认为新技术的运作方式就如同速溶咖啡：仅需要在热水里撒上一点创新粉末，然后搅拌，没过一会儿，哟，经济就发展好了。

---

① 赫尔曼·卡恩、维纳，《千禧年》。
② 艾克斯特，《我们能从过往对于自动化的焦虑中学到什么？》。
③ 三重革命特设委员会，《三重革命：计算机控制，武器，人权》。

有趣的是，他们似乎也参考了前几个时代科技发展的关键经济学真理：迷恋与恐惧。首先，他们全神贯注于技术的特征和属性，并假定只要它的基本原理足够好，新技术将会很容易地融入经济。其次，还是上述过程的一部分，他们假定市场和竞争的结构会自然而然地接受新技术，经济体内部有很大的能量，可以几乎没有任何摩擦或干扰地推动创造性破坏。最后，他们担心，随着革新打乱了劳动力市场通常适应技术或其他外部因素的变化方式，就业机会将被摧毁。

尽管不同的人对这场争论的质量有不同的理解——一些技术闪电战的信奉者的确提出了发人深省和敏锐的观察判断——他们都坚信新机器时代的经济学真理。但是，他们忽视了关于彻底创新的两个关键点。第一，要让新技术为快速、富有激情的创新提供能量，首先需要的是创业精神；第二，需要有一个促进市场竞争的总体经济活力。当代的西方经济，创业精神和对竞争的开放性都持下降趋势，从而削弱了经济本身培育和处理新技术的能力。

公司、企业家和复杂性

尽管我们很容易被现代科学的发明和技术创新者的创新所打动，但从经济史中，我们学到的主要教训是新技术的经济利益和上述并没有太大的关系。就像人们所说的，创新的经济能力主要源于如何采用，而不是创造本身。而技术的采用需要有资源、创业精神和一个充满生机的市场。西方经济在这三个方面都走错了方向。

为了让技术被广泛采用，需要有人将技术从发明者手中引导到市场上。通常来说，这个特定的人需要增加投资和资本支出，以此将发明创造引到观众那里。要让互联网电话（VoIP）成为电话制造的首选技术，就要在高速电信基础设施等方面投入大量资金。同样的逻辑也适用于人力资本，如果一种治疗癌症的新方法被发明出来，在病人受益前，需要大量的资金来重新培训医生和护士。或从全球变暖的辩论中举个例子：我们在降低人为制造的温室气体时的困难和挣扎，不是因为科学家们缺乏从根本上减少排放的知识和技术，而是因为资金的限制——减少二氧化碳排放要花更多的时间，是因为用新的资本取代旧的资本需要成本，也存在着限制。

因此，无论多么耀眼，新的观念、技术或者创新出现也不可能单枪匹马地壮大起来。即使没有诸如沉没成本这样的因素阻碍公司的发展，不付出大量的努力——还得加上一点运气——是不可能打造出畅销商品或服务的。创新成功不是速效解药，也不是从外面空降到企业里的东西。企业和市场的运作方式，还有公司可以在多大程度上集中资源进行创新，这三点共同决定了创新转化是否会成功。企业家们可以掌控自己的表现，却不能控制不可预测的市场，但凡他们可以控制，成败就都在他们的手中了。仅仅建立在自身技术或企业优势的创新是无法闯入市场的。市场是非常复杂的，想闯入不是那么容易的。

以谷歌眼镜为例。当有消息说此产品将要推出时，旧金山湾上空颤动着因期待而来的兴奋。光学头戴式显示器就像是 15 年前发明的爱立信无线网屏一样的"下一个大事件"。如果你戴上了一副这样的眼镜，你会发现它真是个不错的发明。事实上，谷歌在 2014 年 5 月开始售卖眼镜时比当时的爱立信走得更远，但是谷歌的销售额还是不尽如人意，在不到一年的时间里谷歌就停止了对该眼镜的销售。

在这次公共事件的余波里，当时谷歌 X 研究实验室的负责人阿斯特·罗特勒解释道，"当时没有向大家解释清楚，我们推出的其实只是智能眼镜的原型，太多的负面宣传才是杀死谷歌眼镜的真正凶手"[1]。每天上演的失败情节

---

① 特雷西，《为什么谷歌一些最酷的项目惨遭滑铁卢？》。

中，过早地扩张是最常见的理由。但是这是谷歌，这个公司有着近乎无尽的资源来计划和筹备，而且它还精通媒体之道，市场覆盖率都是首屈一指的，所以人们很难理解如此级别的公司怎么会犯这么低级的宣传错误。

这并不是谷歌公司第一个出于看似可预见的原因失败的项目。例如热气球项目，它的工作原理是通过多个热气球飘浮接近外太空来提供网络服务。它之所以失败是气球漏气导致不能在空中飘浮过久。其实，专家们翻看历史书就明白了，至少100多年来，漏气对于整个热气球界来说都是一个熟悉的问题。在1897年发生了惊心的一幕，瑞典冒险家安德烈和他的团队因为气球漏气，没能乘坐氢气气球成功穿越北极。如果不是因为气球漏气，他们将成为第一批乘坐热气球穿越极地的人。现实情况是安德烈和他的团队试图徒步回家时，差点被北极熊咬死。幸运的是，谷歌 X 实验室的工作人员不用担心会被饥不择食的北极熊吃掉，他们还能从失败中获取正确的结论。对于阿斯特·罗特勒来说，气球漏气事件是创新和商业发展中的一次有意义的试错，也是一次很好的教训，他下结论说道，"有些时候，最有意思的失败发生在你的意料之外，尤其是你以为这是项目中最容易完成的部分，结果却是最困难的一部分"。[①] 技术上的失败只是创新遇到的难题之一。

新技术在市场上要十分努力，才能打拼出一片天地。就以电子支付和钱包来举例说明——很多人居然认为这个市场和技术并不复杂。随着电子支付技术的引进，电子钱包最初被认为是对支付市场根基的挑战。大家都认为使用旧支付体系的信用卡公司和其他知名的公司前景黯淡，甚至可能没有未来。当新的智能支付方式突然引进的时候，旧的支付体系几乎是不堪一击的。皮革钱包从此成了过去式，消费者出门买东西只需带上一部智能手机就够了。然而，一些现存的支付公司仍然存在，还没有成为经济历史中的一个注脚，

---

① 特雷西，《为什么谷歌一些最酷的项目惨遭滑铁卢？》。

相反，这些公司的发展前景看起来十分光明。

究其原因，就是市场的复杂性。20世纪40年代，信用卡公司诞生；20世纪50年代，信用卡公司开始在满是保守用户和商人的困难环境里发展起自己的生意，应对这些人旧的消费习惯、安全感、情感因素和不同的支付文化。从一开始，信用卡公司就被迫打造能创造价值的商业模式，这些模式远远不只使用塑料卡片那么简单。这种塑料支付卡是美国运通公司于1959年引进的创新发明，这项创新使支付变得更简单、方便，这也是这个公司发展起来的方式——除了给普通老百姓和商店老板提供即时的金钱交易以外，还要创造价值。如果一个公司只带着科技闯市场，是无法走得很远的。

第一个通用电子支付钱包在2000年问世。[①] 电子钱包很有可能被人们广泛使用，但要想产生更多的价值，电子钱包公司要能提供自身技术之外的东西，不然它就只能满足于成为技术供应商。同样的原因，很多电子支付的新事物正在已经建立好的市场结构里运作。当被问为什么的时候，专注于商家与信用卡公司界面的数字钱包公司的首席执行官威尔·王·格雷林，这样向《麻省理工学院技术评论》解释道："想想基础设施以及其中投入的成本。想要改变商人的行为是非常困难的。"[②] 没有人知道这个市场将如何演变，但是市场、竞争和消费者行为——而不仅仅是技术本身——会决定它在未来是否能成功。

这同样适用于另一种有前途并可应用于支付市场的技术——区块链，或者分布式账本技术。市场很清楚区块链技术方面巨大的潜力，它可以减少在交易上的成本和风险，从而创造一个能更好地在金融市场共享信息的系统。一些人认为对于资本市场来说，区块链是比网络更大的技术飞跃，或许它正

---

① 博乐麦斯预付卡咨询公司，《支付简明史》。
② 伯恩斯，《技术重绘支付景观》。

如人们想象的那样。但现在的区块链技术还不值得人们变得狂热，期待巨大的市场变化也只是一个愿望。2016年的一项关于市场参与者是如何应用这个分类技术的调查显示，"对该技术的理解远远落后于对其的宣传"。作者表明，技术面临着"过度惯性"[①]的问题，因为技术的使用者被陷在了现有的市场结构中。作者指出对抗新技术的一个共同特点是："对于个体企业来说，利益还没有多到使它们采用更有效率的标准或者技术，即使这种采用会减少整个行业的成本。"[②]

这些例子都在阐述同一个道理，即没有什么"高人一等"的技术可以不费吹灰之力横扫市场。相反，创新技术需要的是努力工作、反复试验的过程，以及不要因为失败而气馁的脾性。对于谷歌来说，热气球的漏气和客户对谷歌眼镜的不满，都应该在下一代的气球和眼镜中有相应的改进——或者在其他完全不同的项目中体现。谷歌和其他公司一样，未来还是要失败的；也希望他们如此，因为失败是创新过程的一部分。没有失败，就不会产生任何真正意义上的新事物。据说航空安全就是"一部血泪史"，同样，创新的历史也充满了各种失败的商业尝试。

纵向和横向的专业细分、无限期的反复试验的过程，以及一代又一代的技术，还有传统和消费者价值的合成因素，这些使市场变得越来越复杂了。越来越多的价值链被切分成了更小的部分，如今，企业的防御工事在紧密的队伍里捍卫自己的市场疆域和企业界限。跨越多个疆域、界限或者是专业细分领域的新技术的发展之所以停滞不前，就是因为新入局的事物要攻下每一个防御炮塔才能建立自己的立足点。同时，沉没成本又增加了复杂程度，阻碍了有竞争力的创新。有一些人发现简化策略看上去很诱人——当然，一个

---

① 麦尼丽、米尔恩，《区块链的影响和潜力》，第4页。
② 麦尼丽、米尔恩，《区块链的影响和潜力》，第5页。

人对市场和商业价值越是缺乏了解，就越觉得一切看起来很容易。这也正是新机器时代的拥护者经常出错的地方。他们将事情看得过于简单化了，忽视了市场是如何构建的，以及企业是从哪里创造价值的事实。他们倾向于仅仅看到市场的表面现象，他们比较技术的时候，就好像那些技术在真空环境中一样。但是造成技术最终失败或者最终成功的原因是经济因素。

然而，这一新现象并不是最近才出现的。一直以来，社会都倾向于忽视企业和市场的复杂性，这或许和人们缺乏耐心有关，或者是人们习惯了采用快速和简单的方式应对冗长、困难的问题。但是，这其中还有一个重要的因素：把创新者和企业家的看法当成新技术是否可以在市场上成功的最终判断标准，这是一个令人费解的习惯。作家雅尔马尔赛·德尔贝里提到过，有些事，只有成了专家才能不理解。同样的逻辑也适用于创新者和他们的技术。把技术研究得太透彻的人就会面临难以自拔的风险。每个有过创业经历的人都明白，创业需要激情，但这种激情也会阻碍对市场进行冷静的分析。企业家通常夸大他们在技术上取得的成就，也较容易将商业障碍简单化。当被问到他们的创新发现时，他们尽可能地用各种方式宣传，有时候面对那些信任他们的听众甚至会夸大自己取得的成就。所以说，创业激情的另一面就是企业家的眼光会产生偏颇，对创新商品和商业模式的缺点视而不见。正如对其他事物的爱恋，当情绪高涨时，一切都变得不同了。最重要的是，创业激情让企业家对市场复杂性、创新以及市场里成熟的商品之间的鸿沟视而不见。

请不要误解我们的意思，企业家们的热情正是社会应该欣赏和鼓励的。当企业家们神魂颠倒地爱着自己推广的产品或者自己经营的企业时，他们通常没有意识到自己有点儿过头了。但是，如果企业家们没有这份爱，那么没有几家新的企业能活过365天。激情使他们牺牲了与家人、朋友在一起的宝贵时间，或者使他们忽略了个人利益，把资金和名誉置于危险中。

技术第一次进入市场时，很难做到尽善尽美，因为市场永远不是那么简单。结果，如何开发新产品的商业计划就也变得很复杂——这还是最好的情况。斯坦福商学教授乔治·福斯特对将市场成功看得过于简单化的看法提出了争议，他说"曲棍球杆的世界，发展的步伐像曲棍球杆的轮廓那样平稳向上，那是个幻想"。在现实的世界里，企业在建立初期都要经历"许许多多坎坷的起伏跌宕，像是快节奏的蛇与梯子游戏一样惊险"。乔治·福斯特教授肯定了解这一点，因为先前他对15.8万家的初创企业进行了系统的分析研究，几乎2/3的初创企业都在3～5年的时间里走了一年甚至连续几年的下坡路。①这些数字背后，是无数企业家每天都在与市场的复杂性斡旋。

我们以无人驾驶汽车举例。如果仅仅听信现在漫天散布的宣传，我们可能会觉得，在不久的将来，自己也会拥有一辆。但是几十年来，尽管无人驾驶汽车的技术研究一直在进行，但从市场角度来看，这些技术研究并没有取得什么实质的成就。在2015年卖出去的车中，不超过20%的汽车配备了嵌入式连接解决方案。业内分析人士预测，无人驾驶汽车要普及，必要的设施到位还要等许多年。商业顾问公司艾睿铂认为，全国范围内的自主驾驶装置至少要等到2035年才有可能实现。②这还是建立在假设棘手的无人驾驶可靠程度问题可以拖到那时再处理，市场发展不会过多受到法律方面的约束的前提下。

如果智能交通工具或者其他激进的创新技术出现得更快，世界经济可能会变得更好。瞬间创新只是一个美好的愿望，但对于我们理解市场如何运作，或者发展资本主义来说并没有很大的帮助。新机器时代信奉的原则忽略了这个事实，理所当然地认为从技术实验室走到市场上是一条好走的通道。它赞赏了企业家的创业热情，但是这还远远没有抓住创业精神和市场的复杂性。即使对千锤百炼的企业家来说，市场也是一本难懂的书，更别提实战操作了。

---

① 西蒙斯，《乔治·福斯特：创业公司真的是工作引擎吗？》。
② 艾睿铂，新闻发布会《瞰思未来战略——未来汽车》。

市场同时具有兼容性和排斥性，兼备流动性和稳定性，市场也从不是一维的，而是不断变化的。所以说，创新永远不可能随随便便获得成功。

资本主义和经济活力

诺贝尔奖获得者埃德蒙·菲尔普斯在自己对繁荣社会的艰辛探索开始时说："现代经济不是当下的经济，而是一个具有相当程度活力的经济体——也就是说，它具有创新意愿、能力和愿望。"[①] 按照这个标准，西方经济体发展得如何呢？西方社会很可能正在倒退，而不是向前发展。毫无疑问，经济体中确实存在着创新和活力，但是争夺市场的资本主义精神已经减弱，即使在某些领域存在着大的创新，创新和经济活力在这二十几年期间也逐渐冷却。管理学家们占据了商业和政治的中心地位，他们正在进行的探索没让市场增加活力，市场反而减少了活力。结果，创新成果获得的经济收益远远低于应有的水平。

西方经济已经"人到中年"了。当企业变老，这些企业就倾向于尽其所能地保留住现有的所有技术。方法、应用以及一些技术在逐步现代化，但只是以可控的、有限制的方式在进行。当企业过于老迈，其提高创新和加速改变的能力或抱负都不会提高。接下来符合逻辑的结论就是，无论在任何经济体系中，如果企业的平均年龄增加，那么整个经济就会被冻结了。当然这说得也过于简单化了，但是和拥有更多年轻企业的市场相比，年老的企业就显得有些死板了。新的企业会带来新的想法和创新，老的企业和已经处于饱和的企业通常就做不到这一点了。

如果西方经济现在正处于技术闪电战的大环境中，那么数据肯定可以体现。比如说，企业的入市及退市率都会很高，不仅仅是新企业有更高的进入

---

① 菲尔普斯，《大繁荣》，第19页。

率，而且老的企业会退出，因为中年或者老年的革命肯定会遭遇挫折。然而，现实数据却截然相反。例如在美国，自从 20 世纪 70 年代末期，企业的进出率就一直是持下降趋势，在企业进入率方面下降趋势尤为明显（参考图 8.1）。尽管已经有偏离上述趋势的表现，但诚实地说，发展轨迹毫无疑问地证明了美国资本主义中一个巨大的改变。在美国经济中，成立不满 1 年的公司所占比例在稳步减少，从大约 16% 的水平降到了今天的 10%。

如图 8.1 所示，企业的退市率也一直在降低，尽管没有像入市率那么明显。公司退市或是停止运营的比例也在逐渐下跌。从 20 世纪 70 年代末到 2012 年——经济大萧条期间有过短暂的提升，企业的退市率开始慢慢下降了。随着企业的衰老，市场也逐渐衰退。

来源：美国人口普查局

图 8.1　美国公司的进入率和退出率，1977—2012 年

"成熟的企业"，即那些已经成立了 11 年或者更久的企业的比例都显著地增加了。1987 年，只有 1/3 的企业成立时间是 11 年以上，相比之下，2012 年，几乎一半的美国公司成立时间超过 11 年。[1] 或者，以另一种计算企业发展程度的方法举例：发展了 16 年及以上的美国企业从 1992 年至 2011 年增长了 50%。[2] 这就是中年经济的"面相"，这素材也难以支持经济活力正在增长的论点。

逐渐下降的周转率并不是好现象，因为除了带来新的技术，新的企业还会挑战已成规模的企业，并通常会提供更高薪水的岗位。它们对经济的价值体现在不断增长的生产力里。但是随着西方经济逐渐走向成熟，人们更倾向于继续留在原来的企业里。这对于一些人来说可能很有吸引力，尤其当工作的满意度很高的时候，但这也会导致社会经济活力不够。与老企业在 1987 年雇用了 65% 的劳动力相比，2012 年老企业雇用了大约 80% 的全美国劳动力，这也说明，新企业雇用的员工急剧减少了。[3]

创业精神也在逐渐变老。1989 年，几乎 11% 的年轻家庭在私有企业中拥有股份；2013 年，这个数字下降到不到 4%。1996 年，年龄在 20 ~ 30 岁的人创立了美国大约 35% 的新企业，而在 2014 年，只有 18%。[4]

新生的企业和年轻的创业者就好比是资本主义煤矿里的金丝雀，警示矿工们煤矿里的有害气体。很自然地，年轻的企业和企业家们只代表了经济的一小部分，但他们对发展趋势很敏感，也调整得更快。但不幸的是，现实情况很有可能变糟。巴布森学院的一项调查研究证实了美国的发展正在走下坡路。2001 年，年龄在 25 ~ 35 岁的人，大约有 24% 表示自己当初因为惧怕失败，才不敢投入创业。今天，这个比例上升到了 41%。[5]

在所有现存的企业中，只有一小部分可以算是高增长率的企业，1994—

---

[1] 帕格斯利、萨英，《成熟的商业周期》。
[2] 海瑟薇、利坦，《美国的另一个老龄化》。
[3] 帕格斯利、萨英，《成熟的商业周期》，在私营部门，初创企业的就业率从 4% 下降至 2%。
[4] 布坎南，《美国企业家精神正逐渐消失》。
[5] 西蒙和巴尔，《濒危物种》。

1997 年，3% 的企业可以被归为高增长率类型，但是 2008—2011 年，这个比率锐减了一半。[①]诚然，后面是危机恢复期，有可能是下降的经济活力紧随经济衰退之后。然而，这并不是我们从历史中学到的：经济危机肯定会打击产量和企业规模，但是它同时也会创造好的机会，让新兴企业有能力发展。新的财富通常蕴藏在危机下。然而，经济大萧条时期的模式不是这样的。除金融领域之外，经济大萧条没有很大地改变市场结构。

这也并不是说市场活力的负面趋势只局限于美国的新兴企业或者是具有高增长潜力的公司。这是西方经济中普遍存在的一个问题。据经济合作与发展组织研究显示，新兴企业的份额在 2001—2011 年大体上一直呈下降趋势。[②]在被调查的 18 个国家中，除两个国家外，其他国家的启动率都在下降。这个趋势在近几年一直在持续，此现象让经济合作与发展组织认为它的成员国"都是容不下新兴企业的"[③]。但是这个数据和新机器时代的福音并不相称。如果在西方——尤其是在美国，西方创新经济的中心，新企业家越来越少见——那么我们幻想的革命性创新又隐藏在哪里呢？

其中一个可能的解释就是它隐藏在已有所建树的企业中。如果在老的企业中有根本性的改变发生，那么经济仍然可以富有活力。虽然这似乎跟大多数经济史告诉我们的经济活力和企业的理论背道而驰，但是或许时代已经开始青睐中年企业？不幸的是，事实看来并不是这样的，西方经济逐渐出现放缓的现象，就以创造就业率和毁灭就业率的趋势来举例。美国劳动力统计局的调查研究显示，这个趋势向错误的方向发展了。20 多年以来，就业创新和就业毁灭都一直向坏的方向发展——这个趋势适用于大多数的领域（参考图8.2）。在不同领域之间的劳动力移动也要比过去少了很多。这些说明经济活

---

① 利坦，《创业增幅放缓》。
② 经济合作与发展组织，《生产力的未来》。
③ 经济合作与发展组织，《新生企业没有容身之处吗？》。

力的指标也可以和不断下降的企业入市率相联系起来考虑。[①]

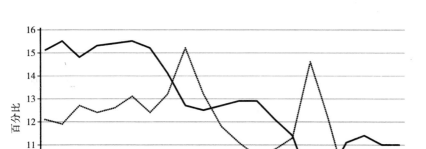

来源：美国劳工统计局、商业就业动态数据库

图 8.2　美国私人领域创造就业率和毁灭就业率，1994—2014 年

　　一些人提出了反驳的观点，认为资本主义经济中不断下降的经济活力水平是因为某些领域一直被隔绝开了，尤其是那些推动创新发展的领域。这个观点的逻辑以及在经济发展历史里的地位都很好理解。简单地说，有一些领域比其他领域更富有活力。此外，如今的前沿领域只占了经济总体的一小部分，在覆盖所有经济领域的广袤数据中，拉低了单个领域的影响力，它们可能就因此不会被完全认可。

　　然而，这个说法并不使人信服。任何一个领域带给经济的直接贡献总是有限的，因为大多数领域的规模都太小了。更重要的是，前沿的领域多是很通用的技术、商品和服务——它们对经济健康主要的贡献应该由对投资、收

———————————

① 戴克等人，《所有的偏态都去哪儿了？》。

益和经济发展的间接贡献体现出来。就以 Facebook 这个公司举例，它在经济上的主要影响不在于提高了所在领域的投资水平和发展效率，要真正实现，Facebook 的规模还不够。Facebook 对经济的主要贡献就是提高了其他领域的经济效益。

有更多确凿的证据反对对经济活力的区别对待。当按国内生产总值的比例计量的时候，信息通信技术设备上的投资自 21 世纪以来开始一直持续下降趋势。换句话来说，同 15 年前的情况相比较，今天投资在典型的信息通信技术商品上的国内生产总值比例更少了。在软件上的投资支出自 1995 年起就一直不是很景气。尽管实际和名义上的支出存在差异，而我们马上会抹平这一差异，信息通信技术在软件和硬件上分别下降的趋势和不景气投资，似乎和新机器时代的理论有些不相匹配。数字化服务不只在于设备，它们还需要新的和更好的硬件，如果希望更优质的软件在经济体系中更快地传播开来，那么对新的和更好的硬件的需求会更多。根据数据显示，信息通信技术制造业增加值在美国经济总制造中的作用达到顶峰时——很重要的是，这也是每年信息通信技术价格下降放缓的时候，与此同时，投资高峰出现了。每年信息通信技术商品仍然会越来越便宜，但是这个趋势已经不再那么明显。[①]

除此之外，高科技企业内同样产生了经济活力放缓的迹象。高科技领域或者科技公司的商业活力在 20 世纪 90 年代信息通信技术喷发的时候开始增长，但是后来又回到了大趋势下——高科技领域新企业的进入率出现了稳定持续的下降（参考图 8.3）。并且，考夫曼基金会的研究表示，"商业活力，以就业重新分配的节奏来衡量，在 2002 年之后的阶段在高科技领域已经出现了

① 戈登，《美国经济增长的起落》，图 9 和图 10。

下降的趋势"，下降速度甚至超过了"整体的经济水平"。[①] 针对这一现象可以有多种解释，普遍来说在美国经济中，科技领域变得没有其他领域有活力，这个事实直接质疑了当下或者即将来到的创新革命的理念。

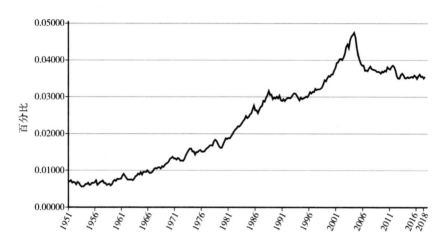

来源：圣路易斯联邦储备银行

图 8.3　作为 GDP 一部分的 ICT（信息与通信技术）硬件投资

这对于信奉新机器时代的人来说，无疑是失望的结论。经济和商业活力的指标表明美国经济正在下降，欧洲经济的下降趋势更为明显。但技术企业应该是个例外，并不是因为它们的表现低于平均标准。如果新机器时代的假设是正确的，技术企业应该表现出和 1990 年相似的趋势——在此期间，技术企业很清楚地支持整体经济向上发展，而不是代表贫瘠的经济向坏的方向发展。

① 霍尔蒂万格、哈撒韦、米兰达，《美国高科技部门的商业活力下降》，第 9 页。

哪里错了——是地图还是现实

重大的主张要有重大的证据支持。但是使人们怀疑而不是接受"速度与激情"式创新的原因应该是，现实太单薄了。事实上，拨开他们的技术决定论，技术实验室的逸事，以及对电脑和算法在未来能做什么的普遍迷恋，新机器时代的支持者手里就没什么东西了。关于当今经济中发生的事情，有诸多虚假的经济主张，但是几乎没有几个硬数据支持。这样一来，如果你想在经济的真理中跋山涉水，只为寻求一个令人信服的证据时，引用格特鲁德·斯泰因的话，就是"可没人安慰你"。

不出意料地，信奉创新革命就在眼前的人们不同意我们对西方经济欠发展活力的描述。一些人认为总体的经济和商业活力正在下降——甚至也可能承认市场竞争性长期以来一直在下降，但大多数人就到此为止了。他们拿出经济活力越来越弱的证据和数据，声称当下测量生产增长率、价格和GDP的方法，没能大体抓住科技变化，现在的创新正在特别地爆发。事实是，真正的经济是被创新而不是经济数据驱动。统计的数据，而不是真正的经济会表现出创新的假象。问题出在地图上，而不是出在现实土地上。国民的数据更像是矫饰门面的波特金村庄——它们隐藏了现实。

这个言论有三个不同的理论支撑点。第一，近期统计出来的经济数据覆盖了一个时期，这个时期里周期性效应隐藏了西方经济中发生的结构性转变。第二，在国家的账目中记载的数据和由新技术创造的商品带来的实质提升之间存在越来越严重的脱节。在这个方面，创新的真实社会价值要比统计数据里的市场价值高，而且最近两者之间的差距也在逐渐增大。总而言之，流行的电子游戏《侠盗猎车手五》比《侠盗猎车手四》更引人入胜，虽然两者的零售价格是一样的。① 所以说国家账目并没有捕捉到新提高的价值，真正的提高都是免费提供给消费者的，关于生产力的基本概念也被严重扭曲了；随着经济的发展日益数字化，这种扭曲加剧了。第三，生产力和劳动力收入之间的脱节证明了技术的转型变革，技术收益的不平等分配效应意味着有更大的经济效益并没有在国家账目上体现。

第一个言论很容易就被驳回，不管美国和欧洲的生产力增长在过去 10 年是沿着哪个方向发展的，它都不会是商业周期带来的影响。事实上，全要素生产力上的周期效应已经随着时间极大地衰弱，逐渐变为非周期的，劳动力生产力已经变成了反周期的——在经济萧条时上升。②

技术乐观主义者包括布莱恩约弗森和麦卡菲不同意上述观点。在他们那本同样重要的名为《第二个机器时代》的书中，他们提到，"近期的发展速度放缓一部分上反映了经济大萧条和它的后续影响"③。他们极力主张，"2000 年后 10 年的美国生产力增长甚至超过兴旺的 20 世纪 90 年代，那个年代也同样超过了 1970 年和 1980 年的增长率"④。

这些论点经不起审查。自 1970 年起，生产力就开始出现迅猛提高阶段，但是其他的时候都在下降。罗伯特·戈登把这个生产力迅猛提高的周期定位在了 1996 年和 2004 年期间，其他研究美国生产力的专家也同意此观点。它赶在 2005 年和 2010 年之间的信贷繁荣与萧条之前就结束了。⑤ 结果，经济大萧条之前，美国经济的生产力增长出现放缓趋势，2010 年之后经济危机模式和之前经济危机模式并未有所不同。著名生产力专家约翰·费尔纳德指出，

---

① 哈祖斯、道西，《给生产率悖论 2.0 做算术》。
② 弗纳尔德、王，《为什么生产力的周期性发生了变化？》。
③ 布莱恩约弗森、麦卡菲，《第二次机器时代》，第 105 页。
④ 同③。
⑤ 费尔纳德，《生产力和潜在产出》。

"21世纪，以信息技术为基础的创新结出的果实已经被收割掉了一拨，只剩下不容易够到的了"[1]。接下来的结论就是数据无法反映出生产力的增长，也就是自20世纪70年代以来，持续地，10年、10年地增长。

第二个论点——关于实际增长和数据脱节加剧的说法——是更激起人好奇心的。GDP统计中确实有真实的、众所周知的缺陷，前英格兰银行货币政策副行长查尔斯·理查德·贝恩爵士在2016年的"英国经济数据的独立审查"中就记录了几个这样的缺陷。显而易见，首先，创新的市场和社会价值之间存在一个差距，经济学家称之为"价格指数偏差"，它意味着，如果创新带来的消费者增长都能记录在案，真实的GDP应该更高。其次，很自然，类似于探寻真实GDP这类的逆向调查，总是需要考虑到持续不断变化的业务模式。所以问题不在衡量标准创新这里，这一点早已澄清了。真正的争论应该在于，统计部门对价格指数进行定期的改进后，问题是逐渐增多了还是减少了。

不幸的是，声称创新方面的数据误差越来越大的言论并没有决定性的证据支持。有人问到证据的时候，他们的言语就变得模棱两可，只能用含糊的论据支持自己模糊的结论。[2] 有人提出了一些定性的方法来衡量实际的GDP和生产力，有些结果也许可以作为衡量技术改变和创新的指标，起到一些作用。例如，参考文献中有一个很受欢迎的论点，相比于20世纪80年代，大多数人更喜欢现在的医疗保健，即使实际的GDP数据并没反映出医疗水平的提高。[3] 同样地，相比于2005年生产的电脑，大多数人更愿意使用2015年的电脑，因为2015年的电脑要好得多，质量更高，价格也没有更贵。然而，这样的比较是有误导性的。大多数人会自然选择现在的医疗而不是20世纪80年代的医疗。但是认为这段时间的误差比1945—1980年这35年期间的误测

---

① 弗纳尔德、王，《迅速发展的生产力在近期的涨落》。

② 弗雷、奥斯本，《工作中的技术》，第62页。

③ 萨默斯，《理解生产率下降的意义》，第5页。

要更大的论点，是非常令人怀疑的。

其他人更进一步，他们基本上是在暗示测量增加值以外的东西，比如GDP 不会关注的社会和环境影响。GDP 也不是测量一般的经济福祉的标准，不可能以一个统计数据反映所有决定幸福的因素。新技术出现，不一定会带来创新，创新可能出现，但不一定会提高附加价值。现代的互联网经济给了许多人更美好的生活，因为他们可以在任何他们喜欢的地方工作，但这并不让他们更高效。我们可以使用应用程序来跟踪体育锻炼和测量睡眠，但是这些和其他应用程序对于很多用户来说，都成为克鲁格曼关于技术的论点的好例子，即"有趣但不接地气"。社交媒体使一些人的生活更丰富和更快乐，但如果你认为它们的价值比数据显示得更多，你也需要想办法测量其潜在的负面影响，例如，社交媒体是如何从工作中偷走时间的。喜欢在生成的数据量上测量生产力的人们需要回答一个基本的问题：数据真的越多越好吗？如果答案是否定的，我们应该如何判断哪些领域数据密度的增长会导致更大的市场附加值，哪些没有？测量结果与其在市场的 GDP 相差越远，就越会面临一个问题，即相应的解决方案常常取决于个人偏好和政治取向。

有经济观察者强烈反驳这种观点，即数据经济或者数字服务的增长导致了比过去更大的测量误差。如果目前的技术变革创造的生产力比观察到的更多，就很难弄明白为什么生产力增长会导致失业，而不是增加劳动生产力。然而，劳动生产力，正如第二章所记载的，和全要素生产力一样有着类似的下降趋势。

此外，生产力放缓已成为西方经济体的普遍现象，但和经济中的 ICT 强度相比，它几乎没有变化。美国各州间的生产力的差异不能用 ICT 强度来解释。[1] 如果数据有重大错误，生产力放缓和 ICT 强度之间自然会产生相关性，但是没有。令人受到启发的是，在经历了生产力下降的发达经济体之间进行

---

① 卡达雷利、卢西尼安，《美国全要素生产率增长放缓》。

比较，会得出相同的结论。[①]

此外，如果记录的经济产出显著低于实际值，也至少有一个领域不是这样——生产和服务所有数字硬件和软件的部门。这个分支的收入应该会持续增加，进而为误测这个论点提供支持。然而，很难找到支持这一观点的证据。这个领域收入和生产力的增长太小了，跟总体误差比起来简直微不足道。[②]

软件价格的大幅下降常常被当作很好的例子，说明质量提高没有被记录进国家账目里。[③]这句话说对了一部分，即使价格指标的变化使统计部门能够获取未反映在零售价格中的产品改进。不过软件价格最大的下跌发生在1985—2000年，过去15年几乎没有任何价格的变动。[④]上述结论更加支持了20世纪90年代兴旺发展的论点，而不是即将到来的数据革命，新机器的支持者所使用的其他证据也差不多如此。

比如在过去10年飞速增长的Facebook或其他网络媒体及娱乐服务。Facebook的实际GDP是什么？和它记录的广告收入相匹配吗？这样看来，很明显，Facebook的消费者剩余超过了它的账面价值。但这也是被误导的观点。价格下降，甚至免费，其实际的消费者剩余仍然难以促进经济增长，即使使用了更多的试验性统计手段。一份研究表明，如果消费者剩余的比重增加，免费的在线娱乐和信息服务在有限的时间内，有望让美国经济增长0.019%。[⑤]

然而，这些措施是否值得，是非常值得怀疑的。在线娱乐和信息在某些方面可以算是"免费的"，但在其他方面，它们是要记入传统的经济统计数据的。普通西方家庭通过宽带、网络、电视订阅来支付在线娱乐和信息的服务，

---

① 叙韦森，《反驳误测的解释》。
② 同①。
③ 科普兰德，《季节性、消费者异质性和价格指数》。
④ 参考数据来自美国经济分析局上传的连锁物价指数。
⑤ 纳卡姆拉、索洛维奇，《从国内生产总值中评估各国的"自由"媒体》。

并且上述服务的开支大幅上升。虽然在网上看一些电影是免费的，但 HBO 的新剧或大片并不是免费的；甚至在互联网多媒体大规模兴起之后，它们的价格反而高了许多。事实上，很多娱乐和信息的边际成本之所以是免费的，是因为这些服务的边际价值很低。这是微观经济学的标准课程，即边际成本等于边际价值，新的数字服务在开拓消费者花费和价值的关系方面，尤其是边际成本和价值方面，远远比线下服务要做得好。

目前对 GDP 标准的批评，都像是大约 20 年前关于"新经济"会改变经济运行的方式一样。就像对新经济的信仰一样，对 GDP 误测的指责混淆了 GDP 以及经济附加值的定义。其中有些可以追溯到企业的价值评估：企业的高估值，代表了市场了解其真正的价值，比如，统计数据没有涵盖的免费在线服务。然而，尽管企业估值很高，许多科技公司仍难以开发出可持续的商业模式。以亚马逊为例，在过去的 20 年里累积了 20 亿美元的收入，相比之下通用电气仅 2015 年一年的营收就有 150 亿美元。不过，在 2016 年年初亚马逊的市值依然更高，市盈率为 1000 倍。[①]亚马逊在互联网公司里一直是先驱，比绝大多数年轻的公司拥有更强的商业模式。它们中的许多公司，包括所谓的独角兽（公司市值超过 10 亿美元仍未上市）仍然很难平衡运营成本和收入。有些公司每吸引一个新客户，就亏损一些钱。它们不是依靠销售收入和利润，而是依靠定期外部注资从而顺利运营。这让人们对于"免费"服务的想法起了疑心，但也提出了问题，质疑公司没有客户愿意为它们做的事情埋单。如果是这样，它们还会带来伟大的创新和客户价值，并被记入 GDP 吗？

这个问题没有直截了当的答案。公司当然能在没有赚钱的情况下对经济做出贡献。有些公司为了迅速扩张甚至故意负收益运营；其他的公司可能带来尚未被理解的消费者和社会价值。然而，高度数字化公司的估值往往不能

---

① 布雷斯韦特，《独角兽当心》。

作为强大的商业模式，或者世界还没有掌握公司创造的全部价值的论据。这些公司的估值只是反映了聪明的融资结构。权益投资者在做买卖公司股份的业务。股价会受内部和外部因素影响——比如资本市场趋势、管理框架和同类产品。为保护投资免受市场变化的影响，投资者会本能地保护自己。后来的投资者（投资阶段）定期清理股权来保证收益，即使未来的清算估值令人失望。层层的清算优先权是常态，它通过允许投资者接纳更高的估值来推动私人公司估值。如果没有达到预期，投资者仍受到保护，可以先于创始人和雇主把钱拿回来。从外面看起来一切不错，它显示了业务良好，吸引员工、客户、合作伙伴和新的投资者。但是很多时候它只是一个空中楼阁。

虽然事实是传统经济指标不能捕获创新的完整价值，这个见解既不新奇，也不能轻易确定问题是否增多。自从创新诞生的那刻起就一直是这样，消费者盈余的一部分没有纳入在价格里。对于电力、汽车、家庭技术、药物等，情况都是一样的。电力照明使人们天黑之后依然可以读书。即使在今天，电力的引入也给非洲农村小学生的生活带来了革命。但是这个改变的社会价值或消费者盈余并没有囊括在 GDP 数据中。汽车给了人们更多的自由，也间接地降低了街道上的马粪数量，这项消费者盈余并没有人付过钱。我们有很好的理由相信很长时间以来，对生产力的误测已经下降了，仅仅是因为创新在过去比今天会产生更大的社会影响，无酬劳的家庭工作数量已经被极大地削减了，而这里正是很大一部分没有记录的消费者盈余出现的地方。也许让一些人放弃这个观念很难，即网络媒体、娱乐和应用程序的世界是革命性的服务，但如果把它们和在 20 世纪左右，从根本上改变了人类寿命的那些创新相比，就更容易明白过去有多少的创新有着大得多的社会价值。

如同新机器时代真理里的许多其他观念一样，对生产力、真实的 GDP、消费者盈余的批评没有考虑到历史上的其他时期。好像创新只是最近才出现的现象，是与互联网一同诞生的某种东西。毫无疑问，有很多新的数码产品让我们的生活更加自由和快乐，但GDP数据从第一次统计出来开始，就无法捕捉到创新所带来的所有积极的社会贡献。错误的统计数据是西方经济长期衰退的原因，这个观点误入了歧途。在被问到英国当下低产出和高就业的生产力谜团与增长低估是否有关联时，前英格兰银行货币政策副行长查尔斯·理查德·贝恩爵士的回答是，"相当确信它解释不通。我猜这是其中很小的一部分"[1]。互联网的出现是一个根本性、改变规则的事件。未来它将继续产生新的增值，希望它能让生活更快乐。但上几代人在生命里也经历过类似的时期，它们当中的许多事物在他们的生命里施加的影响，很可能比互联网对我们生命的影响要大得多。

技术和收入——它们脱节了吗

争论的第三部分需要深入研究生产力和收入之间的关系。回到马克思的"失业者后备军"的说法——该理论称实际工资不能提高生产力或随生产力变化[2]——现在一些人声称，虽然现在工作效率提高了，工作和工资并没有随之增长，或者生产力和工资之间由来已久的相关性已经违背了劳工的利益。"脱节"理论是一个拒绝离去的古老神话。当失业率异常高的时候，它就会出现，而现在与创新革命的论点合并，它将使技术导致失业的恐惧提到新的高度。

现代版的脱节理论至少是似是而非的。你需要很大程度地发挥自己的想象力，才能说过去几十年来，企业在缩减或放慢工资增速的基础上蓬勃发展。虽然在一些国家，危机后出现不同寻常的高利润率的趋势，美国、英国、法国、

---

[1] 罗宾逊，《英国央行前副行长贝恩重申》。
[2] 可参阅布劳格的《经济理论的回顾》。

意大利、比利时和其他发达经济体的长期趋势是稳定的，倾向于均值回归。[①] 即使在德国，在直到 2005 年的前 10 年，市场利润增长飞快，也纠正性地回归了平均值。

然而，脱节理论或其变体，已经得到了认真的支持。例如，布鲁金斯学会的威廉·高尔斯顿就认为，"工资和生产力红利之间的脱节，即过去 40 年来经济学界最大的事件，并没有结束的迹象"[②]。在《第二次机器时代》中，埃里克·布莱恩约弗森和安德鲁·麦卡菲认为，1973—2011 年，平均小时工资每年只增长了 0.1%，与此同时生产力每年则增加了 1.56%。[③] 在《机器人的兴起》一书里，马丁·福特使用类似的结论争论道，生产力的提高与工人在工作和报酬方面的增长不相称。经济政策研究所是华盛顿特区的一个智囊团——发现聚合了生产力和工资之间的差异——声称尽管美国的生产力从 1973 年至 2013 年增长了近 75%，但工人每小时的工资只增加了略高于 9%。[④]

另一边的辩论也没有什么不同：大多数发达的欧洲经济体，据说劳动报酬也已经以伤害劳工的方式与生产力增长背道而驰。对美国和欧洲来说，争论都延伸到了就业的问题。如果这场辩论本身就是观点变化的风向标，似乎有越来越多的论调来支持生产力增长会影响就业的主张。这种论点还认为，如果生产力提高，对劳动力的需求就会减少。这个假设是凭借直觉得来的。毕竟，虽然有自动化的帮助，产出量成倍地增长，但几十年来许多行业都在缩减劳动力。

然而直觉并不总是可靠。引用三个著名经济学家的话，尽管生产力和就业之间的关系是"矛盾"的[⑤]，但它并不支持就业因生产力增长而低迷的观点。

---

① 史密瑟斯，《复苏之路》，第 28—32 页；勒布伦、鲁茨，《法国、德国和比利时的需求模式》，第 5 页。

② 加尔斯顿，《缩小生产力和工资的差距》。

③ 布莱恩约弗森、麦卡菲，《第二次机器时代》，第 132 页。

④ 米舍尔、古尔德、比文斯，《工资停滞在九个图表中》。

⑤ 布兰查德、索洛、威尔逊，《生产力和失业率》。

重要的是，经济里总的就业人数随着商业周期而变化，它反映了经济中存在比生产力增长更强的力量，比如需求如何受财政和货币政策的影响。例如，2007—2009 年，美国丢失了 700 万个工作岗位，而在这两年期间经济的生产力在增长，但几乎没有几个人会正式提出这个观点，即这些年里岗位的减少和生产力的增加之间存在着因果关系。

这似乎是一个极端的例子，但认真分析还是能发现，生产力的增长并没有减少对劳动力的需求，增长率和失业之间的关系是微不足道的。然而，生产力增长改变了劳动力的组成。很自然地，生产力增长和创新会导致资本代替劳动力，大家也公认，经济学里存在技术导致失业的问题。然而，这样的就业往往是短期。生产力增长创造了更多的产出及更大的需求来吸收闲散劳动力（经济出现了严重的扭曲时除外）。总的来说，生产力和就业是相互联系的。在这样的宏观层面，即使公司和行业有能力面对，也不可能在劳动力和生产力之间进行取舍。[1]

麦肯锡全球研究院——进行量化分析的全球管理咨询公司，在他们的一项研究中从短期和长期效果论证了这个观点。在研究了生产力与就业之间的关系后，他们发现 1929—2009 年的美国，两者之间存在强烈的联系。他们甚至还发现在就业出现下滑时，有时正是因为生产力出现了短期上扬，但是长期来看却较为疲软。[2] 如果将这 80 年分为四个阶段，并逐年进行研究，那么 69% 的时间内，生产力和就业都是同步增长的，而在 21% 的时间里，生产力增长了，就业率却下降了。不过，如果以 10 年为单位研究，那么生产力和就业几乎是完全相关的。

那么脱节理论呢，这个理论更加让人信服了吗？简单来说，没有。很多

---

① 有关概述请参阅唐的《就业和生产力》。
② 曼尼卡等人，《美国的发展与复兴》，第 28—29 页。

讨论这个主题的人似乎都在为工资缓慢（或者逐渐变慢）的增长速度和单个经济体内部巨大的收入鸿沟而扼腕。[1]但是脱节理论无法得到确认（或是证伪），因为整体的工资发生了太多变化，就业市场的运作机理也是。标准指数对工资及其与生产力之间的关系造成了极大的误读。如果只研究工资、生产力或是总产值，就会忽略自 1970 年以来，岗位工资分布更加分散、差距越来越大这个现象。名义工资依然是工资的主要组成，但其他部分也加入了进来。过去也许是这样，但过去几十年来工资演变的方式，让我们在比较工资增长与生产力增长之前，一定要对工资的整体面貌有个了解。

"工资几乎什么都反映不了。"富国银行首席经济学家约翰·希尔维亚这样说。[2]如果把雇主对雇员的补偿考虑在内——从更高的社会保障到更长的假期和更多的儿童保育支出——结果和实得工资是不同的。在美国工人的补偿中差不多 1/3 是由各种福利组成的。虽然从 2004 年到今天，工资增长了 2%，福利却增长了 16%。[3]在大西洋彼岸，你会发现在总体劳动力补偿里，福利和税收也扮演了重要的角色。在欧洲，雇员被课以重税，如果税收的增长不被包括在劳动与资本收益份额分析里——这些都是太普通不过的错误——资本的收入就被误算了。如果政府对劳动力收了比以前更多的税，那么它仅仅说明政府，而不是资本，分了更大的一块蛋糕。然而事情还远远没有结束。熟练技工的收入比蓝领工人的收入增长得更快，所以过去和现在的任何比较都得将增长的收入不平等包括在内。

所有这些结论将我们带向何方？哈佛大学经济学家罗伯特·劳伦斯测量了每小时的净（而不是总值）产出，并用相同的紧缩指数调整补偿，这样可以做跨时间的比较，然后给美国得出了一个让人清醒的结论（图 8.4 追踪了

---

① 经济合作与发展组织，《经济合作与发展组织国家收入不平等加剧》。
② 慕伊，《公司已经找到了可以给员工的东西》。
③ 同②。

劳动力净收入份额，劳动报酬的全面补偿或实物补偿之间相似的趋势）。把所有的因素综合起来，在 1970—2000 年生产力和补偿增长之间的差距，基本上支持大幅脱节的说法。有一项脱节最近才出现，而且主要集中在 21 世纪，特别是 2008 年后的一段时期。[1] 这一结果证实了之前的研究成果。同样地，处理收入不平等的其他方式，比如根据年龄和同期而设定的家庭收入，显示直到 2000 年一直都遵循着预期的轨迹，但后来开始恶化了。[2]

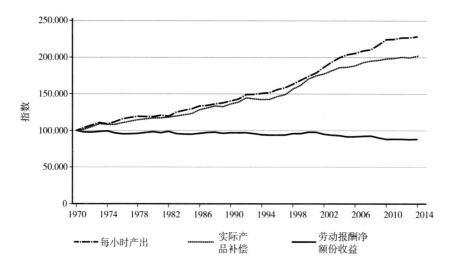

资料来源：美国劳工统计局；美国经济分析局

图 8.4　美国每小时产出，实际产品补偿和劳动报酬占净收入的份额（指数，1970＝100）

争论的另一个版本表明，总收入中工资收入所占的份额已经下降，结果劳动补偿没有和生产力同步，虽然生产力的存在感已经十分微弱。当这种形式的脱节与过去的 10 年，而不是之前的 10 年联系起来，人们就能想起，罪

---

[1] 劳伦斯，《实际工资水平与劳动生产力之间的差距日益扩大》。
[2] 夏皮罗，《收入增长和下降》。

魁祸首是机器人和机器，或更精确地说，是投资商品的相对成本下降。[1] 也许这个故事有点道理，或在未来是会有点道理的[2]，但不论是在美国或者其他发达经济体中，都看不到更长久的趋势。国家之间在职能性收入分配方面存在的差异表明，还有其他更重要的因素在起作用。

比如在德国，有证据表明工资收入占比在下降，但有几个特有的因素导致了这一趋势。东德和西德在 20 世纪 90 年代早期经历了统一，这对劳动力市场有着深远的影响。[3] 东德工人不如西德工人生产力高，当不允许通过工资来区分能力强弱时，他们也很不高兴。

作为对比，哈佛大学的马丁·费尔德斯坦在一项研究中表明，在美国非农部门——与统一后的德国条件迥然不同——在产量和收入均匀减少的条件下，工资收入占比从 1970 年至 2006 年几乎没有任何差异。[4] 一般来说，技术创新不太可能像某些人所提议的那样造成脱节。[5] 对于因为向 ICT 投资而导致显著结构改变的国家来说，劳动力工资收入占比降低的部分原因，很有可能在于使用"资本"这个概念的定义，就是使用资本总值而不是净值。这点非常重要，因为 ICT 投资比其他的投资贬值更快，如果投资中 ICT 的占比增加，它基本上暗示劳动力和资本的收入份额都没有提高。它只意味着要保持产出能力，就要将更多的产出投入进去。[6]

罗伯特·劳伦斯对为何出现细微的脱节提出了另一套解释，指明并不仅仅是资本代替劳动力的问题，原因很简单，因为在工资收入份额下降最大的领域，资本和劳动力的比率已经在下降了。他在一项调查研究中发现有 3 个

---

① 卡拉巴贡尼斯、内曼，《全球劳动力份额下降》。

② 本泽尔等，《机器人就是我们》。

③ 格罗姆林，《德国劳动力份额下降》，第 1—20 页。

④ 费尔德斯坦，《工资水平能否反映生产力的增长？》。

⑤ 布里奇姆，《劳动力的损失等于资本的收益吗？》。

⑥ 迪韦尔特和福克斯，《新经济和旧问题》。

领域占了美国制造业领域工资收入份额下降的 2/3，并且在这 3 个领域，新技术更倾向于增强劳动力，而不是增强资本。换句话说，劳动力的边际产量比资本边际产量的发展速度要快得多。[1]

各个国家的情况都是不同的，工资的实际水平、工资的不平等，以及生产力与工资之间的相关性，关键取决于机构以及它们提倡的经济行为。[2] 像英国这样的经济体，有相对比较大的服务业和灵活的工资制度——这里生产力和工资增长之间有紧密的联系，并在近期也没有太大的改变。在美国，据调查显示，一些工人的时薪正在减少，但是自 20 世纪 70 年代早期起，经济学家乔保罗·佩索阿和伦敦经济学院的约翰·范·雷南先生的研究显示，脱节现象再没有出现过了。[3]

就像罗伯特·劳伦斯对美国脱节现象的研究所显示的，佩索阿和范·雷南在生产力和工资上用了同样的减缩指数，然后从这个狭隘的角度得出结论说劳动力受到了打击，因为对这个特别类目的补偿增长不如生产力快。而且，他们也考虑了雇主的补偿金，来更好地了解现实中劳动力和资本之间的关系。收入不平等现象加剧了，平均工资的增幅大于工资中位数的增幅，因为过去 40 年来，许多工种的相对价格都发生了变化。充分考虑补偿金增长的分散和不平等性，对理解补偿金是否大体上随生产力一同增长至关重要。不能只看部分劳动力——比如蓝领工人——就狭隘地得出劳动力已经受到了严重冲击，原因仅仅是这部分劳动力的补偿金并没有生产力的增幅大。

在对于劳动力市场和劳动力定价都很重要的很多方面上，欧洲的其他国家都和英国不同，但它们的职能收入分配也表现出一种稳定的长期关系。比如像瑞典这样的国家，因为雇主与工会之间劳资谈判的集中制度，工资的灵

---

① 劳伦斯，"近期劳动力在美国收入中所占份额有所下降"。

② 阿西莫格鲁、罗宾逊，《资本主义一般规律的兴衰》。

③ 佩索阿、范·雷南，《工资增长与生产力增长的脱节？》。

活性要小得多。此外，很长一段时间，该体系信奉一种对领域或行业的技能和生产力变化不那么敏感的政策，而且至少有一段时间，大家一致同意抑制工资增长。无论对与错，执行工资调整策略是为了刺激投资以便追赶上那些经济前沿的国家。此外，由于过去几十年生产税增长比其他国家更高，所以把全部的劳动力花费都考虑进去就更加关键了，这是为了理解补偿金和生产力之间的联系。当所有这些都完成之后，结果就是瑞典的工资收入份额长期以来都维持在一个稳定的水平上，没有波动的迹象。尽管收入鸿沟不断加大[1]，但是瑞典政府的国家经济研究所调查显示劳动力的实际成本和生产力是紧密相连的。[2] 所以之前的结论——没有出现重大的经济脱节现象——也适合瑞典的国情。

　　然而富有戏剧性的是低生产力增长带来的长期效应。白宫的经济学家通过比较不同增长来源对薪酬的不同影响发现，如果1973—2013年的生产力增长维持1973年之前的水平，美国人的收入就会比以前高出58%。[3] 相比之下，如果收入不平等程度保持不变，今天的收入就只会提高18%（或者说9000美元）。[4]

　　历史毕竟是历史，未来总会有变数。尽管数据可以说明在这个或那个发展方向出现了偏离，但是在美国过去几年的脱节趋势很有可能会加速。不过即使真的加速了，也不太可能是因为快速的生产力增长对资本，而不是劳动力更有利。在生产力增长速度下降的经济体中，这里企业行为将经济与经济增长的来源分开，还存在很多其他因素会导致工资收入份额减少。无论是长期还是短期，生产力的增长毫无疑问是工人们最好的朋友，历史上，人均工

---

① 罗伊内、瓦尔登斯特伦，《资本收益在瑞典收入不平等中的作用》。
② 商业周期研究所，《工资分析报告》，第30页。
③ 美国总统，《经济报告》，第34页。
④ 同③。

资增长都伴随着生产力的提高。

劳动力和新技术

"没有比萧条更让经济学家苦恼的了。"乔尔·莫基尔写到，在今天，非经济学家们也是这样。[1] 劳动力市场被经济大萧条影响，许多国家的失业率居高不下。但是西方经济的萧条让很多人认为新机器时代已经到来，并且像死神或是伏地魔一样消灭了众多工作岗位。据说许多领域现在都面临着"大爆炸冲击"或"让人绝望的创新"。

对新技术会消灭工作岗位，或者新技术会变得邪恶的恐惧一直存在。想想意大利发明家古格列莫·马可尼在19世纪末期为了给他新发明的无线音频传输技术筹集资金而找到邮政部门和电报部门，他并没有获得任何资金，但是也没有人直接拒绝他，政府部门把他转到了精神病院；但是他既没有疯也没有做错什么。1909年年末，马可尼在物理学领域凭借他的"无线电报"发明荣获诺贝尔奖。与马可尼同时期的人也没受到更好的待遇。亚历山大·格拉汉姆·贝尔招致了《纽约时报》的强烈不满，后者强烈指责贝尔的电话发明严重破坏了人们的私人生活。一位伦敦作家于1897年声称，如果这项电话发明没有被合理管制，"我们对于别人来说就像是一堆透明的果冻，没有一点儿自己的隐私"[2]。

或许技术不会把我们变得战战兢兢，毫无用途，但的确会有很大一部分劳动力被分配到下层经济体。在对702个会被新技术影响的职业进行研究后，卡尔·本尼迪克特·弗雷和迈克尔·奥斯本下结论说，美国总就业人口有差

---

① 莫基尔，《当今的经济悲观主义者漏掉了什么》。
② 马文，《老技术的年轻时代》。

不多 50% 会在 20 年之内消失。是否存在被计算机碾轧的危险取决于你工作的性质；如果你是租赁办事员或是电话销售员，你的处境就艰难了，当然除非你就是台电脑。作者声称，工人和技术之间是一场比赛，"要想让工人们赢得比赛，他们必须获得创新技能和社交技巧"[1]。

然而很长时间以来，这样的技能雇主都很看重，并且劳动力市场已经发生了深刻的变化。有的行业被整个清除了，但与此同时新的行业又加入进来。令人惊讶的是，劳动力市场的动态特点在技术对就业和各领域的诸多分析中都没被考虑。新技术带来的持续的财富增长也导致了对其他工作的需求。对未来需求的估计，并没有参照部分行业已有的就业趋势研究成果，或在当今供求匹配的基础上进行估算。这些分析得到的结果都是很无聊的，没法吸引寻找好故事的记者。没有比坏故事更好的故事了。还是找找简化版的未来主义吧。

管理者在这件事情上也应该接受指责。以富士康为例。在 2011 年它的首席执行官郭台铭对外宣布他的企业目标是制造 100 万台机器人，让人以为会有 100 万个工人被取代。请记住郭台铭不只是普通的亚洲制造企业 CEO，而且是世界最大的电子制造工厂的老板，也同样是世界第十大雇主。他旗下的 120 万名工人为苹果、索尼、诺基亚、摩托罗拉等公司组装产品；在笔者落笔时，它的市价约为 446 亿美元。富士康的例子对于信奉新机器时代的人们来说，是机器人会征服劳动力市场，让人工劳动力变得多余的铁证。大规模的失业现象看来是不可避免的了。更重要的是，一些人用富士康这个例子来代表整个中国制造业。马丁·福特的预言看上去很有先见之明："最大的风险就是我们可能会面临'完美风暴'——技术的失业和环境的影响大致平行展开，

---

[1] 弗雷、奥斯本，《就业的未来》，第 45 页。

互相支撑甚至放大对方。"①

　　郭台铭对富士康在机器人世界的未来是很认真的。富士康在 2007 年研发了名为"Foxbot"的技术，是在中国经济向价值链上游转型后提出来的。郭台铭说道："我认为将来年轻人不会做这样的工作，也不会进入工厂。"② 在 2015 年年初，郭台铭仍然很大胆，声称在 3 年之内 70% 的流水线都将实现自动化。③ 机器人征服我们只是时间问题，真的是这样吗？

　　但是后来，郭台铭的故事变了。实际上，在他做出大胆的声明之后，富士康直到 2015 年也没有超过 5 万台"自动化的员工"。那个夏天郭台铭突然收回了他的言论，并且指责媒体误解了他最初声明的含义。现在他说，机器人只会替代 30% 的富士康的人工生产力，而且这需要 5 年不是 3 年的时间。并且郭台铭说道，"这个改变并不意味着我们会彻底摆脱人工"，而是机器人对人工的取代与员工的职业发展同步进行，"30% 的工人会转到更高级的工作中"。④

　　富士康的决策如何还没有定论，但是富士康生产机器人的故事是有启示作用的。它并不是恐怖故事，不是机器人和自动化生产把劳动力逼得无路可走的示例。跟很多其他行业一样，富士康的现状就是工人和机器一起工作，机器人代替人工劳动力，是劳动力向价值链上游移动，从事更高收入的工作，这也构成了一个更大的趋势。事实上，机器人会带来巨大的社会混乱，在某种程度上确实是真的，但不是按我们希望的方式。事实上机器人更可能是问题的解决方法，而不是问题。

　　机器人提高了生产力并且创造了岗位。根据一项业内研究显示，每引入

---

① 福特，《机器人时代》，第 284 页。
② 坎，《富士康希望机器人能接管更多在工厂里的工作》。
③ 同②。
④ 坎，《富士康的首席执行官在工厂的机器人收购上收手了》。

一个工业机器人，就会有三五个岗位诞生，而且如果算上间接创造的岗位，这个数字只会更多。[1] 这或许是夸张，但是除了业内研究以外还有大量的调查指向了同样的结果。比如，经济学家乔治·格雷茨和盖伊·迈克尔斯在他们1993—2007 年对 17 个国家使用机器人的影响研究中发现，工业机器人提高了生产力、工资和全要素生产力。机器人对经济增长影响的平均水平是在 0.37%左右，大约等于那个时期全部 GDP 的 10%。尽管一些作者找到了证据，证明机器人减少了低水平和中等水平劳工的工时，但是对于总工时并没有什么明显的影响。[2]

美国第 44 任总统奥巴马因于 2011 年在机器人和机器经济方面明显的错误言论而出名，当时他将美国的失业率怪在自动化上。他举例说，自动化的ATM 出现导致柜员失业。[3] 表面上来看这似乎是有道理的。遵循说明一步步取钱听起来并不复杂，所以说将此类的任务自动化是合理的，即便此举肯定会带来失业。但这个故事只有一个问题：奥巴马错了。根据 1970 年之后的数据显示，ATM 的引进并没有减少柜员的工作。[4]

事实上，对比 ATM 被引进之前，现在的柜员岗位更多。更有意义的讨论是柜员这一岗位的存在给美国经济带来了问题，即这些人力资源放在别处是否会带来更多的经济增长。但许多消费者是保守的，对柜员的整体需求逐渐上升，不管是自动化与否，意味着，即使一些需求转向了机器，对人工柜员的需求仍然会不断增长。

这仅仅是科技不一定会减少就业的一个例子，除此之外还有更多。工作的结构随着技术而变化，但通常是以缓慢和渐进的方式。同时，劳动力市场

---

① 国际机器人联盟，《机器人帮助制造业取得进一步成功并创造了就业机会》。

② 格雷茨、迈克尔斯，《工作中的机器人》。

③ 福克斯国家网，"奥巴马指责自动取款机造成高失业率"。

④ 贝森，《实践出真知》，第 108 页。

的变化也是有其他原因的。新技术总是要跟随社会和经济的大潮流。如果这些模式不因创新而改变，那么它意味着创新的经济回报非常低。但即使它们做出了改变，新的平衡仍然不会是一成不变的。人们反复无常，因此市场和需求也在不断变化。

我们来考虑一下理发店。理发师是最古老的职业之一，也许与科技变革联系并不是很紧密。但科技还有其他因素让理发店的历史非常有趣。比如，亚历山大大帝曾督促职业理发师把所有士兵的头发剃干净，以防止在战争中被波斯军队的敌人轻易抓住头发从马背上拽下来。在旧石器时代的时候，理发师被视为人类灵魂的管理者，因为人们认为灵魂在生长的头发中会溃烂。

罗马帝国灭亡后，理发师行业进入长期慢速发展的时期。但是当教皇英诺森三世禁止牧师做外科手术之后理发师们就开始走运了。往好了想，有人会认为，神职人员并不是特别了解医学知识。所以机缘巧合之下，理发师成了外科医生，因为他们知道如何使用刀片。医生最终出现了，并认为自己是医疗工作的合法垄断者。于是理发师被逼退出竞争，只能做和头发相关的事情。但是之后这个行业重返辉煌。席卷欧洲资产阶级的假发潮流再一次提升了理发师的地位，使它成了一个颇负盛名的职业。

理发师穿越世界经济历史的奇幻又未知的旅程还远没有结束。这个行业已经非常专业化了——但它也已经扩展。美发沙龙开始不分性别，时尚产业的扩张更加提升了这个趋势。一度，它们的未来似乎非常黯淡，因为新的自助理发科技意味着这个行业将面临巨大创新变化。像小调里唱的那样，"男人可以获得的最好的东西"，诸如电动理发器和刀片这样的小工具，如地毯式轰炸般的销售，彻底改变了格局。然而，它并没有产生多大的影响，因为理发师向价值链上游移动了，他们远不只做刮胡子等日常业务了。这个职业做出了调整并利用了新的技术。然而现在，胡须修剪又成了理发师的一大块业务。他们要价奇高，不是为了抢救要上战场的人，而是要修剪出法国餐叉式或者标准警长式的胡须，然后用可可脂按摩胡须，完成修剪。

职业是会变的，每天一点，日积月累。不过，高科技领域就业的焦虑周期性地回来，考虑到最近的一次金融危机——还因政策应对不当而延长了——人们对其他的、影响更永久的阻止创造就业岗位以及薪酬提升的因素自然是心存担心的。就像在过去的危机中，据称恐惧渗透并投射到了底层阶级成员，社会认为他们是无法获取在新世界中竞争必要的教育或是智慧的。而这一次，哪里都有假的平等主义的影子。

今天，成熟的西方社会中人人都能使用数字化产品，大多数不需要大学文凭的工作都会要求这一点。相比高收入家庭，数字化、计算机化的休闲方式在中产阶级家庭中更加普遍。哈佛毕业的父母担心孩子不好好读书，因此制定了不民主的规矩，限制一个10岁的孩子每天花在Xbox或iPad上的时间；而那些辍学的父母对科技入侵他们的休闲时间所怀有的恐惧要少得多。任何父母双方背景不一，有孩子在学前班或小学的家庭很快就会发现，孩子一般都比前几代人聪明得多，对计算机和机器更得心应手的孩子，并不一定来自文凭或者薪水最高的家庭。

计算机大潮并没有改变创新的积极效果。就像过去一样，新技术将取代岗位。总会有技术造成失业。但是管理、开发和普及新技术需要新的岗位，服务由技术增值而带来需求。

有经济学家因为上述的结论而获得诺贝尔奖。但这都是非常基本的人类和经济行为，正如我们已经注意到的那样，不一定要用放大镜才能在经济数据里发现技术和收入之间的关系。詹姆斯·乔伊斯在19世纪贫穷和落后的都柏林里发现了它，在《尤利西斯》中观察到技术和工作之间的简单逻辑：

> 一个交通警察突然挺直了后背，顶着布鲁姆先生窗口旁的无轨电车标牌。难道他们不能发明一些自动的设备，让轮子更加方便控

制吗？但那个警察会丢掉工作吧？那会有一个人因为新发明而得到

一份工作吗？ ①

当人们收入上升的时候，需求也会随之上升。消费者的偏好也总是随着收入的改变而调整。突然间，消费者会花钱购买比如宠物狗寄养或用可可脂修剪胡子的服务。随着人们越来越富裕，他们以反技术逻辑的方式消费商品和服务。以 DJ（唱片骑师）为例。为什么他们还存在？代替他们的技术已经存在了——如果你想少花钱，可以在 Spotify 或 iTunes 制作播放列表，或者用混音软件，DJ 做的事你都能做。但是今天 DJ 的数量远超以前，他们当中的有些人只来为你的聚会播放一次音乐，出场费就跟小摇滚明星相当。他们不仅会演奏音乐，还会找出很酷的音乐并自己创造音乐。虽然技术决定论者预测新的科技会让 DJ 供大于求，但你如果喜欢史密斯乐队的歌，还可以说"吊死 DJ"②，今天的人们准备花更多的钱在人类而不是机器提供的音乐服务上。

工作总是随着需要而改变的，即使有的时候是往奇怪的方向发展。比如酵母生产的历史。发酵的酵母是在公元前 1500 年由埃及人发明的，后来被罗马人使用并在欧洲传播开来。生产酵母的模式是劳动密集型，当现代的面包生产线被引入，使用培养好的酵母之后，发酵的面团就失去了吸引力，因为酵母粉使生产速度更快。多亏了都市潮人——很在乎食物的年轻消费者和遍布西方世界爱护环境的人——单调乏味的、昂贵的且乱糟糟的酵母的生产经历了复兴。发酵面团的复杂性反而成了优点，俱乐部、书籍和课程突然出现，推动酵母这个专业市场高速发展。甚至在斯德哥尔摩出现了酵母酒店，每周

---

① 乔伊斯，《尤利西斯》，第 82 页。

② "Hand the DJ" 是史密斯乐队歌曲 *Panic* 的一句著名歌词。——译者注

收取 30 欧元的面团保管费。[①] 酵母具有十分强大的复原能力，即便遗落在你厨房的碗里很多年的干缩酵母残渣也依然可以恢复活力，在某种程度上，它象征着工作以不可预知的方式演变，变换、消失、再次出现。

工业革命后的西方经济，平均表现一直在提高。1840 年 70% 的美国劳动力都是农民，但是今天只有不到 2% 的人是农民了。一位当代的百岁老人典型的人生写照，都是在接受了 6 年教育以后，就走入了家庭的农场。小孩子们开始为店主跑腿，进入到如奶制品这样的轻工业中去——最后作为有着 10 个水力发电站公司的总裁而退休。当然其他人的生活经历不一样，但是好几个世纪以来，绝大多数的劳动力都和技术一起前进，并且不断根据新的成本、生产力和竞争的结构做出调整。

创新饥荒而非创新盛宴

新机器时代的先知们对经济的认识是不对的——并且在不同的层次。在某种程度上，这是一个不幸的消息。世界经济并不是处在速度与激情似的技术转变的开端。但是我们应该担忧的不是技术，与此相比更应该担心的是，由监管的不确定性及格外关注股息权益的企业领导推动实施或决定的经济行为，而且企业领导还格外关注股息权益。考虑一下他们的打算，世界经济并没有准备发动革命。这正是现在西方经济面临的问题的实质。尽管西方的行家严厉指责技术改变把中产阶级压迫到了不景气的收入、失业和排外右翼不断冲击的挫折感中，真正的问题在于，过去的 40 年少有创新和技术革新，没能够给大批的人带来更高的收入。

如果没有和以前一样快速产生新思想和新技术，市场就会变得僵化，企

---

① 罗斯柴尔德，《酵母酒店》。

业也会处于饱和状态，这样的后果就是经济发展减缓。我们的需求不断变化，工作也随之不断发展。在美国，每个季度，私营企业都大约有1200万～1400万个工作岗位产生或消失。[1] 这个数字在整个西方世界应该还会更高，因为它暗示着更大的经济活力，但是下降的经济活力——无论是整体经济还是业务部门，已经压制了工作和企业的周转率，所以，创新很难进入市场。

当年轻的企业遭遇那些以计划机器形式存在的看门人和有许多需要保护的年迈前沿企业时，会发现竞争和扩大企业规模变得越来越困难，经济合作与发展组织（OECD）表明，在全球前沿企业的老龄化，"可能会预示着根本性创新和生产效率提高的脚步放缓"[2]。这真是一个令人担忧的结论，尤其是考虑到过去的几十年来，处在经济前沿的企业一直扮演着引导西方非创新的生产效率增长的角色。但这其实也不足为奇。既成规模的企业经常发现它们不需要通过创新来在自己的市场竞争，它们可以收购新技术，或者通过其他形式的改变来捍卫自己的市场地位。更加普遍的是，它们还有能力去说服立法者拖住市场入侵者。重要的是，既成规模企业的先发优势意味着它们有能力在投资之前等着市场自己发展成形。时间站在了既成规模的企业这一端，而不是那些想争夺市场的年轻企业的一端。

然而，既成规模的企业并不懒惰，动作也不慢。它们在自己想做的事情上十分有效率。不断增长的企业专业细分程度也让它们不仅变得更高效，也对威胁其核心资产的事件和改变都十分警觉。大企业提升它们的游戏（规则）来保护企业界限，这一点在哪个领域发生并不重要。部分原因在于这些界限缩小到了企业核心所有制优势和对终端客户的控制。竞争的空间依然存在，

---

① 霍尔蒂万格、哈撒韦、米兰达，《美国高科技部门的商业活力下降》，第1页。
② 安德鲁斯、克里斯库洛、盖尔，《前沿企业、技术扩散和公共政策》，第14页。

但是通过创新来竞争实现起来比以前要难很多。新机器时代的拥护者预测，新技术会淹没经济。但简单的事实是，如果想要在业务和更广泛的经济上留下可辨识的效应，创新就需要广泛的适应。而就目前处在炒作中心的绝大多数新技术而言，在既成规模的企业开始改变它们的行为之前，这个是绝对不可能发生的。到目前为止，还没有什么能强迫既成规模的企业和它们的所有者远离缓慢的渐进式创新。它们仍继续创新着，只不过不是以一种扭转战局的方式进行着。

　　这把我们带到了西方"创新问题"的核心。也就是西方已经进入到了新机器时代，节奏飞快的创新将大规模地破坏我们的工作这个幻觉中。这个理论和目前的经济状态不那么相匹配。互联网的变革力量在 10 年前就已逐渐消失了，虽然经济还远远没有耗尽互联网和数字化提升生产率和增长的能力，它们的未来会和今天大不相同，这并不是不可避免的。假设新数字化的能力与夸大的宣传不相上下，它们仍然需要企业家、大量的投资以及充满活力的经济体，才能转变成能带来巨大经济收益的创新。资本主义经济越来越被计划机器所支配，几乎没有市场竞争，或回到激进创新时代的愿望。管理者的本能，不论是企业里的或是政治生活里的，都在防守端犯错。大的全球企业、商界的伟人，都需要保卫自己的市场位置和沉没资本。企业的所有者不珍惜创新竞争的不可预测性，以及创建这些企业的巨大投资。西方经济，正如我们将在第九章中进一步讨论的，应该更加担忧创新的饥荒而不是盛宴。

第九章
未来趋势和预防措施

未来不再是过去的模样。

——尤吉·贝拉（Yogi Berra），棒球传奇人物

一个社会从来不会自然灭亡，却总死于自毁或者杀戮——而且几乎总是基于前者。

——阿诺德·约瑟夫·汤因比，《历史研究》[1]

西方人不应该担心创新的闪电战。他们的关注点应该更多地放在创新和技术不会改变现在，也无法推动经济发展上面。同时，经济的停滞也激化了经济的不平等和政治民粹主义。灰色资本主义、过分的企业管理主义、第二代全球化和复杂的规则已经改变了西方资本主义。几十年以来，资本主义衰落的"四骑士"已经使西方经济变得越来越缺乏活力，变得不再愿意尝试。

---

[1] 汤因比，《历史研究》，第 273 页。

现在的资本主义已经越来越像过去靠收租生活的社会，沉迷于可预见性，因此，现在的资本主义不欢迎创新。

不幸的是，资本主义的未来也不会更加光明。过去 40 年来那些阻碍新思想的因素，未来仍然不会消失。当然这些因素也会改变，但是如果没有实质性的改良，这些改变不会为西方经济发展指明新的方向。除此之外，西方社会在人口老龄化和收入不平等两方面遭遇了经济强烈的抵抗。毫无疑问，债务也会给经济活力带来沉重的负担。意大利和美国的国债都完全超过了 GDP，西班牙和法国的国债也很快会达至较高水平，其他国家也在劫难逃。把金融部门之外的所有私人和企业的债务累计起来，通过这些可以很容易地看到，西方经济存在严重的债务问题。[①] 因此，未来的发展不可能像 1980 年以来一样，通过举新债的方式来支撑，驱动经济发展的国民投资没有多大的发展空间。随着进入老龄化的西方人口对经济结构的改良越来越缺乏兴趣，资本主义的增长潜力应该是回不来了。

然而，墨守成规的资本主义的主要受害者是人类的发展，而不只是经济的增长。资本主义制造经济繁荣能力的衰退自然令人心烦意乱，但与它对人类的理想带来的损害相比就微不足道了。如果经济不能激发人民对更好的生活和未来就业机会的期待，世界注定会变得更加狭隘。西方人已经降低了他们对未来的期望，以阳光、乐观著称的美国人也是一样的。悲观主义就像是一个自我应验的预言：在思考未来时，乐观情绪逐渐减弱，招致了对技术改变的恐惧，以及针对怀念过去、忧虑未来的政治手段。

经济学家劳伦斯－考利考夫和斯科特－博恩斯在《几代人的冲突》一书里这样评论西方社会的现状："总而言之，我们彻底完蛋了。"[②] 这不是真的。

---

① 比特、拉巴里、赛德尔，《发达经济体投资的长期下降》。
② 考利考夫、博恩斯，《几代人的冲突》，第 229 页。

让资本主义过于墨守成规的势力确实正在迅猛发展，但没有任何经济是注定会灭亡的。不过，人们现在是该感到恐慌了。

从企业全球化到全球企业化

全球化正在发生改变。全球经济的政治格局是不可预测的，但是过去几十年涌现的经济一体化的基本场景还是会保留下来——或许还会随着新兴经济体之间的贸易扩张而有所增加。新兴经济体国家外的贸易和外国投资也会继续增长，人们还会继续跨境旅游，或者在他乡寻求更好的生活。尽管移民相关的舆论越来越被对未来就业前景的担忧所左右，但大部分的西方经济体很快就会因为自身人口的老龄化而非常需要引进国外的劳动力。

然而，即使乐观地估计，经济全球化的未来也要比前几年黯淡很多，尤其是对于西方经济而言。两大趋势解释了其中的缘由：第一，西方企业和经济体从新兴市场得到的回报逐渐减少，而新兴市场正是过去 20 年驱动着全球化发生的原因。第二，全球贸易进一步开放的议程被搁置了，具体表现在市场和社会法规中的新保护主义，这种主义正不断地削减更多贸易的可能性。

从第一个趋势开始，新兴市场发展的减缓，已经对西方经济和企业产生了直接的影响。"金砖四国"和其他经济体的兴起曾对全球化起到了核心的作用，疲软的西方经济体再次被点燃。巴西和俄罗斯的原材料、印度的服务和后台服务体系、中国的车间，以及发达经济体中高水准的劳动力和技术，这些因素加起来，新的"全球化劳动力分配"就出现了。通过应用亚当·斯密关于各司其职的经济理论，每个国家都可以加快发展速度。

但是，那个时期已经成了遥远的回忆。包括"金砖四国"经济的设想，即经济永远快速、几乎无限增长的想法，已经悄无声息地从全球人民的脑海里消失了。十几年以来，"金砖四国"经济的设想令许多人为之陶醉。这些人完全沉浸于这个设想之中，即国有经济里的高手可以像控制室温一样来掌控他们复杂的经济。高盛投资公司的经济学家们于 2003 年在一篇文章里定义了"金砖四国"时代，他们预测了未来 50 年里，这四个国家的经济会如何在收入和财富的排名上超过其他国家。[①]

但是，高盛投资公司于 2015 年关闭了它专门设立的"金砖四国"基金，这个举动极富象征意义。该基金较 2010 年鼎盛时期下降了 88%，好像为将"金砖四国"解读为"梦想的投资概念"的那些人提供了证据。[②] 亚洲觉醒的经济是真实的，但是"金砖四国"的理想设想忽视了经济史上一个最简单的教训：高速发展的时代终究是要结束的。事实证明，在创新和生产力的前沿竞争，要比在经济水平上赶超难得多。

拿当前的经济现实和兴盛时期的"金砖四国"做比较，既然大宗商品超级周期逐渐消失了，那巴西和俄罗斯很难再作为经济发展的典范激励其他国家了。几年中，这两个国家都出现了持续性的经济负增长，人民更加贫穷。以俄罗斯为例，地缘政治、怀旧都被置于经济政策之上，从而导致了经济管理失衡。因此，"金砖四国"里的"B"和"R"的经济发展的榜样作用，现在也不复存在了。

那么印度和中国的情况如何呢？两者也都面临着未来经济发展的挑战。印度有很高的经济增长水平，但是发展潜力因干涉过多和无能的政府而降低，一些联邦和州级别的政府中依然充斥着各样的许可证制度。经济学家古尔恰兰·达斯说："只有在官僚主义者沉睡的深夜，印度才会有机会发展。"[③] 印度著名的保护主义是其高大的壁垒，这对印度依靠贸易和外部需求刺激经济增长的野心只会产生负面作用。2014 年，印度总理纳伦德拉·莫迪取得压倒性

---

① 威尔逊、普鲁修撒曼，《与金砖四国一起憧憬》。

② 谢，《高盛集团的金砖四国时代结束了》。

③ 达斯，《印度在夜间生长》。

胜利之后，人们对于新的经济改良的期望已经降低了。和前任政府一样，改革的承诺无人信守。

另一边，中国进入了结构化的经济调整。过去 10 年，红色中国龙对于全球的经济发展至关重要，但是对于接下来 10 年的期望，至少可以这么说，不容乐观。中国的经济发展仍然不平衡；作为 GDP 一部分的中国消费总额在过去 10 年有所提升，但是经济的增长仍然反映出了投资占有较大比重。

中国需要通过增加消费支出来重新平衡经济，而想让中国经济增长维持在可观的水平，就一定要进行彻底的改革。

"金砖四国"的情况有好有坏，不好的状态对西方企业来说也是坏消息：它们过去几十年扩张和收益的主要来源，正逐渐干涸。虽然还有潜力从增长的全球化中获益，尤其是在服务业，但是当需求转到政治家不那么愿意自由化的领域时，这些机会看起来就遥不可及。我们可以把亚洲贸易发展区域化加到这里来，这是西方跨国公司很难开拓的地方。

第二个趋势是，停滞的贸易和市场自由化如何让全球化变为改变市场的被动力量，而不是主动力量。通过贸易和投资而达成的新经济一体化现在在很大程度上都是周期性的，没有反映出全球生产模式上的结构转变。显而易见，冷战末期后引导全球经济改革的经济自由主义，已经让位于政府干预。尽管贸易保护主义还没有大规模复苏，至少目前还没有，但是，重商主义再一次成了受欢迎的实现增长的经济策略。

新版的全球经济中，商业和政府之间的密友关系也变得更为重要。换句话说，企业全球化正在走向新时代：在绝大多数国家里，企业的成功越来越多地反映在它和政治的紧密关系上，而不是对新市场的开拓和占领上。关于贸易、投资、税收和企业并购方面的政治争论越来越多，而在人人为了保持市场份额而争斗的低增长环境里，政治手腕会越来越灵活。当贸易和投资增长远低于 1980 年早期到金融危机这个阶段的时候，全球化的新特点很容易显现出来。1997 年和 2006 年之间，世界贸易每年增长 6.8 个百分点，但近几年，增长率不到以往的一半。[①]

大规模的全球公司，实力仍然强大，但是要想在全球企业化的新时代繁荣发展，它们就被迫要巩固自己在市场中的位置，更快地把自己保护起来。这意味着要加倍守卫公司界限，抵御可能激发更大竞争的入侵者。随着市场发展越来越缓慢，维持当前股票的分红就更显必要——西方企业已经设定了如何维持利润的条款：通过企业并购形成更大的市场集中、更多的管理主义。这是一种将创造更少经济机会的全球化形式。

持续上升的监管不确定性

各种规定不断堵塞创新的动脉。不幸的是，西方政府很有可能持续当前不断增加市场限制、减少殊死竞争空间的趋势。令人担忧的是，对于那些渴望给市场带来一些全新创新的人，政府也很容易制造更多的监管复杂性，还有随之而来的不确定性。这些趋势很可能会保持不变，因为它们与西方政体的其他一些趋势息息相关。这些发展趋势逐步削弱了监管的质量，毁坏了政治领导人接受不确定性的，以及在经济中做更大规模试验后果的能力。让创新窒息的监管并不是政治行为的副产品或者是意外后果：它就是为此而设计的。

在我们看来，监管不确定性的增长主要有三个源头，并且这三大源头是源源不断的。第一个源头，因为缺乏更好的术语，我们姑且称之为"政治的新社会学"，它改变了政策发展的方式。那些曾经带有信任和权威的政党、政府和西方政体的其他组织已经持续地贬值了。很长一段时间，选民们投票时

①　国际货币基金组织，《调整降低大宗商品的价格》。

都远离那些传统上主导政治的政客。政党、政客和政府现在能用以前做不到的方式接纳不断改变的观点，即使有时候这些观点改变得非常快。政治领袖变成了异常焦虑的人群，忙于关注推特上对政策的反应，几乎和他们花在关注政策本身的时间一样多。日益嘈杂的政治氛围让政客们疲于奔命，总有危机要求政治或监管方面的回应。正如某些人所说，随着政治的快节奏发展，随着政客正直程度的不断下降，法律和法规在更多时候都是粗制滥造的，部分原因是他们只是对别人的主观意见做出回应。从本质上来说，草率的政治带来了糟糕的政策。

今天的政客们可能看似来自对立的政治派系，但矛盾在于，他们远没有受到意识形态的驱动。如炼金术士试图从沙子里淘金，现代的政治家们养成了一个奇怪的习惯，惯于从技术或者实际的问题中提取思想意识，比如美国联邦政府的外债水平。虽然这个习惯常常陷西方的政治于僵局，但它也推动了复杂的监管。这样的监管是那些缺乏安全感而又看不清局势的政治领袖对一系列事件进行回应的结果。监管的复杂性和不确定性并不是保守主义、自由主义、社会主义或任何其他条理分明的意识形态乐于看见的结果。政治领袖也不会根据深思熟虑的意识形态而采取什么行动。它们是政治摇摆不定所造成的后果。

监管不确定性增长的第二个源头是监管的结构。监管在很大程度上已经变得约定俗成，更少自由放逐。它变得越来越具体、详细，对公司和人们应该做什么，规定得更加严格——也更少有规则涉及他们不应该做什么。简言之，监管是正面的，不是负面的。这一趋势在几十年前就开始了，反映了公共行政法的古老本能。随着社会变得更加复杂和多样化，积极的监管也要有同样的趋势。监管的层面增加了，每一层都变得更加细致——以高度的特性针对行为体，有时候会具体到单个企业。

然而政治家和监管者承认，规定得过于详细和具体，就会抑制主动性和创业精神，最后就把市场变成了指令性经济。他们承认现实世界的复杂性，并且知道过度细化的规则会让他们显得很荒谬。然而，面对相互矛盾的约束，政治行为常常导致监管最后变得复杂和模棱两可。监管规定通常只是详细规定了公司应该做什么，但到底是什么意思，或者公司具体应该做什么才算符合规定，又是模糊和不确定的。这样一来，监管方面的不确定性是规范性监管文化发展的必然结果。

监管不确定性的上升还有第三个源头。立法者将规章制度的制定，有时还包括法规的制定都外包给了监管机构。这是由规范却又模棱两可的规定所带来的后果，因为它需要有人来诠释，并且赋予意义。监管机构的职责逐渐变成了对规则进行合理解释以及实施和改动，因为它们对被监管对象更加了解。首先，未经选举的监管者能做的事情是有限的；其次，除了维护法律和促进有效的法规之外，监管机构也有自己的动机。错误不一定在于它们在业务上强加的规定太多或太严格，有时甚至是相反的，尤其是当监管机构被它们监管的行业控制或者指派。问题更多在于，监管者制定的规章制度常常增加了模糊和复杂程度，并且监管者不知道该如何采取行动。

以由金融危机掀起的金融监管浪潮为例。毫无疑问，过去的规定需要改变。与此同时，很多新规定也没有讲透彻，无论是监管的概念还是遵守监管，都增加了复杂性，又一次给大家增加了不确定性。例如，巴塞尔 III 新规之后出台的银行业新规范里，监管当局拥有的自由裁量权多到有害，部分原因就是规范太复杂、太模棱两可了。美国联邦存款保险公司的董事托马斯·洪尼格声称，巴塞尔资本协议"没让事情变得简单，而是更复杂；没让事情变得清晰，而是令人困惑；没让市场远离操控，而是更容易被玩弄于股掌之间[1]"。其他监管机构指出，要监管这些令人困惑的规则，金融当局要求银行提交的

---

① 霍尼格，《回归根本》。

业务资料实在太多，以至于没有人真正明白该怎么处理他们接收到的信息。

监管机构拥有许多合规方面的自由裁量权，但是工作又缺乏透明度，再配上复杂的规定，对市场来说，就是一剂毒药。例如，金融监管机构对银行进行定期压力测试，但是未来应对的是哪种假设和场景——上述因素决定了银行是否通过了测试——通常对外是秘而不宣的，银行也不知道。系统重要性金融机构，即 SIFI，也得到了金融监管机构的欢迎，但是 SIFI 具体是由什么构成的，这个头衔是怎么获得的，还存在很大的困惑。美国大都会人寿保险公司作为承保人，也需要将美国金融稳定监督委员会告上法庭，才能弄明白自己的质疑——为什么监督委员会算作 SIFI？

更糟糕的是，疯狂还在进化。"最好的监管方法就是偶尔让所有的银行排个队，然后枪毙其中的一个。"一位前金融监管者坦白地说道。[1] 一如既往地，自金融危机以来，在银行和监管机构之间所进行的所有秘密交易中，局外人几乎不可能知道决策都是怎样制定的、它们是否公正，以及它们对于未来的规则制定意味着什么。并且，其间所涉及的数字非常巨大。仅在美国，银行和其他金融机构从 2012 年到 2014 年因违反规则被罚了接近 1390 亿美元。[2] 也许它们的处罚尺度有些争议，但真正的问题不在于决策是否正确，关键在于，很多情况下，旁观者很难判断决策是否正确。

监管方面的不确定性在持续增长，这种增长无疑在可预见的未来的市场和创新中扮演了重要的角色。在其背后支撑的因素只会变得更加强大，许多公司对未来已经做出了这样的预测。国际会计师联合会（IFAC）于 2015 年发现，85% 的受访专业人士期待在接下来的 5 年内，监管对于创新和发展将产生更大或更加重要的影响。发人深思的是，5 个人中有 4 个人认为，影响公

---

① 《经济学人》之《一个监管者统治所有人》。
② 津加莱斯，《金融有益于社会吗？》表 1。

司的监管要么复杂，要么极其复杂。[1]

现金的"银发海啸"

就像全球化和监管一样，灰色资本主义也在发生变化，但是变得更加灰色。这是几个因素共同促成了这样的结果。老龄化现象使西方社会的退休人口增加，全球的相当一部分储蓄要用在快要退休或者已经退休的人身上。虽然储蓄和资本配置大致遵循全生命周期理论，退休人员也会因消费而减少储蓄，但人口老龄化很难再为西方经济带来一拨消费激增。对于退休的个人来说，会出现经济学家称之为跨期选择或分配的现象；然而，对于社会来说，局面会有些错综复杂。公立和私人养老金计划都存在资金缺口，再加上企业利润水平回归平均值，估计要有 9% 的平均回报率才能弥补未来养老金计划中的负债问题。在低增长和收益低的经济里，需要进行更多的风险投资来获得这些回报。然而，美国和欧洲的监管机构希望投资基金和其他机构降低它们的风险水平。

"婴儿潮"一代的退休强化了当前的资本配置模式。随着老龄化，企业融资可能会更加依赖债务，而不是股值。例如，在欧洲家庭中，当他们在35 ~ 65 岁的时候，48% 的总金融资产分配在现金和存款上，35% 的金融资产用于股票。但是那些 65 岁以上的人，现金和存款的分配比例会上升到 55%，而股票投资则下降到 20%。这种情况在美国也类似，65 岁以上老人的现金和存款比例从 24% 上升到 37%，而股票投资从 47% 下降至 27%。[2] 股票也应当结合它们不同的角色来考虑。很大一部分的私人退休储蓄的份额，或那些临

---

① 国际会计师联合会，《监管会影响经济增长吗？》。
② 罗克斯伯勒等，《新兴股市的缺口》。

近退休的人手中持有的存款，都投资在了共有基金上，这是这个年龄段的人首选的股权式产品。很自然，当共有基金、机构和资产管理公司发挥了更大的作用，就耗尽了资本家的经济。

糟糕的情况还没说完。由于公共养老金制度的资金匮乏，以及基于固定收益的私有储蓄产品，会有更多资金追逐着为养老金提供财源。这负债的缺口就会变得令人沮丧地巨大。对于欧元区的国家，针对老龄化人口的资助，到 2050 年，国家财政支出需要增加至约占国内生产总值的 9%。[①] 但这还只涉及公共养老金体系。在对大约 200 份的保险和职业养老金计划的压力测试中，一位欧洲专家发现，资产与负债之间存在着巨大的缺口。在类似当前市场条件的低利率环境中，共有大约 7500 亿欧元的缺口。[②] 在英国，超过 5000 家公司正面临养老金赤字的问题。[③]

美国的情况也好不到哪里去。要想让养老金计划稳定，首先必须提高收益。对于美国公共养老金的一个估计，一个极端面的犯错，暗示着资本回报率下降到了一个极低的水平，多达 85% 以上的美国养老金计划在 30 年之内都会面临着失败的风险。[④] 对此持温和态度的是穆迪，在对最大的 25 个公共退休系统进行研究后，穆迪估计美国公共养老金计划中有 2 万亿美元的缺口。[⑤]

也许，这个看法夸大或者低估了问题的实际情况，但从这里很容易看到为什么这些机构和其他的机构都很担心日益增长的养老金危机。对养老金储蓄的投资回报率的估算有赖于历史上的财务业绩。因为史无前例的低利率，对于储蓄者和投资基金来说，增加冒险获得预期收益十分必要。具有低名义

---

① 库尔内德,《耽误财政稳固的政治经济》。
② 欧洲保险和职业养老金管理局,"欧盟第一次职业养老金压力测试"。
③ 养老保障基金,"PPF 指数 7800"。
④ 德莱文,《养老金前景相当糟糕》。
⑤ 舍恩,《2 万亿美元的公共养老金赤字》。

增长的通缩经济降低了安全储蓄的可能回报。即使西方经济在接下来的 20 多年改善了当前的趋势，还是会处在一个低增长的局面。因此，储蓄和大多数标准金融产品的回报率也将保持在较低水平。资产管理人员布里奇沃特估计，需要 9% 的平均回报率来弥补未来养老金计划中的负债问题。[1] 在低增长和收益低的经济里，人们需要进行更多的风险投资来获得这些回报。然而，美国和欧洲的监管机构希望投资基金和其他机构降低它们的风险水平。

在管理不断增长的现金需求方面，政府比私人公司更合适。在极端情况下，政府有提高财政赤字的特权，印刷钞票、制造通货膨胀，或者降低实际的养老金数额。更加温和的方式是，政府可以为自己的借债设置自己的规则。私人退休储蓄，特别是固定收益储蓄的提供者，则没法享受同样的好处。他们不能总是削减养老金或制定自己的金融规则。他们可以改变新的产品，使其脱离固定收益，但没法改变已有的产品。当然，私人退休金的提供者在投资时会远离风险收益模式，但当监管环境向相反方向运行时，投资就会变得更复杂。

在这种情况下，灰色资本主义变得更加灰色，或者改变了颜色。灰色资本在管理现金需求上其实还有其他的选择。考虑到私人退休储蓄在经济体中代表的所有权，代表退休储蓄的投资机构可以转向现金雄厚的投资对象，要求它们把更多的资金退还给投资者。许多持股上市公司的投资机构也面临着类似的债务缺口问题，也受累于低回报的经济。降低投资对象的资本余额，从而释放更多资源的做法是极其诱人的。从企业中抽出资金，将会对企业的自身发展造成不利的影响，此外对于经济也是毫无益处的。但是拥有极其强大或者高度分散所有权的企业有一点是共同的，那就是所有者可以把他们自己和现金流联系起来，从而影响资产负债表以及企业融资的方式。

---

[1] 德莱文，《养老金前景相当糟糕》。

有人可能会说，这种情况已经发生了。在过去的几年中，许多机构的投资者一直在推动公司向他们转移资金。公司一直在囤积现金，抬高他们的债务，并且通过股息和股份回购，将越来越多的资金返还股东。他们这么做有几种原因，一个直观的解释是企业的所有者不断要求可预见的收益（这样就需要资本来填补下降的利润率）、更高的回报，或两者兼而有之。毫无疑问，许多投资机构都正在向企业施压，为了推高收益来提高他们的短期收益，企业似乎已经准备好应对压力只增不减的未来。如果把资本投入到公司中，无法产生预期收益的话，即使从长远考虑会有好的收益，最快为股东筹集现金的方式，也是公司推迟在诸如机器上的资金投入。

认为如此解读资本市场趋势实在是偏执的人至少应该牢记，我们有的是同行者。考虑劳伦斯·芬克的观点，他是黑石集团的首席执行官，也是世界上最大的资产经理，跟他地位类似的人在近几年也敲响了警钟。2015 年年初，就在美国企业以破纪录水平的股息和股票回购收尾的 2014 年之后，芬克向标准普尔 500 指数（S&P）的老板们致信，只传达了一个非常简单的信息：不要再把资本送回给我们了！如果美国经济的领头羊们都不做长期投资的话，经济系统就会收缩。没错，这虽然不是他的原话，但是他的意思已经传达得很清楚了。芬克说道，高股息和高股票回购“对于那些为了长远目标，比如退休而积蓄的人，对我们整体的经济，带来了令人不安的影响”[1]。

芬克是对的。公司资金不是为经济的长期增长而设置的。更加灰色的资本主义其实并不遥远，在公司资产负债表上对资本进行掠夺的情况正在加剧。当然也有抗衡的力量，但是西方经济里对现金的“银发海啸”的资本主义带来的后果似乎是色变学：在灰色上添加灰色就会失去光泽，如果再多加一些，颜色的阴影就会有细微的变动。一开始，颜色变得暗淡，然后就变为黑暗，

---

① 索尔金，《贝莱德的首席执行官》。

如果再继续加入灰色，最后就彻底变为黑色。

不完美的未来

作家 C.S. 路易斯说过，痛苦是可以承受的，只要痛苦有目的或者更深刻的意义。从经济大萧条爆发到现在已经过去了 10 年，那些首当其冲的人有权询问，西方经济不断涌现的麻烦背后，是否隐藏着一个目的，以及这个目的可能是什么。经济衰退带来的后果几乎无处不在，但它带来的影响更多体现在了社会心理学层面，而非经济数据方面。情况并没有变得更好。如果我们是正确的，资本主义即将变得更加灰色——如果还没完全变黑的话。在西方社会的很多地方，人们都逐渐放低了他们对生活、收入和幸福等方面的期待。

但也不是每个人都是不幸的。由于经济的表现越来越乏力，白头发的人们和退休人群应该都过得很不错。资本主义逐渐变成收租人一样的经济体，有一个很明显的证据是，一旦把住房成本和家庭构成情况考虑进去，在英国领退休金的人的平均收入比夫妻两人都有工作的家庭的平均收入还高。[1] 领退休金的人有能力让自己过更高标准的生活，因为他们根本就不需要担心抵押贷款等会侵蚀自己的收入。据《经济学人》杂志说，2010—2014 年，75 岁以上的人群在餐饮上的支出是 30 岁以下群体的两倍；在电影票和戏票方面，增长速度则是 5 倍。[2]

西方政治也在发生改变，老年投票者的需求越来越占据了主导位置。已经退休的"婴儿潮"一代，曾经以对文化和社会试验的接纳态度而著称，而现在他们只对保护自己的特权感兴趣。作为占据了选民们中大部分的人群，

---

① 斯图尔特，《拆毁三重锁》。

②《经济学人》之《灰色阴影》。

他们有能力施加影响，以谋求对自己有利的改变。在美国和欧洲，典型的老一辈人会强烈抵制在自己周围开拓土地，建造更多的房子。他们通常持"邻避主义"的态度。而且，也正是年龄大的人直接或者间接地持有现有公司绝大多数的股份，这些现存的公司希望借此保护自己免受新的竞争带来的危害。不足为奇的是，老年选民代表了在美国对唐纳德·特朗普和在法国对民族战线玛琳勒的主要支持力量。如果西方的民粹暴动有颜色的话，那它肯定是灰色的。

如果你相信主流观点的话，那年轻一代不会比父母过得更好。根据YouGov的民意调查，在德国、英国和美国，占主导地位的观点是，下一代不太可能比上一代更富有、更安全，或更健康。[①] 在西方家庭里，"婴孩"（bambino）常常永远是婴孩，然后成为意大利人称之为的"大婴儿"（bamboccioni），因为他们自己没法离巢。对于千禧一代的孩子而言，就业市场变得越来越难以驾驭，许多人要从一个低收入的工作跳槽到另一份低收入的工作中去，而其他的人只能找到收入微薄或者无薪的实习工作。那些从职场开始事业的人在以后的工作生活中更有可能面临低收入和一次又一次的失业，未来看上去是十分黯淡的，而且感觉陷入困境的远远不止年轻人。过去几十年，岗位的创造和毁灭一直都显现放缓的趋势，那些对工作不满意的人找到新的工作更加困难。

在组织内部，官僚思维将继续蔓延，并不断定义它们的思潮。内部政治主导着工作大部分的节奏。系统的出台，是为了在管理主义的文化里进行防守或躲避。每个人都很谨慎，更加喜欢被官僚主义小心翼翼地保护着，而不是只身跳进充满不确定性的冰水中。更少的人拥有反抗文化的力量。人们备感压力，但对官僚主义术语和等级分明的生活产生了第六感反应。很不幸，

---

① 蒙哥马利，《世界对资本主义的看法》。

这种思维让组织机构也麻木了。

时间将继续消耗在开会或者准备开会上。会议和委员会一样有自己的生活方式。许多在私营部门工作的人都非常清楚会议一定是要有所准备的，常常在预会上；在预会被召集之前，一些主要的会议参与者还会被咨询哪些人应该被邀请参加预会和正式会议。预会起草正式会议的议程，预会讨论后草稿再重新起草，然后它才能被发放给参加正式会议的人们。会议不可避免地比必须进行的时间要长，接下来还要写会议报告。会议报告的草稿被提交并广泛征求意见，然后重新撰写再最终定稿，并附加可行性结论。然后它被批准，并被传送到食物链的更高一级。有时候，这个过程会比较快，但是大多数情况下这个情况会更加复杂。

对于那些有创业家思维的人来说，在这样一个大环境中工作就像是角色K进入了弗朗茨·卡夫卡的小说《城堡》（The Castle）中。这是一个与超现实的官僚主义和等级结构的斗争。创造者在管理的迷宫中迷失了方向，他们不明白这台机器是如何工作的，它的节奏和目的等，他们都已不太清楚。现在，当管理学家文化传播到私营部门，人们就很难不遵从，或者说很难不屈服于这个思维。

这种文化正在一点点侵蚀着人类的尊严。官僚主义的恶习慢慢缠绕起来，逐渐侵蚀着人们的志向、想象力和繁荣社会的其他美德。很难定义官僚主义的精神，或者记录它是从什么时候开始掌管人们和组织机构的，但是当你看到它，你就明白了。组织里的人工作异常努力，办公时间非常长，要想从不断的信息流中抽身度假几乎是不可能的。人们每天要读无数特别为你而预备的邮件，只为了知道自己是否应该会被告知一些事情。当他们没有读邮件的时候，就会变得异常焦虑，于是他们就会计划，计划，再计划。然后突然就这样发生了，计划和信息管理成了他们职业生涯的命根子。他们本能的反应就是小心谨慎，应对变化、更新和创新的方法是将它们编入自己结构化的官僚主义之中。

资本主义是一个经济组织，资本主义实践的很大部分就是组织经济行为。但组织并不等同于管理主义或技术结构。资本主义的社会思潮也不是由组织来定义，不论组织以哪种形式出现。资本主义的文化和心理学是与才能和性格紧密相连的，也和下面的观点紧密关联，即劳动力和资本，或者工作和投资，都是鼓励追求人类和经济增长的大文化中的一部分。

哲学家汉娜·阿伦特观察过一些经济思想者，这些观察者将劳动的本质，或者说劳动的动物简化成了工具性成果，即使劳动本身处在一个更大的文化背景下。约翰·洛克把劳动定义为财产的来源，亚当·斯密把劳动定义为财富的根基，而卡尔·马克思则把劳动看作人类的本质。[①]

然而少有人工作只是为了糊口，或者在资本主义企业投资，仅仅是因为他们想要积累财富。渴望好的物质结果是人类心理学的一部分，并且镶嵌在贯穿历史的大多数经济组织形式里面。重商主义的缺点并不在于此，即在这些体制里工作的个体不像在资本主义社会工作的人们一样渴望物质的结果。资本主义的独特属性是像阿伦特所说的允许"人类处境"存在的空间。这个经济组织不仅仅建立在劳动上面，更重要的是，它还建立在工作上。劳动是生命的核心。然而工作远远超越了只是活着，而开始生产物质，这些物质很诱人，是因为它们提高了我们生活的质量。因此资本主义鼓励个人和社会的道德想象力；它支持关于生活、人民、工作的理念，相信他们的未来会致力于更大的欲望。

因此我们主要的担心不是导致资本主义衰退的"四骑士"会放慢经济增长，堕落的志愿才应该是我们最需要担心的。正如列奥纳多·达·芬奇所写，

---

① 阿伦特，《人的条件》，第 101 页。

"铁因不用而生锈,同样无所作为也会削弱心灵的活力"。[1] 不能激发人们去畅想更美好未来可能的社会不可避免地会衰退。把阿诺德·约瑟夫·汤因比的话解释一下,就是他们因为自杀而死,而不是死于谋杀。在腐朽的社会里,人们没能妥善应对诸如技术变革所带来的挑战。至少对某些人来说,他们的偏好是抗拒。他们对未知抱有怀疑的态度,会拥抱那些承诺否决改变的政客。经济复兴成了威胁,而不是一个让人类发展的机会。当西方社会向这个方向远航,越发远离资本主义的精神,我们更应该秉承经济和道德的义务来阻止未来变得更加黑暗。

做出改变

好消息是,经济不景气就像进步一样,既不是不可避免的,也不是自动的。这是在位官员、企业领导和个人做出的选择得到的结果。再者,那些已经做了的事情,不论好与不好,永远都有可能被撤销重来。250 年前现代资本主义的兴起是政治和制度变迁的结果,它们允许在旧的经济和社会习惯里引入竞争。如果经济史的经验要被简化成一个基本的原则,那么一定是,经济和社会都会改变。它们自身一直在有规律地这样做。

过去的 25 年出现了很多人们将自己从压迫或重税的经济制度中解脱出来,或者经济在停滞或衰退几十年甚至上百年以后又繁荣发展起来的例子。例如,许多小国家现在在经济自由方面跻身世界前 25 名。25 年前,中国人均 GDP 为 500 美元,现在几乎是那时的 9 倍。[2]

之所以发生了这样令人印象深刻的改变,是因为深刻而广泛的监管改革

---

① 达·芬奇,《达·芬奇笔记》,第 88 页。
② 来自世界银行"世界发展指标"的数据,按照 2005 年美元不变价计算人均 GDP。

和对经济机构的彻底改革。最终，政治机构也需要改变，来营造成员可以接受的普遍秩序和智慧的文化。

毫无疑问，如果你愿意的话，今天的西方经济体是可以被"修复"的，即使改变这一文化需要整整一代人。然而，如果焦点放在经济学家们通常建议的标准或即拿即用、一般性的改革，就用不了一代人。要在资本主义里点燃新的生命，首先，注意力应该放在切断灰色资本和企业所有制之间的联系上面；其次，要真正刺激竞争；最后，要营造一个充满异议和反常的文化氛围。

切断灰色资本和企业所有制之间的联系

西方资本主义目前面临的最大危险就是灰色资本蜂拥而至，然后把它改变得面目全非。除非机构和匿名的老板接管公司的势头被遏制，否则资本主义不能恢复健康。同时，除非立即采取行动达成促进明确的公司资本主义企业所有权，否则，未来依然黯淡。这两件事情是当务之急。

首先，需要采取行动防止投资机构耗尽公司的资本。这说起来容易做起来难，在现实中只有一个合理的出路：改革私人和公共养老金计划，以填补它们的债务缺口。只要从企业抢夺资本的需求仍然存在，总是会有供应来满足。尽管在过去20年，几个国家已经改革了它们的养老金系统，但没有几个西方国家把养老体系提高到了财政稳定的程度，尤其鉴于一段长时间的低增长和低收益的状况来看。很难想象在不减少目前退休者的直接收入，并要求即将退休的人们做出更大贡献的情况下，还可能大大延长他们的退休年龄的情况下，进一步的改革是多么难以实现。但这同样也是说起来容易做起来难。当涉及由国家发放的养老金的时候，政府可以延长工作年限。然而，许多国家已经围绕那些管理职业退休计划的机构组织退休金了，并且其中很大一部分都还是建立在固定收益养老金计划上，或者把固定收益作为关键部分的混合体系上。除此之外，许多国家直接依赖数量可观的私人退休储蓄，这些私人积蓄通常是投资基金。改变这样的系统比直接切断国家养老金或者间接提高退休年龄更容易引来争议。

其次，更具前瞻性的看法是，灰色资本不能再完全掌控企业所有权了。灰色资本已经代表了企业所有制相当重要的一部分，没有规模的企业或者是想要有所发展的企业都不能忽视灰色资本的作用。它还被安排在西方资本主义中扮演更显著的企业所有权的角色。以目前的趋势来看，灰色资本会碾轧那些存留的资本家，它的投资公式或者是证券投资组合方法会加快所有权的扩散并且引发更大的委托代理问题。因此，防止灰色资本破坏资本主义所有制是当务之急。

理想情况下，改革的目标应该是推动灰色投资者和资本家们联手，即使改革意味着降低灰色资本的影响。设计不周全的改革会破坏企业融资或者是加速从股权到债务融资的转移。根据当前西方世界的储蓄结构，企业不能够脱离灰色投资者和他们持有的资本，如果减少对他们资源的使用，资本主义就会损失其关键的输入者。因此，清理掉灰色资产管理者不能成为改革的目的。行动的重心必须放在区分所有制形式上面。

切断链接的一个方式是给予企业更大的自由，通过扩大对双重股权结构的使用来分辨所有者。通过不同的红利和表决权规则，主动所有权拥有者被赋予优先权。随着拥有者数量和规模的增加，维护创业者的领导力变得越来越具有挑战性，当企业家的领导力变弱的时候，公司发展就会减缓。成功的创业者，比如沃伦·巴菲特的伯克希尔·哈撒韦公司，它有 A 类和 B 类普通股。[①] 首次入市时，B 类股以 A 类股票价格的 1/30 价格成交，且持有更低的投票权利。谷歌和脸书都有双重股权结构，这个结构无疑帮助了在那些公司

---

① 参阅纳斯达克网站 http://www.nasdaq.com/symbol/brk.a 和 http://www.nasdaq.com/symbol/brk.b。

保持创新文化。在脸书首次公开发售的几天之后，脸书的创始人马克·扎克伯格拥有18%的脸书股份，但却控制了57%的投票份额。[1]原因是显而易见的：要保持创业者的坚毅初心。

在公司财务方面，所有权分化对许多人来说都是危险信号。监管者也不喜欢它，并且倾向于支持所有权的民主制。在欧洲，政府努力消除所有权区分，不到10年进行了一场彻底淘汰双重等级股票的政治运动。一直以来，一个主要的争论点是区分性股权结构抑制了所有权，根据早前几十年里投资者和所有者的行为来看，这个论点并不难被证实。

然而今时不同以往。所有权已经变得没有那么活跃（或者变灰）了，现在人们面临的最大挑战不再是旧的所有权，也不再是早先由创始人家族掌控的企业文化。确实，所有权的竞争令人窒息，但是这种竞争，现在最大的威胁源自灰色资本。双重股权结构如果能正确执行，就可以给企业中的资本和文化带来保障，有助于更广泛地保护、推广创业精神。

所有权结构改革的另一种方式是防止国有灰色资本，如主权财富基金，在公开上市的企业里投资，或至少在给予高投票权的股票上投资。大多数商业观察人士也赞同政府不应该拥有企业。然而，为数不多的人认可在过去的几十年里通过政府投资机构和国家养老金所带来的企业社会化的规模。过去，对政府所有权的担心在于他们是否会转变为活跃的所有者，而现在的担心是政府转变成了被动的所有者，他们像其他的投资经理人一样只追求收益。现在还有政府所有者干预商业计划的实例，这种风险必然是存在的，但是目前西方面临的具体问题是政府现在只是积累了越来越多的灰色资本。

第三个切断灰色资本和企业所有权之间联系的方法就是改革税收制度，特别是在企业债务与股权融资中保持公平竞争环境的目的。当前的流程是专

---

[1] 索罗维基，《不平等股份》。

为举债融资修改过的。在绝大多数的西方国家,大企业所有者面临着一种简单的选择:如果他们借钱,利息是可减免的,但是要对股本融资回报征税。换句话来说,如果企业更愿意通过股权从真正的所有者那里获得资金,资金成本的测量方法就完全不同了。债务融资企业的资本优势,加上企业所有权的侵蚀,让企业的决策变得分散、混乱,主要手段就是降低所有者的作用。真正让举债融资变成灰色的原因是,影响力从股权所有者转向了资本市场和官僚信贷委员会。如果这些与真正的创业家精神背道而驰的机构得到限制,股票的作用就会增强。

提高市场的竞争性

在西方市场中促进竞争,需要在监管上做出改变。如今,监管已经无法控制,发展到了被政治学家史蒂文·特莱斯称之为"草台班子主义"的地步,成了没有组织原则的、草草搭建的监管补丁。西方监管系统的成本和复杂性出奇的高,完全有正当理由引入"叫停官僚主义",就像德国政府做的那样,政府每引进一个新的监管机制,会同时淘汰一个旧的。如果政府能够大量削减监管机制的数量,把重点放在提高透明度和评估的标准上,就再好不过了。

然而,现在我们的当务之急是进行改革来刺激市场竞争,因为竞争可以迫使市场参与者做出改变。企业高层们现在一致认为过度监管才是商业发展主要的威胁。[①]那是监管带来的消极影响,更糟糕的是,无论是有意还是无意,许多监管机构通常将门槛提得过高,几乎没有几个企业愿意来挑战这个门槛,通过这种方式来保护市场和市场内的等级制度。

要改革,首先要减少传统的经济监管制度对竞争和市场竞争性的影响。地理区化法就是一个例子,或者考虑职业许可证和它们对市场竞争性的影响。

---

① 普华永道,《在变化万千的世界中重新定义商业成功》。

毫无疑问，很多情况下，职业许可证是非常重要的，但是有证据也清楚地显示，许可证的使用已经失控，太多的行业利用行业协会把自己保护起来，免受竞争带来的伤害。

更大的竞争应该也能加快低生产力企业的退出，给高效的企业腾出发展空间。随着企业退出率的下降，同一领域不同企业的生产力差距越来越明显，尤其是那些有在位优势的部门。这也影响了收入的不平等。例如在美国，不同企业之间的收入变化比企业内部的收入变化更大，这也意味着，导致不平等愈演愈烈的一个因素是人们选错了企业。[①] 把一名职工从低生产力的企业调配到高生产力的企业就会提高他的收入。就像在欧洲以及亚洲的发达经济体，劳动力市场灵活性的低下在美国也普遍存在，因为他们把员工都留在了表现不好的企业中。[②]

与此相关的是，市场监管大规模地扭曲了市场，它更偏爱老企业，让市场进一步固化，对想挑战既成规模的新企业竖起了更高的门槛。要想解决新、老企业之间不对称竞争的问题需要删减繁文缛节，还需要改变监管方法，在企业发展尚未成熟的时候，限制监管。有些监管规则应该适用于所有的经济参与者，但是许多规则还是可以区别对待的。

一般来说，愈演愈烈的市场经济监管是西方经济中不断增长的问题，因为它严重影响到了市场的竞争性。经济监管在经济的不同领域之间重新分配了资本和劳动力，对于易受市场波动影响的领域来说，比如经济的"服务化"或者数字化——这种重新分配会抑制经济结构的改变，会提高生产力和经济增速。

以欧洲的数字经济举例。它的规模、发展和对 GDP 的贡献与其他类似的

---

① 巴思等，《这是你工作的地方》；宋等，《加固不平等》。
② 戴维斯、霍蒂万格，《劳动力市场的流动性和经济表现》。

经济体（比如美国）相比起来实在算不上什么。虽然欧洲在数字服务领域存在市场细分的问题，但发展路上更大的障碍在于被高度监管的服务业抑制了新数字技术在经济中的扩散。[1] 投资者和劳动力根据监管的模式做出调整，把数字化的重心调整到监管阻力不那么大的领域。最后的结果就是经济里资本的分配不当。因此，要让经济更有活力，就一定要降低经济和复杂监管的扭曲效应。

另一种方法就是重新考虑竞争政策的使用，尤其是反垄断法。公平竞争委员会应该更多地关注市场竞争的动态，因此重视那些能冲击市场的企业，即使它们的规模非常大又占主导地位。在大部分西方经济体中，现在的趋势是保护现有的企业免受入侵者借助科技带来的竞争效应。例如在欧洲，技术平台有专门的监管限制，公平竞争委员一直都在追逐像谷歌和亚马逊这样的大平台企业，以不断推进监管的野心。从竞争中，尤其是从那些技术推动竞争的领域得到的经验表明，某些企业暂时占据高市场份额，对市场的竞争和其他领域的快速改变都是十分有益的。然而企业或监管行为使市场饱和，压缩了竞争空间时，公平竞争委员会在这些领域却不作为。在欧洲，有几个领域，比如能源领域，已经进行反垄断改革了。

第三个方法是推进全球贸易改革，但是应该把重心放在保护得相对较好或者还没有过多受到竞争影响的领域。这样的改革会在许多已经僵化了的市场中加快竞争的步伐，尤其是在服务领域，可以帮助重振市场试验和经济增长。除此之外，它们能通过给予更多政策鼓励，在生产力远低于平均水准的领域投资和创新来重新平衡世界的经济。

---

[1] 范·德马瑞尔，《配套政策的重要性》。

营造容忍异议和古怪的文化氛围

还有最后一点要说明，但这一点更接近文化而不是政策，而且对改革并没有帮助。这一点跟古怪有关，或者说给不合常规的创新者和创业者提供余地。这一点跟异议有关，人们可以表达并追求自己的想法。能容忍异议和古怪的文化对于创新——不仅是发明或者技术创造——来说是非常重要的。要让经济有创新，就要对未知保持宽容，接纳试验。

很长一段时间，这些品质为西方经济提供了竞争优势。至少可以追溯到启蒙运动时期伟大的文化和制度改变，这些改变孕育了知识的自由主义倾向以及个人的自由。然而渐渐地，现代西方正在通过监管和苛责的文化侵蚀这些优势，降低了对异议、试验，以及广义上不按规则行事的自由。因循守旧无疑是造成发展停滞的主要原因，不断降低的容忍度对西方社会通过创新而长期繁荣发展能力的削弱是不能忽视的。

政策的制定应该起到表率作用，大大降低预防性监管的限制性效应。我们现在需要的是新的监管文化，它基于无须许可的创新，就像乔尔·莫基尔所说的，"要对不常见的、古怪的事物持接受的态度"。[1] 一个对创新友好的政策环境需要一系列和新技术的商业化保持一致的基础制度和政策。然而无须许可的创新更具体，箭头直指文化中大部分对冒险和不确定性的敌意，而这种敌意在过去几十年已经催生了大部分的社会监管机构，今天还在持续上升。创新需要可靠的监管，因此，无须许可的创新文化不等同于不受监管的经济体系，相反，无须许可的创新是建立在明确的禁止性规定上的：创新者不需要寻求许可，或者不需要申请特别的许可就能将新产品上市。

欧洲的预防原则就是一个例证。这是一个写入欧洲法的开放式原则，它给所有罔顾事实和科学的骗子创造了无数阻碍创新和经济试验的机会。除此

---

[1] 莫基尔，《富裕的杠杆》，第 182 页。

之外，对于保护自己产品线的既成规模企业，这一原则还给了他们保护自己免受竞争者威胁的机会。确实，预防原则是监管的极端形式，因为它引起了广泛的或系统性的不确定性，但是对新发明的类似手段也带来了不那么极端的监管。西方经济体对预防产生了近乎痴迷的情感，这种痴迷的情感完全不能和试验的文化相结合，同时对通过监管规避各种风险的依赖性侵蚀了创新在经济当中的作用，消灭了创业精神。这种依赖性应该被根治，而不是被人保护。

预防的习惯也渗透到政府政策之外的领域，并且已经成了学术界一个普遍的特征——学术界应该是为异议、古怪和试验提供堡垒的领地。西方无数大学都逐渐压缩了言论自由的空间，学生们似乎还主动要求出台更多的限制。研究显示，美国一半的大学生都支持在校园里颁布演讲准则，来规范教师和学者，以防他们过界，无论界限在哪儿。更多的美国学生认为教授有义务在向学生们展示令人不安的材料前给予学生们警示。[1] 越来越多的学生需要"安全空间"，学生在安全空间里可以让自己远离不喜欢的教学方式和思维。[2]

西方大学的这种发展既象征着异议文化对社会进一步的侵蚀，也预示着未来。创新的文化要求人们对新知识充满好奇，愿意把自己的想法暴露在反对派面前。压缩古怪存活的空间，我们的经济就会停滞不前；鼓励特立独行的习惯，这个世界才能繁荣发展。

---

① 布拉德利基金会，《巴克利项目在耶鲁大学的调查》。
② 阿里，"牛津大学法学院的学生收到'敏感警报'"。

致　谢

我们要感谢许多人。这本书与其他书一样，凝聚了我们在过往工作和活动中的经验。在过去的 20 年中，不少同事和客户帮助我们理解经济及创业。名单太长，在此无法一一罗列，但我们依然应当对他们表示最诚挚的谢意。

本书大量引用了经济学、企业管理及公共政策方面的优秀研究成果。我们为本书所做的调查涉及多个领域，数量之多远超最初的计划。我们发现有些学者给予了本书特别多的帮助，比如芝加哥大学布斯商学院（University of Chicago Booth School of Business）的路易吉·津加莱斯（Luigi Zingales）、拉古拉迈亚·拉詹（Raghuram Rajan）、查德·叙韦森（Chad Syversen）以及他们的同事。他们为我们写作本书提供了不少知识和灵感，尤其是他们在金融、企业管理和生产力方面的研究让我们受益匪浅。哥伦比亚大学资本主义与社会研究中心（Columbia University's Center on Capitalism and Society）的埃德蒙·菲尔普斯（Edmund Phelps）和同事为我们提供了许多经济和文化领域的研究及观点，引人深思。乔治·梅森大学（George Mason University）及其莫卡特斯中心（Mercatus Center）的学者们为我们提供了大量针对法律法规的经济分析。麦肯锡全球研究所（McKinsey Global Institute）和波士顿咨询集团（Boston Consulting Group）的分析师团队给我们带来了企业管理和企业价值创造方面的深刻见解。金伟灿（W.Chan Kim）、勒妮·莫博涅（Renée Mauborgne）以及詹姆斯·C.科林斯（James C. Collins）加深了我们对不确定性及企业业绩的认识。贸易经济学家如理查德·鲍德温（Richard Baldwin）、杰格迪什·巴格瓦蒂（Jagdish Bhagwati）、吉恩·格罗斯曼（Gene Grossman）以及安东尼·维纳布尔斯（Anthony Venables）帮助我们形成了关于企业和全球化的核心观点。波尔·安特拉（Pol Antràs）等学者最近在贸易、合同以及工业企业方面的研究引发了我们的深思。在欧洲地区，伦敦政治经济学院（London School of Economics）和经济合作与发展组织（OECD）的经济学家们为本书做出了不少贡献，尤其在贸易、薪水、不平等和生产力等领域提供了不少颇有价值的资料。此外，还有大量有关数字创新，以及数字创新如何重塑市场与经济的有趣研究。对此，我想特别感谢麻省理工斯隆管理学院（MIT Sloan School of Management）的学者埃里克·布莱恩约弗森（Erik Brynjolfsson）、安德鲁·麦卡菲（Andrew McAfee），以及麻省理工学院数字商业中心（MIT Center for Digital Business）的同事们。另外，尽管罗伯特·戈登（Robert Gordon）关于生产力和美国繁荣的研究与布莱恩约弗森和麦卡菲的观点偶尔对立，但依然为我们提供了大量远见卓识。

在撰写本书的过程中，我们不断回忆起 19 世纪、20 世纪的古典经济学家或政治经济学家们所做出的重要贡献。每次谈到企业和经济，我们必然提到卡尔·马克思（Karl Marx）、约瑟夫·熊彼特（Joseph Schumpeter）和弗里德里希·哈耶克（Friedrich Hayek）。人们可以质疑他们的政治能力，但他们的经济洞察力却对当代学生具有重要指导意义。同样地，我们在重读约翰·肯尼斯·加尔布雷思（John Kenneth Galbraith）、亚力山大·格申克龙（Alexander Gerschenkron）、苏珊·斯特兰奇（Susan Strange）等学者的作品时，无不为他们独到的洞察力深深折服。我们近期阅读了许多关于企业管理、企业发展和战略思想的研究文章，其中大部分的创作灵感似乎都来自彼特·德鲁克（Peter Drucker）、迈克尔·波特（Michael Porter）、亨利·明兹伯格（Henry Minzberg）、菲利普·科特勒（Philip Kotler）、伊戈尔·安索夫（Igor Ansoff）等人，当今的一些思想家都与其观点相同。如果你觉得不断重复讨论经济和经济史的传统观点乏味无趣，那就读读以下经济学家的作品，会让你立刻耳目一新，他们是大卫·奥图（David Autor）、泰勒·考恩（Tyler Cowen）、迪尔德丽·N. 麦克洛斯基（Deirdre N.McCloskey）、马尔科姆·格拉德韦尔（Malcolm Gladwell）、大卫·格雷伯（David Graeber）、迪帕克·拉尔（Deepak Lal）、乔尔·莫吉尔（Joel Mokyr）、马特·里德利（Matt Ridley）、理查德·森尼特（Richard Sennett）、罗伯特·索洛（Robert Solow）、劳伦斯·萨默斯（Lawrence Summers）、彼特·蒂尔（Peter Thiel）、马丁·沃尔夫（Martin Wolf）。他们的思想为我们创作本书提供了诸多灵感。此外，我们也从许多成功的投资者和企业家身上汲取了不少关于创新和创业的思想。创新发生在企业发展的过程中，唯有了解企业在创新背后的动机才能掌握创新的真谛。因此，我们的书并不能取代沃伦·巴菲特（Warren Buffett）、史蒂夫·乔布斯（Steve Jobs）、杰弗里·贝索斯（Jeff Bezos）、埃隆·马斯克（Elon Musk）、山姆·沃尔顿（Sam Walton）等成功企业家所做的研究，也不能取代他们在各自的企业中创造的企业环境。

除此之外，还有许多人为我们献出了宝贵时间，与我们讨论问题，向我们展示高新技术和创新企业思维的力量。我们尤其想感谢读过书稿、为我们提供宝贵意见，或者以其他形式对本书做出贡献的朋友们。他们是库尔特·耶格（Kurt Geiger）、蒂尔·固特森（Till Gutzen）、大卫·亨德松（David Henderson）、居伊·德·容凯尔（Guy de Jonquières）、马茨·朗根斯约（Mats Langensjö）、亚内里克·拉尔松（Janerik Larsson）、菲利普·勒格兰（Philippe Legrain）、尼克拉斯·伦德布拉德（Nicklas Lundblad）、约翰·诺伯格（Johan Norberg）、约尔耶·萨（Jorge Sà）、拉津·萨利（Razeen Sally）、卡尔·文贝里（Karl Wennberg）以及卡尔－约翰·韦斯特霍尔姆（Carl-John Westholm）。他们帮助我们理顺思路，完善书稿。还要感谢3位匿名的朋友，他们在初期审阅了本书的提纲，帮助我们奠定了论述的方向。

我们要特别鸣谢耶鲁大学出版社和我们的编辑塔里巴·巴图尔（Taliba Batool），感谢他们采纳了我们写作本书的提议。我们在寻找出版社初期，耶鲁大学出版社就是我们的首选，面对这样一份站在创新和资本主义对立面的写作计划，他们竟然欣然接受，我们现在仍然感到惊讶。塔里巴·巴图尔以超越本职要求的责任心帮我们不断完善书稿，没有她的指点，这本书绝不可能完成。安·波恩（Ann Bone）帮我们解决了语法错误、前后不一致等问题，她的工作十分出色。耶鲁大学出版社的蕾切尔·朗丝黛耳（Rachael Lonsdale）也一样尽职尽责，为我们提供了出色的编辑建议。希瑟·纳森（Heather Nathan）为我们制定了本书的宣传方案，鼓励我们大胆传播书中的观点。

在写作本书的几年中，我们的工作同事一直十分耐心，很庆幸能与他们共事。他们与我们一样重视逆向思维，也理解我们在写作时不能兼顾一般性工作，无法正常坐班。在写作的初期，玛利亚·萨尔菲（Maria Salfi）协助我们完成了不少出色的调查研究工作，在此表示感谢。

最后，我们想感谢家人，包括弗雷德里克的家人托弗、亚瑟和阿尔伯特，还有比约恩的家人安娜卡琳、奥利弗、亚历山大和科迪莉亚。他们一直非常支持我们，即便我俩需要在夜晚、周末，还有去年暑假等诸多时间一起工作，无法给予他们陪伴，也理解和包容我们。

弗雷德里克·埃里克松

比约恩·魏格尔

写于布鲁塞尔/斯德哥尔摩